普通高校“十三五”规划教材

U0892862

本科生职业生涯规划与就业指导案例集

主　编　苏文平　丁　丁

副主编　梁伟涛　魏　茜

北京航空航天大学出版社

内 容 简 介

本书是一本系统的、专业的大学生职业生涯规划与就业指导案例集，是一本专属于广大本科生的、具有“特别学习功能”的参考教材。

本书分为四编，精选了71篇案例及案例指导文章，循着本科生们在大学生活适应、自我认知与专业/职业/职场探索、大学学习目标确立与职业决策、职业素质与就业能力准备方案的制定与实施等生涯规划与发展的系统路径，由在校生及毕业生们分享了自己从迷茫到清晰、从思考到实践的全过程。

本书不仅可以作为大学生职业生涯规划和就业指导方面的教材，也可以作为广大青年规划人生的重要参考书，还可供从事职业生涯规划咨询的人士使用。

图书在版编目(CIP)数据

本科生职业生涯规划与就业指导案例集 / 苏文平，丁丁主编. -- 北京 ：北京航空航天大学出版社，2018.12

ISBN 978-7-5124-2260-5

Ⅰ. ①本… Ⅱ. ①苏… ②丁… Ⅲ. ①大学生—职业选择 Ⅳ. ①G647.38

中国版本图书馆CIP数据核字(2018)第265092号

本科生职业生涯规划与就业指导案例集

主 编 苏文平 丁 丁

副主编 梁伟涛 魏 茜

责任编辑 张 凌

*

北京航空航天大学出版社出版发行

北京市海淀区学院路37号(邮编100191) http://www.buaapress.com.cn

发行部电话：(010)82317024 传真：(010)82328026

读者信箱：emsbook@buaacm.com.cn 邮购电话：(010)82316936

艺堂印刷（天津）有限公司印装 各地书店经销

*

开本：710×1 000 1/16 印张：16.25 字数：275千字

2019年1月第1版 2019年9月第2次印刷 印数：2 000册

ISBN 978-7-5124-2260-5 定价：45.00元

序

随着科学技术的飞速发展，涌现出越来越多的新的行业与职业。在知识爆炸的今天，大学生获取知识的渠道呈现多样化。相比以往，诞生于95后甚至00后的青年学子们更加富于个性和理想，追求关怀和平等，“懂即自我”成为他们的核心价值观。也就是说，他们开始更早地探索和认识自我、发现和丰富自我、学习和超越自我。因此，培养适应未来发展的高素质创新人才也成为高等学校新的目标。在实现这一目标的过程中，从入学开始，如何尽快地引导学生从高考小目标到人生大目标，做好职业发展规划，也就成为重要的人才培养内容。

2017年，北京航空航天大学推进大类招生、大类培养、书院育人的重大本科教育模式改革，成立了覆盖一、二年级大类本科生的“北航学院”，在一、二年级进行通识教育，实行宽口径、大学科的专业类设置，打造通专融合课程体系，充分尊重学生个人发展志趣，在完成大学一年级大类课程学习后，自主选择进一步的专业方向。在这个过程中，选专业的背后，实际蕴含着选择未来的发展方向，选专业，也就在一定程度上选择了未来所从事的行业和职业。因此，开设大学生职业规划课程在大类培养背景下就凸显出更加重要的价值。

目前，全国很多高校都根据教育部的要求开设了职业生涯规划课及开展本科生职业生涯规划与就业指导，帮助大学生们根据自身特点及所学专业的性质，有效地规划四年的学习生活，使他们毕业时能够成为综合素质全面、创新能力突出的职场精英。

2008年以来，北京航空航天大学经济管理学院苏文平老师牵头组成学校职业生涯教育团队，通过工作坊、个体咨询、课程教学等多种形式，指导本科生的职业生涯规划，积累了丰富的经验，形成了卓有成效的系统性职业生涯规划教育模式，在此基础上，团队编写了《本科生职业生涯与就业指导案例集》，全书精选了71篇北航学子的学习成长、生涯规划及实践检验的真实案例，以“大学生活适应”“自我认知与学业/生涯规划”“生涯决策与行动规划方案”及“职场人士回顾本科生涯”为主题、选编了相关主题的典型案例，并辅以职业生涯教育团队教师们有针对性的点评，不仅语言生动、活泼，更有系统、科学的生涯发展理论做基础，契合在校大学生的心理状态和实际学习生活、可读性强，既能为同学们解答个人学业规划、生涯发展中面临的各种困惑，也能满足高校职业生涯与就业指导教师的教学需求。

柏拉图(约公元前400年)说过，教育的首要任务是教给年轻人从正确的事情中寻找乐趣。从本《案例集》众多学生作者对自己在科学理论指导下开展自我认知、学业/生涯规划及方案实施过程的分享文章中，可以看到他们从最初的迷茫到最终找到自己感兴趣的领域、全心投入后的欣喜与自信。

愿所有的大学生都能够明确自己的理想和奋斗目标，持续地唤起自己所拥有的创造活力和勇气，度过充实、有意义的大学生活，在人生最美好的年华里，放飞梦想、积极行动，离开校园时能够自信满满地走向职场，去拥抱新的机遇和挑战！

北京航空航天大学北航学院常务副院长　曹庆华

前　　言

在我们眼中,《本科生职业生涯规划与就业指导案例集》(以下简称《案例集》)将会是一本专属于本科学生的、具有“特别学习功能”的参考教材。也许有人怀疑这是否言过其实了,所以我们与大家分享一下这本《案例集》的编撰初衷与思路。

首先,本书71篇案例的作者们不是知名作家或学者,而是来自北京航空航天大学最可爱的同学和校友们。从二十多年前毕业的校友到千禧一代的在校生,从北航校园到世界各地,从本科的听课学习到职场的就业创业,他们跨越了时间和空间的维度,书写着属于北航学子的学习成长故事和生涯规划经历。这些真实生动案例的主角们,有的是傲骄自信的“学霸”,有的是一度迷失的“学渣”,有的是追逐理想的文艺青年,有的是并未想过太多未来的现实行动派……故事里有喜悦,有悲伤,有感动,有失落,有愤怒,有惧怕,故事里更有规划方法、行动策略、动力激励和无限的关爱传递……正是这一个个鲜活的北航学习成长故事如同细胞一般构成了《案例集》有血有肉的躯体,代表着北航学子们在学业学习、生涯规划和职业发展道路上的一路风景和路标导航。

在《案例集》的孕育过程中,北航学生职业生涯规划微信公众号(以下简称“公众号”)已成为同学们在线获取专业咨询帮助、分享自己的生涯规划故事、实现助人自助的有效平台。这个属于北航学子的公众号自2016年4月21日创立以来,已经推送了与生涯规划及职业发展相关的原创文章200余篇,绝大多数是北航同学的案例,内容涵盖北航20个院系的本科生在读研、留学、就业、创业等各种规划决策与行动实施中的案例,同时包括结合学生的特点在其专业学习、生涯规划、职业决策等各个节点中面对的困难及应对策略。这些案例,基本上都是同学们根据自身开展自我认知、专业或职业探索、生涯决策等职业生涯规划活动过程中的真实感受和宝贵经验,特别撰文分享给在校同学们的。截至目前,公众号已有120余篇短文推送,案例单篇阅读量超过1000人次,累计阅读量达38万人次。正是同学们的热心分享和广大读者的精挑细选,《案例集》才能拥有源头活水,拥有丰富多样的案例故事和指导内容。

当然,《案例集》不单单是一本具有北航特征的《案例集》,它还必须能够发挥出"特别学习功能",才能实现本书用于指导大学生们未来规划与实践的初衷。接下来,笔者运用"经验学习圈理论"来介绍一下《案例集》的编撰思路和具体的学习方法。体验式学习的鼻祖,美国社会心理学家、教育家大卫·库伯(David Kolb)在总结了约翰·杜威(John Dewey)、库尔特·勒温(Kurt Lewin)和让·皮亚杰(Jean Piaget)经验学习模式的基础之上,提出了自己的经验学习模式亦即经验学习圈理论。他把体验学习阐释为一个体验循环的过程:具体的体验(Feeling)—对体验的反思(Watching)—形成抽象的概念(Thinking)—行动实验(Doing)—具体的体验(Feeling),如此循环,形成一个贯穿始终的学习经历,学习者自动地完成着反馈与调整,经历一个学习过程,在体验中认知。任何学习过程都遵循着"学习圈"的过程与规律。为了帮助同学们能够从《案例集》中系统地学习到经验与方法策略,我们将精心筛选的、具有代表性的案例划分为四个部分。每个部分代表着经验学习圈的一个象限,通过阅读学习四个环节的案例,完成一个完整的体验式学习过程。

第一编选取了十多位在校学生对于大学学习生活的体验和总结,特别是精选了关于大一新生适应性问题的具体经验和经典案例。感知到这些具体的体验和获取他人的经验(Feeling and Watching)是我们学习的起点,通过对案例的感知体验让同学们认识到大学学习和未来职业发展规划与他们想象中的差异。借用哲学的术语说,这个学习环节是"对世界图景的第一次粗略的把持",因为我们不可能在有限的大学学习期间把每一个问题或者选择都"体验"一次,而需要借助这些间接经验来帮助我们尽快地适应大学生活。

第二编选取了16篇有关自我认知、职业探索以及在此基础上进行生涯决策的案例及指导文章,包括同学们对人格特质、职业兴趣、价值观、素质能力等自身特点的认知,对专业、职业的探索,以及在此基础上的生涯决策与职业规划的具体案例分析。同学们在第一章的案例中获得了一些具体的"经验和感受"后,学习的下一步逻辑过程便是对已获经验进行积极的反思(Watching and Thinking)。运用这些"过来人"的经验和反思性观察对自己的问题、想法和优劣势进行归类、条理化,更多地进行向内探索、认知自我,激发同学们元认知的潜能。掌握了这一环节的学习过程,同学们就可以游刃有余地分析自己当前的“限制条件”，从而作出判断和决策了，比如改选什么专业，怎样发挥自己的优势培养职业兴趣，增加未来职业竞争力，等等。所以说这一环节也是获取知识和学习过程的充分条件。

第三编不惜篇幅地选取了30位同学开展生涯决策与实施行动的案例。其中，从暑期的实践到实习，从竞赛到科研，从就业到升学再到创新创业，国内深造从保研到考研，国外深造从交流交换学习到学位申请，从就业、科研的跨专业到跨行业……案例的内容和分类只有你“想不到”，应该没有我们“选不到”的。在这个学习环节中，同学们不仅要思考、决策，更要付诸行动，于是进入了思行合一的形成概念和实践行动的学习环节（Thinking and Doing）。这个环节也特别体现了北航理工特色的“应用型”学习风格，是北航人学习过程中最为偏好和最具优势的环节，同时也是生涯规划中实现学以致用的关键步骤。

第四编“北航人在路上”精选了10位校友的生涯故事。通过展示这些已经进入实质性职业发展阶段的具体案例，讲述校友们各自职业发展的奋斗故事和人生感悟，以及他们对于职业生涯发展规划的经验与思考，再一次带领读者聚焦实际行动和具体感知的学习环节（Doing and Feeling），带领大家进入经验学习的下一个循环。

衷心希望同学们都能够系统地掌握生涯发展理论，科学规划学业与生涯，实现自己的人生理想！

《案例集》编委会

2018年10月25日（北航建校66年纪念日）

目　录

第一编　大学，我来啦(15 篇)

编者按：

亲爱的萌新们，热烈祝贺大家成为一名理想高远、学识一流、胸怀寰宇、致真唯实的大学生！大一是我们适应大学生活的开始，也是进行学业规划和探索生涯发展的最佳起点，就让我们和这本《案例集》陪伴大家开启精彩的大学生活吧！

此时此刻，相信好奇的你一定还有无数个问题与困惑：

✓ 我的性格和真正的兴趣(职业兴趣)到底是什么?

✓ 我会擅长哪些学科的学习?

✓ 我的大学目标是什么?

✓ 怎样选择喜欢和适合自己的专业呢?

✓ 怎样获得更多的学习经验和能力?

✓ 如何顺利通过考试/取得较高的GPA?

✓ 四年后我想去哪里? 读研/出国/就业/创业?

✓ 怎样才能成为一名优秀大学生? ……

不妨把你想到的问题都写在这里，这一编的末页有答案彩蛋哦！

本《案例集》第一章首先精选了8位北航学子在大一时关于学业规划学习和生涯发展探索的心得体会，相信你一定能和他们产生共鸣；围绕大一的适应性问题，我们用毕业学长的案例向大家介绍如何自信地“迷茫”。同时，特别加入了“优秀”大学生标准的话题讨论，帮助你找到属于你的“优秀”定义。此外，结合大一学业与发展、个人管理能力培养等需求，我们特别邀请了咸鱼翻身的学霸、阳光全能的学长、独立创业的学姐来分享他们在大一的成长故事和有趣经历。

1) 在正确的地方找到适合自己的位置——致真少年的生涯认知(一)

2) 倾听内心，拥抱未来——致真少年的生涯认知(二)

3) 认识自己，认识世界——致真少年的生涯认知(三)

4) 我已经在这里，just do it——致真少年的生涯认知(四)

5）以梦为马，不负韶华——致真少年的生涯认知（五）

6）认识、适应、改变——致真少年的生涯认知（六）

7）似乎离轨曾经的梦，只想努力接近——致真少年的生涯认知（七）

8）大学生活取决于自己——致真少年的生涯认知（八）

9）考入名校后，如何继续成为一名优秀生？

10）成为优秀大学生的第二种姿势——参与科研活动

11）我大一上学期就挂科了，该咋办？——成为优秀大学生的第三种姿势

12）悟已往之不谏，知来者之可追——一位北航学霸的自省

13）自信地走在迷茫的路上

14）大学生活，就是要丰富多彩

15）新世界·新征途——一位大学生创业者大一时的思考

读完案例，相信你能找到答案

在正确的地方找到适合自己的位置——致真少年的生涯认知(一)

作者简介：施继婷，致真书院 2017 级本科生，现就读于网络空间安全学院。

从高考完就开始期待自己会去到一个什么样的大学、遇见什么样的人、面对什么样的事儿；大学生活对于第一次离开家的我来说，是一件充满了期待和幻想的事。报考完志愿到收录取通知书这段时间是我最忐忑的时段，好在结果令我振奋不已。

事实上，报考时万分纠结的我在 6 月份被父母带到了北京，来到了北航，近距离感受这所可能选中我的大学。最初到的是学院路校区，就被那边的景色吸引，那一刻我就不再纠结，坚定了自己来这所大学的信念。幸运的是，我也真的进入了这所学校，虽然最初沙河校区的荒凉被我吐槽过无数次，但现在的我爱这里的一切。谈到大学的感受，不外乎学习和生活。学习方面我认识了很多学识渊博的老师、教授，认识了在学业上有颇多自己理解的优秀同学，这些都让我接触到新的知识与技能，也让我深深地为这所学校着迷。虽然是第一次离开家独自在外居住，但难得的是我可以很好地适应这里的生活，很好地完成到独立的过渡。大学生活会成为我一生中珍贵的时光，让我默默珍藏，我也一定不会辜负这段时光。

自从听了北航经管学院苏文平老师的生涯唤醒讲座，我就对学业规划工作坊产生了浓厚的兴趣。我是一个性格比较矛盾、偏内向的人，同时比较容易受外界的人和事物影响，对未来的目标设定、专业选择、职业规划等都缺乏比较清晰的认识，我希望从这次的学习中得到老师的帮助，更好地规划自己未来的职业和生活，让未来的自己能够有获得更好生活条件的能力。同时，在找到自己的个性与适合自己的职业的同时，找到自己的兴趣和职业兴趣。正如老师第一次课在 PPT 上展示的那句话：大学的意义更多的在于让我们找到我们所喜欢的、我们所擅长的、我们所适合的。

四周学业规划工作坊确实给我带来很多收获，最大的收获便是对自己个性的更深刻认识，了解自己到底是什么样的人，或内向或外向，或感觉或直觉，或思维或情感，或知觉或判断，也让我清楚地认识到自己的性格在未来人际交往或职业规划上的利与弊。除了对自己性格更深的认识外，霍兰德测试也让我了解到了不同性格特点人的擅长与欠缺之处，假如致力于一个与自己性格不适合的职业，也许付出很多，也得不到回报。这告诉我们，对自己的个性特点有全面而深刻的了解是多么的重要。最后两节课对目标的讨论，让我对自己的大学生活有了明确的规划，希望按照SMART原则制定的目标可以让我的大学生活变得充实而有意义。

下面我将对课堂上印象深刻的部分做详细的阐述。

首先是MBTI人格类型的测试。我知道了自己是ISTJ型的人：遵守既定的规则和程序这一点真的很吻合我的性格，但是我一直觉得这一点会成为束缚我的框架，不能让我像别人那样肆意地发挥。做完测评才懂得这是自我性格趋向导致的，这让我坦然地接受现在这个不太擅长于人际交往的自己。这种类型的人也有缺点：难以接受新的变化、适应性较差、对自己的贡献认识不足……这种种都真的无比符合我之前对自己的评价。MBTI类型测试真的给了我重新认识和定位自己的方式，让我推翻之前对自己的负面评价，接受了之前不被自己接受的性格特点。

其次是霍兰德测试。课上我们针对职业和职业兴趣也展开了有趣的讨论。面对致真书院对应五个不同学院的专业探索的分工作业，让我幸运地全面了解到了经管学院开设的专业和它们未来的就业方向。课上，别的小组对其他学院的分析也加深了自大学以来我们对专业的认识，为我们提前扫除了一些专业选择的障碍。工作坊上的讨论让我知道兴趣和职业兴趣的不同，职业和职位的不同，专业与职业的关系。针对未来我想要成为什么样的人，想要做什么类型的职业，适合什么样的职业，这节课上都得到了老师全面的解答。我认识到倾向事务型(C)的我未来适合的就业领域，原本摆在我面前迷茫的道路变得清晰，我明确了应该投入更多精力的方向。

最后是对"目标"的讨论。作业里自以为是的目标，在课上不断地被自己推翻，它们或是空想，或是幻想，"像天空中的明月和云朵，无法企及"。目标是一个既宽泛又有限制的词，任何人在任何领域、任何时间都可以有自己的目标；但每个目标都应该是明确的、可衡量的、可实现的、实际的和有时限的。围绕工作坊的中心"职业生涯规划"而设定的目标应该符合上面所说的性质，同时面对职业决策中需要考虑的各个方面也需要有自己清楚的分析。课上对学长的案例的分析和讨论也让我们认识到应该如何从专业、职业、社会、经济、地域、家庭、资源这些因素里分析自己职业目标设定的好坏。

四周的职业规划工作坊让我找到了真实的自己，认识到了我是什么样的人，我要成为什么样的人；也让我知道了这个社会现在需要什么样的人。当我们清楚地了解这两点后，要做的就是在正确的地方找到适合自己的位置。

还记得最后一节课那天，校园的银杏真的很美，像年轻的我们和负责任的老师们。

倾听内心，拥抱未来——致真少年的生涯认知（二）

作者简介：孔德旭，致真书院 2017 级本科生，现就读于经济管理学院。

进入大学不知不觉已经三个月了。三个月前，我坐在从南京开往北京的高铁上，故乡朝我身后拼命地逝去。父母在旁边沉默着，仿佛昨晚唠叨的不是他们两个。高考算是有些失误吧，本来可以凭借综合评价去南京大学，但被我回绝了。当时我觉得凭成绩考上比南大更好的大学没问题，并且想着人总是要离家的。然而造化弄人，好在被北航录取了，算是一定程度上圆了来北京上大学的梦想吧。

只有当人真正离家的时候才会觉得前路漫漫，觉得世界把自己逼紧了。陷入了很长一段时间的低迷期后，我渐渐发现沙航也不是像我刚到的第一天那样不如人意，我渐渐感受到了老师们的亲切与温暖，感受到了王妈妈对于创立一个书院的文化的努力，听了很多的讲座，见了很多的牛人，发现身边的同学都比想象中的强，也比想象中的好相处。特别是当一个个微信公众号的建立，一个个博雅课堂的建立，书院的氛围营造出来了，而且这些是我们共同努力的结果，这给了我很多的温暖。王妈妈说，我们是致真书院的创建者，那么多人在为它的兴盛而努力着，有什么比自己创建更令人高兴的事呢？我所追求的出彩，只要我愿意，我肯定能够做到。但是我还有“没有考好，来到了一个对应专业不是那么热门的书院”的懊悔，我不知道自己真正的兴趣是不是计算机。我的确从小就喜欢上网，但并不会编程，是不是因为它热门、录取分数高才想去计算机专业证明自己的优秀呢？

所以我参加了学业规划工作坊，我是来寻找答案的，我曾以为我会失望而归，依然寻找不到意义，参加它不过是在另一个层面上证实了自己不可能知道自己将来到底想干嘛。来到大学之前，我想高考不够完美的人肯定有其自身不够完美的地方，克服它是使自己重新成为自己想做的人的开始。在这两个月间我逐渐明白了，我远离家乡来到这里是为了什么，为了“钱途”？为了爱情？为了美满的家庭？都不是，否则我会去财经大学（虽然在父母的强烈建议下我曾经考虑上央财），我可以选择留在南京上个普通点儿的学校（而生性倔强的我认为男儿志在四方，不能永远留在父母身边），而不是在沙河校区傍晚的风尘中拼命地捂住口鼻。可是当一个月前父母坐五个小时的车，拎着大箱子、大被子来看我的时候，我又产生了很大的动摇。我想我是为了一个更好的自己而努力着，找到一个自己最喜欢的我，寻求到往后的人生的意义，接受自己的不完美是一种美好的品质，但是能够重新正面地认识它更为重要。

好在工作坊没有让我失望，我最大的收获是知道了大家都有跟我一样的迷惑，这个年纪的人共有的迷惑，这让我不再那么地惶恐。我这么一个内向的人，甚至多次上台，又谈自己辉煌的往事，元旦表演，英语演讲，我忽然觉得自己不需要用高考来证明自己的优秀。聊到自己的职业理想时，我甚至口出狂言，“苹果统治全世界已经够久了”，仿佛自己是一个运筹帷幄、要取而代之的创新企业的创建者。这当然足够吸引我，可是我真的可以吗，那是我的理想，但我会因此失去我的生活，像乔布斯那样过劳吗？高新的技术、改变世界，这足以让我为之热血沸腾，人工智能、大数据、深度学习、机器学习、无人机，等等，我都有浓厚的兴趣，这似乎就是职业兴趣吧。我很高兴我明确了这一点。

工作坊让我印象最深的三项内容：

一、课堂的形式

这应该就是我理想的大学课堂的模样了，小组讨论中任何人的想法都得到重视，交流和讨论高于知识的灌输。我认识了一些有趣的灵魂，他们的焦灼与思考都在我的面前起舞。我看到了每个人都有自己的性格，因而会有自己的优秀，独特的成功。

二、发现与挖掘，而不是等待答案

就像最后一节课，老师带我们出去看银杏叶一样，我以为在这最后的课堂上，我能被告知我究竟应该做什么，但是没有，我们只是去看了银杏叶，但这却比任何大道理都让我印象深刻,在忙于追寻理想的过程中,别忘了今天是银杏叶最美的时候。老师从来不会告诉我们你是什么,答案要从自己心中来。

三、认真地对待每一件事

看似平常的道理,其实起初我没有想到工作坊每次都有作业,结业时还要写很长的感想,但是写着写着我就写了很多,写到心里去了。我想只有认真地对待,才有结果,才有想要的答案。

教师点评:

"认识你自己"是古希腊哲学家苏格拉底的一句名言;2000 多年以来,这句话不断地被历代名哲所援引,是因为它提出了一个人们既熟悉又难以解决好的课题。

"人贵有自知之明"。能够客观、全面地认识自己的人,往往能够在学习、工作及生活中拥有比较好的状态。因此,自我认知是学业规划与生涯发展中的重要前提。工作坊短短四次课程中,两次课程都是围绕这个主题开展活动的。从同学们的课程总结来看,绝大部分同学都在自我认知方面前进了一大步。

学业规划工作坊首先引导同学们借助 MBTI 理论对自己的人格类型进行分析。施继婷同学通过这项活动,推翻了之前对自己的负面评价,开始接受先前不被自己接受的一些性格特点。接下来,继婷又运用霍兰德职业兴趣理论、对自己事务型(C 型)的职业兴趣倾向有了较为明确的认知,并在对书院对应的各个学院的专业进行探索后,发现原本摆在自己面前"四通八达"的道路变得清晰。这对大一同学都是难能可贵的!

每年北航本科新生中都有为数不少的(自以为的)"高考失利者";工作坊中这类同学颇有一些,孔德旭同学是其中的一位。很欣赏德旭"好男儿志在四方"的气魄,毅然决然地来到了北航。几个月来情绪起起伏伏,德旭不断地思考、实践,终于"觉得自己不需要用高考来证明自己的优秀"。是啊,高考只是人生无数次考试中的一次;可有多少同学要等四年后甚至七年后步入职场后才明白这一点,而德旭在进入大学两个多月后就明白了!在工作坊,德旭不仅仅做了测试和练习,更通过一场场的小组活动"看到了每个人都有自己的性格,因而会有自己的优秀",体会到自己更应该去"发现与挖掘,而不是等待答案"。

一个人一生中绝大部分时候面临的都是一桩桩小事;认真地对待每一件小事,当“大事”来临时,我们才能坦然应对。

学业规划工作坊整个课程中都是看似简单的活动;认真地对待每一次活动,最终是慢慢的收获。

认识自己,认识世界——致真少年的生涯认知(三)

作者简介:李雨萌,致真书院2017级本科生,现就读于经济管理学院。

步入大学已经有两个多月的时间了,最大的感受便是充实与迷茫。一方面,短期内大量的任务向我席卷而来,总觉得有做不完的题目、写不完的报告以及PPT,时常感到分身乏术;另一方面,对自身长期的发展又感到迷茫,尤其是在如今的书院制下,自己将来会进入哪个学院,学习哪个专业,都是未知数。尽管心中有朦胧的念头,然而在一年后能否凭借大一一年的成绩进入心仪的学院又未可知。比如我自己,在高考填报志愿的时候想进入经济管理学院而填报了理科大类,可我从未想过在大一一年还要学习物理、化学、数学分析等科目。尽管我对这些科目并不排斥,尽管明白理科的各学科不分家,但仍感到所跨领域诸多,不知是否该厚此薄彼,有意识地将自己往某一特点的方向塑造(如身边的一些同学已选定了自己擅长且喜欢的专业方向)。

参加学业规划工作坊后,我对自己的状态有了新的认识,对自己的未来有了新的想法,以下便是我在工作坊中印象最深刻的三件事。

一、工作坊小记之MBTI性格类型——原来我和印象中的自己不一样

记得工作坊开课的第一个周末,老师带领我们做了MBTI性格类型的测试,并以此为标准进行了分组。然而,测试的第一项,对内倾(I)与外倾(E)型性格的判断上,我便与“自己”产生了分歧。从前的我是十分典型的内倾型性格,不爱社交也不善于与不亲近的人交往。在外人面前是个文静羞涩、不爱说话的“乖乖女”,而在熟悉的家人朋友面前则是个喋喋不休的“话痨”。然而,自上高中以及大学以来,“圈子”变大了,社交的对象变复杂了,

对社交能力的要求提高了，这使得内向型的我不得不强迫自己努力在陌生人面前打开话匣子，与大家打成一片，从而融入各个集体，获得归属感与认同感，以及展示自己的平台与空间。在几年的“历练”中，我感到自己的社交能力明显地提高了。如今的我已经基本可以自如地与异性、陌生人，以及长辈这些曾经令我感到畏惧的人群打交道，身边的人对我的评价也逐渐变为了“活泼”“活跃”“活力四射”等词语。因此，近几年来，印象中的自己已然是个不折不扣的外倾性格。然而，老师对此的阐释却在几分钟内彻底颠覆了我对自己的认识。老师说，内向的人可以表现得很外向，这令我回想起上大学以来的诸多社交场合。在短短的两个月内，我加入了诸多的小集体，如书院、梦拓小组、行政班级、学生会、社团等学生组织，需要认识新面孔的场合接连不断。而我每次基本可以做到与一些素未谋面的同学、学长、学姐以及辅导员迅速熟悉并打得火热。然而，我常常因为参加一场聚会后说了太多话而感到深深的疲惫，并且，我仍保留着喜欢“宅”、喜欢独处的习惯，认为一个人泡在自习室、图书馆，甚至坐在校园的某个角落发呆，塑造一下自己的小世界都是令我感到放松、舒适的事情。我想，我之前的表现不正是老师所说的“装外向”“向外输出能量”吗？因此，在第一堂课上，我便意识到，原来我和印象中的自己不太一样，并深深意识到了准确认识自我的重要性，这是工作坊令我印象最为深刻、收获最大的内容之一。

二、工作坊小记之职业调研——你真的了解致真书院吗？

第二节课后，老师要求我们分组调查致真书院内的五个学院的主要专业分别对应什么样的职业。我们组分到的是化学学院，为此我们与化学任课老师进行了交流，并结合上网搜集到的资料进行了汇报。在这个过程中，我深深地体会到了自己从前对一些专业以及领域的认识的局限性与片面性。例如化学学科，它不仅有着学术与科研价值，更有着十分深远的应用性价值，如食品安全、环境政策等；并且有着强烈的综合性，与其他学科密不可分，如毒理学、制药工程等。此外，在课堂各个组的分享过程中，我也对其他四个学院有了更加深入、更加全面的了解。这个调研活动令我感受到，学科与职业的关系都不是垂直的或平行的，领域之间的关系也不是平行的，它是一个交错复杂的立体的网状结构，彼此相通相依却又存在着确切的差异。记得老师说过，职业规划要“走进来”认识自我，也要“走出去”认识世界。唯有知己知彼，才能百战不殆；唯有对专业与领域有了清晰的认识，才能对自己的职业生涯做出恰当的、负责任的判断与决策。

三、工作坊小记之 farewell——舍不得说再见

上个周日，我们和往常一样，在上午十点涌进了一间温暖的小教室，找到了熟悉的组员，见到熟悉的老师们，拿出熟悉的课本。老师站在讲台上，有些欲言又止地说道："同学们，上完这节课，我们学业规划工作坊的所有课程就结束了"。

在那一刻我才如梦方醒。结束了？四个礼拜，八个小时的相聚时光，原来这么短暂。犹记得在工作坊开课的前一天，我拿到了生涯规划的课本，看着标题，心中有着一阵又一阵的茫然：职业生涯规划，这个话题太遥远了，太大了，太深奥了，令我有些不知所措。

然而，当我打开课本，看到笔者朴素流畅的叙述、生动形象的案例，趣味十足的 MBTI、霍兰德测试等，我的疑虑打消了一半。在翌日及此后的四个周日，我走进了工作坊的课堂，课堂的风格与课本一致：轻松、愉悦、自然，没有艰涩难懂的专业术语，没有空洞的大概念、大理论，一切从身边的生活出发。这令我感受到，原来，职业规划不是那样高高在上、遥不可及的东西。它与我们每个人内心最深处的风景息息相关，与我们身边流动的世界与时代息息相关。正如这四堂课的主题一样，我们所需要做的便是：认识世界，认识自己，制定目标，规划生涯。

我已经在这里，just do it——致真少年的生涯认知（四）

作者简介：贺小江，致真书院 2017 级本科生，现就读于化学学院。

九月到十一月，转眼间，我的大学生活已经开始了近三个月。还记得第一天报道时，看着偌大的学校，我心里除了期待与兴奋，更多的是迷茫与担忧，不知道自己能否在这个更加广阔的平台上有所作为，有所成长。所有的一切都是新的，环境、同学、身份……从最开始不知道该做些什么，每天只是听从辅导员的安排和老师的指导，笨手笨脚地去尝试安排给自己的一切，到如今心里有了规划，并且一点一点地努力向心目中最好的自己靠拢。然后，

我开始有了新的朋友圈子,开始接触以前从未有过的活动,开始享受我的大学生活。大学,它提供给了我一张白纸以及各色画笔,我想要的一切,都需要我自己去思考、规划、执行,我的图画会是什么样都取决于我自己,我喜欢这种自由和掌握自己的感觉。我已经在这里了,所以我不想后悔,just do it!

最初想参加学业规划工作坊只是为了完成书院的博雅课要求,因为以前也听了不少类似的讲座但对我的帮助却少之又少,所以对工作坊热情并不是很高。但是在参加了一次又一次的课程之后,我对工作坊的热情越来越高,因为我感觉到了老师的投入与专业。8 节课中,我最大的收获就是对自己未来的职业认知又多了几分,动力自然也就强大了几分。

课堂上的案例分析与小组分享、公众号中的推送以及每一次的课后作业,都在一点点抹除我心中对未来职业的疑惑。我最初只是对化学课程感兴趣,觉得做实验很新奇,可以满足我的好奇心。在课程中,通过霍兰德职业兴趣测试我发现我的结果是 IR,与化学研究的要求吻合,这就给了我不小的动力;再加上书院开始实行导师制,我有幸加入了一位化学学院的教授组中,得到了一个宝贵的机会可以进一步接触化学研究的世界,这都为我的职业选择打下了基础。

上课过程中,最吸引我的莫过于 MBTI 性格类型评测系统以及霍兰德的职业兴趣理论这两个环节。也许是以前从未接触过专业的测试,我和其他组员都对测试产生了极大的兴趣。一遍一遍在心里排查、抉择,最终得出答案。我惊喜地发现,在 MBTI 测试中,它所描述的性格优缺点与我契合得很好,但是给出的适合职业中,却只有一个感兴趣的职业,而且也不是化学,这让我有些犹豫:难道自己对化学的喜爱仅仅是因为它能满足我的好奇心吗?在霍兰德职业兴趣理论中,我的测试结果却符合化学的要求。两次测试虽然有所不同,但还是给予了我信心,至少给了我去尝试、去验证的信心。

此外,还有一项内容让我记忆深刻,老师拿出了一位同学为自己列出的未来规划,包括考本专业的研究生、跨专业的研究生,等等。第一眼看到这项内容,我便对这位学长生出一分敬佩。从这些方案中足以看出他对自己有很全面的认知,而且对自己的未来下足了功夫,否则这么多详细的方案该从何而来?然后就是感叹工作坊课程的完备,这项内容不仅是在分析他人的职业规划,更是在拷问自己:如果以后遇到同样的情况,我要怎么办?在小组分享时,我惊讶地发现每个小组都有自己独到的意见,而且还给出了合情合理的解释,这些都给我以后遇到类似的情况时该如何解决提供了思路,这也是我最喜欢的环节。

除了这些在课堂上与生涯发展有关的事情外，老师的课堂风格也给我留下了很深的印象。记得有一节课，老师拿来了一袋签字笔和一双皮鞋，并告诉我们说，这些是她收拾房间时发现的，在家中无人使用便带来给我们。换作是我面对同样的情况，我的解决方法一定是任由它堆在角落，等何时想起来了再去拿来用用。而老师的做法无疑更加人性化，当然也体现了老师的特点。

另外还有一件事：最后一次上课时，老师不时地向窗外望，让我心有疑惑。等讲完了课堂内容，老师迫不及待地揭晓了答案："同学们，我们快到外面去，我来教室的路上看到校园里银杏落叶遍地，特别美！我们去拍照吧！"

然后的事情一切都顺理成章：每个小组摆出不同的造型留下最珍贵的回忆！有这样可爱的老师，何尝不是一件快乐的事情呢？

教师点评：

环境对于一个人的成长有多重要？回答见仁见智。学校环境对同学们的重要性似乎是不言而喻的。然而，中学与大学最大的区别是什么？或者更具体地问：名牌大学对于重点高中，除了更大的校园、更优秀的同学，还有什么？

十多年来，每年都有机会给北航大一同学们上课。谈到刚刚进入大学的第一学期，同学们使用最多的一个词是"迷茫"；期待、兴奋、充实、忙碌等都要退居其后。

李雨萌和贺小江同学是北航萌新的典型代表。他们带着期待与梦想来到沙航，却很快被超出预期的一批批的大作业弄得有点儿发懵；又很快"从最开始不知道该做些什么，每天只是听从辅导员的安排和老师的指导，笨手笨脚地去尝试安排给自己的一切，到如今心里有了规划，并且一点一点地努力向心目中最好的自己靠拢"。

从某种意义上说，报名参加工作坊的同学对尽快走出迷茫有更主动的意识；这也使得教师在课堂上的引导能够很快"见效"。李雨萌同学发现自己虽然"每次基本可以做到与一些素未谋面的同学、学长、学姐以及辅导员迅速熟悉并打得火热，然而，我常常因为参加一场聚会后说了太多话而感到深深的疲惫"，从而认识到自己"内向"的性格偏好；从长期的个人发展来看，这一点尤为重要。

小江同学"在 MBTI 测试中，它所描述的性格优缺点与我契合得很好，但是给出的适合职业中,我却只有一个感兴趣的职业,而且也不是化学”。借此,我想提醒同学们:人格类型更多地使我们做事的风格和方式区别于他人,绝大部分情况下并不能决定我们的职业选择。

同学们在中学阶段,由于所学知识层次的局限,很难对“专业”有非常准确的认识,而且很多同学及其家长都有“大学专业将决定你未来的职业”的偏颇认识。在“专业和职业认知”环节中,雨萌通过认真的调研与思考,认识到“学科与职业的关系都不是垂直的或平行的,领域之间的关系也不是平行的,它是一个交纵错杂的立体的网状结构,彼此相同相依却又存在着确切的差异”;这种认识对于大一上学期的同学是非常难得的,也是特别重要的。尤其在大类招生背景下,同学们面临着大一学年结束才确定专业的选择;认识到这一点,专业选择就不至于显得那么“性命攸关”,大一的学习也可以少一些“高四”的紧张了。小江同学在工作坊上“通过霍兰德职业兴趣测试,发现我的结果是IR,与化学职业的要求吻合,这就给了我不小的动力”。同时借助书院实行的导师制、加入了一位化学学院的教授组中,得到了进一步接触化学的世界的机会,为自己将来的职业选择打下了基础。

从课程总结中可以看到,两位作者都是善于思考、勤于行动的同学。希望他们在未来的大学生涯中,能够反复运用工作坊中介绍的理论体系及方法来解决各个阶段遇到的生涯发展困惑及难题,最大限度地达成自己的人生理想!

以梦为马,不负韶华——致真少年的生涯认知(五)

作者简介:陈牧茜,致真书院2017级本科生,现就读于经济管理学院。

进入大学以来的感受:晃眼间,距离人生的转折点——高考,已有小半年的时间。六月的盛夏里,我们提交了一份对过去学习的答卷,然后每个人,背上行囊,走向各方。

年少曾经信誓旦旦地说不喜欢北京的气候、不去北京读书;然而填报志愿时,反复斟酌思量后选择了北航。也许,终究注定要来到这里。进入大学后,感觉方向一下就模糊了,以前可以很单纯地就想好好学习,在考试中取得优异的成绩,然后在高考里取得好的名次,将填报志愿的主动权握在自己手里。从某种意义上来说，我做到了，所以我来到了北航。

最初参加英才训练营，初窥同学们的优秀，也听了许多讲座，很多老师反复强调：要有目标啊。我也知道要有目标啊，最好还是稳定可行的长期目标；可是经历十多年应试教育的我，真的不清楚，我到底喜欢什么，我以后想做什么工作。随着后面接触的同学增多、事务增多，我更深刻地认识到了北航同学们的优秀，学习方面有因高考失利没有去清北的学霸，书院的事务方面有能力特别强的同学做得很好，还有综合能力特别强的同学；感觉他们清楚地知道自己想要什么，而且执行力很好，为之努力奋斗。时间渐长，感觉自己相形见绌。

最开始接触职业规划，好像是初中的时候，一位阿姨告诉我，可以去职业招聘网站上看一下各种职业，找到几份自己心仪的职业，然后再看该职业需要什么样的人，自己就可以朝着这个方向努力了。也许是年少，或者就是执行力不强，虽然听着觉得十分有道理，但是自己并没有很好地去完成，也许如果我很好地完成了，我便不会这般迷茫困惑了。现在想想，挺可惜的，不过有人说过："种一棵树最好的时间是十年前，其次便是现在。"十八岁的年纪，也不算晚。第一次听苏老师的讲座，开始很认真地思考就业这个实际的问题，为了更好地进行职业规划，便报了名；很幸运，我入选了。

学业规划工作坊给我的收获很多。思来想去，最大的收获应该是让我认识到，兴趣和职业兴趣的区别吧。自己以前单纯地认为，最好的职业莫过于从事自己喜欢的工作，但是通过工作坊的学习，我知道了：通俗地说，职业兴趣是对某类职业有特别的兴趣，而且花费相同的精力，你可以做得比别人好。这其实真的挺重要的，如果单纯喜欢，做事却常常事倍功半，长此以往只会拖垮自己，且说明这个工作不适合作为赖以为生的职业。发现自己的职业兴趣、能够享受其过程，为之努力，又能收到很好的反馈，那该是多么棒的事情啊。

说到工作坊学习中印象最深的三项内容，首先是第一节课做的 MBTI 职业性格测试和霍兰德职业兴趣测试。其实自己很早以前便做过 MBTI 测试，可不是很清楚。通过老师的讲解，我认识到，每个人的性格都是有偏好的，没有这个好那个不好之分，我们应该正确地认识到自己的性格倾向，从而帮助我们去框定一个大致的方向，以便更好地规划职业生涯。自己在一开始分班时犹豫了好久，终究还是既没有去外倾，又没有去内倾，而是不确定地留在了教室里，不过通过和老师的对话，了解到：只要你是倾向于把内心的事告诉别人而不是自己憋着，那便是外倾；当然，再外倾的人也不是与谁都说，这个区分只是看你的能量更多花在哪一方面。通过后面同学们的讨论，自己一步一步地慢慢分析，终于找定了自己 ESFJ 的性格倾向。

第二便是同学们收集整理各学院对应的职业。这是一个课后作业，不过课堂展示的效果真的很好，致真书院对应的数学、物理、化学、经管、空环五个学院，每个学院都有好几个组负责，众人拾柴火焰高。最后的黑板上，密密麻麻的都是同学们查到的对应职业，老师们也做了相应的点评。那节课印象很深的便是，其实自己不知道自己希望从事什么职业，有一个原因便是知道的职业太少了，小朋友为什么都想做科学家、医生、老师和警察，因为他们知道的也就这些啊，而且这些笼统的概念，并不能做确切的职业。记得我们组查找的都是与金融相关的，考虑了专业的对口性、薪资、人才要求等许多方面，自己也管中窥豹地知道了要选择一个职业需要考虑各方面因素。

第三便是最后一节课，关于同学们设立的目标。老师先是让我们每个组讨论两位同学的目标，看了罗列出来的各种目标后才认识到，自己曾经设立的目标也有一些类似的问题。有的同学写到，希望自己每天跑步一小时，或者一年读 100 本书，这种就是听起来就觉得太不靠谱、不切实际的目标，只能空谈。有的同学写到，希望通过英语四六级、不挂科，这对于北航的学生来说，好像要求有点低。有的同学写到，希望自己认真学习、好好锻炼身体、多看书，乍一看觉得没毛病，可是细看就会觉得太宽泛了，而且没有确切的标准。有的同学希望自己做理想高远、学识一流、胸怀寰宇、致真唯实的人，爱祖国、爱航空、爱航天、爱北航。嗯，很红很正的目标，却不是我们要制定的实际性目标。然后老师介绍了“SMART 原则”：

S：(Specific) 目标要清晰、明确，让考核者与被考核者能够准确理解的目标；

M：(Measurable) 目标要量化，考核时可以采用相同的标准准确衡量；

A：(Attainable) 目标要通过努力可以实现，也就是目标不能过低和偏高，偏低了无意义，偏高了实现不了；

R：(Relevant) 目标要和工作有相关性，不是被考核者的工作，别设定目标；

T：(Time bound) 目标要有时限性，要在规定的时间内完成，时间一到、就要看结果。

根据 SMART 原则，我重新制定了一下自己大学四年的目标(涉及隐私，略）。希望这些目标伴随我大学阶段的成长。

认识、适应、改变——致真少年的生涯认知(六)

作者简介：司农，致真书院2017级本科生，现就读于经济管理学院。

刚入大学时，心里是充满了新奇的，觉得自己一定可以享受大学这轻松惬意的生活。然而我错了，而且错得很彻底：好不容易度过了军训，繁重的课业任务与课程难度就令我招架不住，觉得这大学上得怎么和高四一样，难不成我上了一个假大学？

相对而言，我的高三生活是比较轻松的，每天都是有计划的生活与学习。到了大学，我就像一个无头苍蝇般，除了完不成的作业，还有书院安排的各种活动，应接不暇。这强烈的反差使我很不适应，只能每天浑浑噩噩地"过日子"。于是，我开始反思自己、认识自己。按我的性格应该怎么过好这大学四年，才不会让我在四年后扼腕长叹。虽然课程依旧很难，处理不完的事依旧很多，但我尝试改变自己慵懒的作息，尝试去适应北京航空航天大学这所全国重点大学的环境。为此，我会牺牲很多时间去做看似很多不必要的事情，但我相信我会从中获得很多。正如我在一般通识课中选择了大学生领导力拓展与训练，这并不是一门指导你怎样学习的课，而是一门会让你感受到你和真正的领导者之间还有多少道鸿沟，还有多少条弯路要走的课。这会激发我的斗志，而不会让我倒下。

也正因为我一开始的迷茫，我选择了学业规划工作坊。第一节课前，我就被那繁复的阅读量吓到了，因为第一次想着好好看，就硬着头皮看了下去。之前听了老师的课前讲座，觉得这应该是一门很有意思的课程。事实证明，这也是一门令我紧张的课。

课上有各种各样的小组讨论，而慢热型的我为了引导组员而不得不说很多的话，即使到现在，我也觉得自己能力有很大的不足。没有足够娴熟的沟通技巧，缺乏令人信服的领导力。

但是我在课堂上最大的收获就是有了一个对自己认知的雏形，以后还要通过不断的考验来使它趋于完善。我自己的性格、自己的能力、自己的兴趣，到现在都没有确定。当然，正像老师说的那样，这肯定不是上了几节课就可以弄明白的，只能在以后的生活中慢慢体悟了。不过，这门课还锻炼了我的写作能力、人际交往能力以及在繁忙的学习与各种活动中如何保持平衡的能力。

令我印象最深的三项内容肯定就要数霍兰德职业兴趣模型、我未来理想的职业以及最后一次课介绍的 SMART 原则了。首先谈霍兰德职业兴趣模型，我在课前预习时就对这部分内容百思不得其解，在对书上的选项纠结了无数次后，还是无法得出准确的性格类型。在课上听老师的解读有时也是迷迷糊糊的。最后经过在测试纸上圈点勾画之后才勉强得出了我 CRE 的性格倾向。正是这堪称痛苦的经历让我印象深刻。之后再说我未来的理想职业，在入学之前，我的第一志愿是航空航天大类，一心想的是为祖国奉献青春，然而最后却被分到了理科大类，这就使我原来的计划烟消云散。原本明确的人生道路变得扑朔迷离，这也是我参加职业生涯规划的一个原因。之前我就曾经思考过，除了航空航天工程师，大学教授也是一个不错的职业。在课上，我勇敢地提出了我的想法。老师先是肯定了大学教授这个职业符合我的工作价值观，之后又对现在大学教授的"生存环境"做了评价，使我有了一个新的认识，也使我思考了更多。

最后是看似很简单的 SMART 原则了。SMART 原则强调制定的目标一定要满足五个条件：明确的、可量化、可达成、相关性、时限性。这个原则看似很简单，但是其实际用处确实很大。它会使你更加容易确定需要做的事情，而不是一个笼统的，令你不知所措的一个你无法坚持下去的计划，它会帮助激发你的潜能，这让我牢牢地记住了这个原则。根据这个原则，在大学四年里我有这些目标：一、每个星期坚持三次长跑。这是为了锻炼身体，为了将来进入更加激烈的竞争中做好准备。二、每个星期完成三次英语听力练习，英语是当今时代必不可缺的一门必修课。三、每个星期至少完成一套英语四级试题。

之后还有更多的目标设定在等着我，现在就说到这儿。

教师点评：

前面这两位同学的感想中不约而同地谈到了目标。上百度搜索"目标"一词，有关目标的重要性的警句、格言连篇累牍：

"在一个崇高的目标支持下，不停地工作，即使慢，也一定会获得成功。"——爱因斯坦

"生命里最重要的事情是要有个远大的目标，并借助才能与坚毅来完成它。"——歌德

“人生的真正欢乐是致力于一个自己认为是伟大的目标。”——萧伯纳

“生活的意义在于美好，在于向往目标的力量。”——郎贾罗

“世界会向那些有目标和远见的人让路。”——冯两努

……

然而，那么多同学进入大学后目标模糊了，甚至失去了，因而学习的动力不足，有的同学甚至有些不知所措了。他们中，有与牧茜类似的：中学阶段好好学习的目标就是“在考试中取得优异的成绩，然后在高考里取得好的名次，将填报志愿的主动权握在自己手里”；有和司农相仿的：对未来的事业方向是有期待的，然而，由于未能进入理想的院系，“原来的计划烟消云散，原本明确的人生道路变得扑朔迷离”。

其实，从本公众号多篇对于职业兴趣、价值观等与专业和职业关系的分析文章中可以知道：很多同学中学时代确定的“专业选择和事业目标”，其实并未建立在理性分析的基础上，更多的是感性认知。进入大学后，需要通过对于更加深入的专业基础课的学习，借助系统、科学的理论分析自己真正的职业兴趣和工作价值观，才有可能做出科学、理性的选择。同时，目标的制定最后遵循 SMART 原则，才更有指导性、操作性。

希望更多的同学能像牧茜、司农们一样，尽快掌握生涯规划的理论与方法，根据自己的特点制定出个性化的目标，以指导自己大学期间的学习生活。

似乎离轨曾经的梦，只想努力接近
——致真少年的生涯认知(七)

作者简介：王力，致真书院 2017 级本科生，现就读于经济管理学院。

九月，十几个小时的车程后，我来到了我的大学。曾经细想过北航的校门、里面的布局，在脑海中绘出梦想的样子。来时却是风尘仆仆，需要适应新的环境，需要安排自己的生活。

偶尔静心去想，几个月真的很奇妙。四五月份的我，还在努力准备高考，北京航空航天大学只是一个名字而已，与其他学校并没有区别。而在九月初，北航将是我未来四年甚至更长时间的栖所。

高中的我，没有全力去学习，仅在高三时真正努力。身边有陪我玩闹的

朋友，我只是在小班级里保持自己的优势。进入大学，所见的人都很优秀，是真正有实力的所谓“学霸”“学神”，每个人都有自己的长处，都有属于自己的故事。

我很喜欢与人交流，喜欢在大家的快乐里寻找快乐。进入大学，很明显感觉到自己变得更活跃，有更多的平台可以选择，感觉到了自己的成长，可以更好地展现自己。

到大学后，得到了意料之外的成长。

学业规划工作坊对我来说，似乎离轨曾经的梦，但我只想努力接近。最初选择参加学业规划工作坊，是想要有对自己更全面的了解、更好地规划未来。当然也不乏最初想要得到学分的想法。

一直对心理学很感兴趣，喜欢分析性格，喜欢帮别人走出迷雾。以前了解过少许关于职业规划方面的知识。很感激工作坊的8个学时：我得到的不仅仅是累计的学时，更多还有对自己的了解、对未来的计划，对心理学的兴趣也变得更浓。

很喜欢工作坊中的一个环节，是在许多偏好描述中圈出与自己相符合的部分，然后可以对应到具体的职业领域。开始分析自己的性格，努力从一点小细节中找出特点。待到确定了答案，再回头可以发现一个自己很熟悉的偏好类型被圈在纸上，感觉好奇妙。

再看到对应的职业领域，或许是曾想过的，也可能只是很陌生的职业。但当它与那些偏好类型联系时，又觉得特别，或许会变成以后重点关注的对象。

不同的人有不同的偏好，在纸上圈出了属于自己的特点。一沓被划过的纸，即是一些人的差别，在黑白页面表现得很清楚。将自己如此形象地表现出来，很欣赏最终的成果，这是一次深思熟虑后对自己的描述。

不同的偏好适合不同的职业，找到适合自己的天地，才能在其中得到更大的效率。工作坊带给我关于专业选择的参考，让我对职业选择有了更深的理解。

工作坊中有一个环节是根据自己对未来职业特点的期盼，选择适应自己的五个职业特点，然后在小组内讨论适合自己的职业。

我一直以来最喜欢的专业方向是建筑，很喜欢建筑的各种构型，喜欢在纸页创造另一个世界、设计出自己喜欢的样子。以前最喜欢的职业是设计师；课堂中作出的选择也符合设计师这个职业。还有另一个兴趣，就是心理学:也曾想过做一名心理咨询师,可以在自己喜欢的专业方向从事职业。

进入大学,我选择了致真书院,里面并没有我喜欢的建筑学或心理学,相对喜欢的,应该是经济管理学科。这次的职业偏好选择,让我在入学后再次仔细思考自己的兴趣,在兴趣与现实环境之间找到平衡点。大一能做的,只能是尽可能多地了解心理学相关的知识。

然而对于职业,还没有具体的了解,并不能确定我有兴趣的职业会真正适合我。

小组讨论专业对应的职业环节给我的印象很深。今年的大类招生,我们有了更多的专业选择的机会。不会再在很迷茫的时候贸然选择,对自己的未来作并不负责任的判断。

在专业讨论环节,老师要求每个小组要找到对应专业的三个职业,陈述或简短或详尽。我们小组拿到的是经济管理学院。现在的我们,对专业的理解并不深。至于专业所对应的职业,除了最常见最熟悉的那些,大部分只能源于上网查询。讨论之后,数学学院与化学学院的两位老师对对应的专业做出总结,以自己的亲身感受做出相应的解释。

在参加工作坊之前,并未具体想过专业对应的职业。因为距离职业选择,似乎还很远。这样的讨论,有助于更好地理解专业。工作坊结束了,带给我的不仅仅是8个学时,还有对未来专业与职业选择的了解,也加深了我对心理学的兴趣。

参加学业规划工作坊,在未来选择专业和更远的职业时,我可以少一分迷茫,能作出更适合我自己的选择,可以对自己的未来更负责。

大学生活取决于自己——致真少年的生涯认知(八)

作者简介:孙钊,致真书院2017级本科生,现就读于数学与系统科学学院。

Why do you choose BUAA?

北航给我最直接的感触,就是这里是一个“学生”生活的地方。在这里我们得到了我们应有的自由,或者说我们不得不去充分利用我们的自由。因为我们在这里基本上不受管制,我们在这里可以安排我们想做的事情。

我抱有着理想或说某些目标来到了北航，进入后我或多或少有点惊讶，因为我发现如果要达到这个目标，就不得不去安排自己的各种任务，即使没有人在背后督促着我。我意识到大学生活不取决于任何一个人，只取决于我自己。我十分期待面对本科四年及那之后可能出现的各种选择，我很期待自己四年后的样子。

我发现自己之前对于大学有很多的误解，我原以为进入大学就只为了学习一些知识，只为了增长一些见识。然而我错了，我发现大学会给我很多。所以我进入了我高中时绝对不会进入的学生会，听了高中时候绝对不会听的讲座，也报名了高中时绝对不会报的学业规划工作坊。我发现这些活动会帮助我了解各种领域。学生会的工作也许会比较接近上班族的工作吧，站在屏幕前的老师也许很接近学术领域的各种论文报告会吧。

虽然我不是“从清华掉下来”的落榜生，但是我也是一个高考发挥得不是很好的学生。我原本应该可以进入士谔书院的，然而在高考结束后的暑假里亲身体会了命运开的玩笑。不过在学业规划工作坊的课程之前，我就已经觉得能够进入致真书院是一件十分幸运的事情了。但是即使这样我也无法放下我对没有进入信息大类的遗憾，因为我是怀着以后要走进计算机前沿领域的目标而进入北航的。

“本科四年学了哪个专业，以后就会从事哪方面的工作”，这一直是我的观念。在学业规划工作坊及大学以来相处的几位教授，都让我明白了这个观点的局限性。大学本科的四年并不会决定我的一生只能在自己认为不感兴趣的领域挣扎，相反这四年打好的基础才是我进入自己感兴趣的领域的前提。可能这就是我参加学业工作坊的最大的收获吧！

老师讲解了人格类型，测试后发现我的人格类型是 INTJ。坦白地说，我还是挺惊讶的，但同时也十分高兴，因为这和我理想的职业状态吻合。我本以为不预习就无法取得好成绩，但是预习之后我就不想再听老师讲课了，于是老师在台上讲课，我就在下面写作业。根据自己的人格类型我也对自己的学习方式进行了调整。与其他人相处的时候，我也尽量地考虑其他人的感受，因为测试后发现我是 TJ 型。在之后的霍兰德职业兴趣的探索中，我发现我属于 RIA 型，虽然没有 S 是一件很吃亏的事情，但是能够有 A 就让我感觉很高兴了。那一张写了各类职业兴趣的人的特点的测试题以及降落兴趣岛的问题，都让我印象十分深刻。

第二点让我印象深刻的是对于一位适航专业的大三学长的几种选择的

分析讨论。也许在大三大四的某个时期，我也会面对这样的问题，需要去了解各种专业、了解自己的其他一些出路，也许我也会去找一些专业人士咨询，但是现在的我能够更加精准地思考自己的职业兴趣，分析自己的人格类型。我发现在这样的过程中，如果对自己的兴趣没有准确的定位的话，就会迷茫于各种的选择，自己的人格类型和职业兴趣往往是决定最终选择的关键。多思考一下自己的情况，或许就能够找到一个更加合理的选择。

第三点让我印象深刻的是老师为我们讲解我们在人生中扮演的各种角色的时候，我想到我现在是子女、是学生、是公民。人生中我会扮演许多角色，大学中不会只有学习任务，我们有丰富的活动，也有很多可以提升的方面。这启示我贴近社会，充实生活。

最让我印象深刻的是结课老师给我们拍照的那个时候。银杏叶弥散在绿草中央，我突然觉得能够透过天空看到几年后的自己。我意识到学业规划工作坊就要结束了，我也想到大学的四年也会像这样快速过去，甚至自己的人生也会转瞬即逝。手举一片黄叶，头顶一缕阳光，我想起了刚刚迈入北航时的心情。

“大学阶段是全然不同的时期，最大的不同莫过于学习目标的多样性。”没有压倒一切的目标。在这样一个宽松的环境中，学会寻找方向，学会管理自我，学会安排事务。更重要的是，学会寻找自己的目标，学会认识自我。

我想我收获的可能就是大学里最重要的、最灵活的精髓之处吧！

教师点评：

这两位同学都谈到了自己感兴趣的专业及未来职业：王力同学喜欢的建筑学、心理学专业都是北航致真书院无法提供的，于是她就倾向于“相对喜欢的”经济管理学院，颇有“随遇而安”的乐观；孙钊同学却是在“觉得能够进入致真书院是一件十分幸运的事情”后、“也无法放下我对没有进入信息类的遗憾”。

不过，通过工作坊 4 次课程的探索，不论是“随遇而安”的王力，还是“耿耿于怀”的孙钊，都对自己的专业方向有了新的认识，将来的选择也可能因此而不同。正如两位同学领悟到的：大学本科的四年并不会决定自己的一生，只能在自己认为不感兴趣的领域挣扎，相反这四年打好的基础才是进入自己感兴趣的领域的前提；大一上学期就开展学业规划辅导，是为了使同学们在未来选择专业和更远的职业时可以少一分迷茫，能做出更适合自己的选择、可以对自己的未来更负责。

希望更多的同学在大学一年级开始就学习并掌握学业规划的理论及方法,认真思考自己的未来。

考入名校后,如何继续成为一名优秀生?

北航生涯教育团队

12月9号深夜12点,一位2017级北航女生在朋友圈发了这样一条信息:

“下午写完数分以后,有那么一瞬间觉得自己快要站不稳了……

所以真的得早点睡了……还是命要紧。

大家晚安。祝福你真的可以睡得好。”

约24小时后,这位同学在朋友圈发了两张照片:是两页工工整整地写满了字体颇有柳体风范的文字,内容如下:

听过一句话:“当你的心里开始有不再会与别人分享的秘密的时候,你就长大了。”以前我还不是太懂这句话的意思;而现在,我怀念我还不懂这句话的时候。

今天考完了数分原理选讲的期中考试,很明显,非常不如意的一次考试,自我检讨了一番,确实是自己之前在时间管理上没做好。积弊大概就是这样,积累于平时,爆发在考试吧。很对不起马老师,更对不起自己来时的承诺。但我能感受到自己考完时的那种坦然与释然,一方面,我不得不承认,考期终于结束了,我真的真的、有种发自内心的如释重负感,毕竟我航从十月份就开始说要期中考,这眼看快期末了才全部考完,疲惫感是无法避免的;另一方面,所有的学习过程、复习过程、考试过程,我都是全程自己参与的,发挥的是我真实的水平,反映的是我真实的学习状态,很难说我拼了十分的力气,或者说比起其他人来说有多好多坏,但至少,我真正地做到了为自己的行为负责吧。没关系,期末还有场考试,希望可以把之前遗落的知识捡起来,再重新出发吧。很感谢马老师给我们一次“改过自新”的机会,我不敢夸下海口说我一定会如何如何逆袭,我也不会妄自菲薄抑或是故作谦虚地说自己不行。学习吧,还是踏实点好,这样心里也会踏实。结果如何,其实影响因素有很多,不完全由我;而唯有努力的过程是我们可以完完全全掌握在自己手中的。

其实今天考完数分原理后，我突然感受到了一种空虚，就有点像紧绷着的琴弦忽然绷断、再也无法弹奏出那个音符，接下来的曲子都是那么的不着调，怎么弹奏那感觉都不对。我突然不知道自己在做什么，不知道接下来要去哪儿，不知道自己喜欢什么，为了什么在咬牙坚持。我曾想好好规划一下，下一个阶段要做的事，后面可能要碰面的人，可事实又一次次地告诉我，我根本无法知道，下面会出现一个什么事会导致我所有的安排延迟或取消；我也不知道，上一秒还和我说着永远的人，下一秒我会不会就永远失去。这个世界不是我的，也不是任何一个人的，它从来不按照我们任何一个人脑海中的愿景完完整整地发展。这个世界它还很小，有人进来、就要有人退出。这个世界还很矛盾，有些东西瞬息万变，而有些东西却永恒得令人生畏。我不是很懂这个世界，我也不知道自己能抓住什么，又抓住了什么；我也不知道什么该放弃，放弃又意味着什么。我看见过，有的人，真的在过我之前做梦都想过的生活。我真的看见过，真的，虽然这有些像一个三岁孩子在拼命证明自己见过魔法一样苍白可笑(现在的三岁小孩可不都会这么天真了吧！哈哈！)。我最羡慕的，是那群人脸上洋溢着的疲惫而满足的微笑。

因为他们的身后有闪闪发光的梦想啊。

希望自己的心可以更纯粹一些，更简单一些，“放弃不切实际的想法，才有可能更好地出发”，亦人亦事亦物。

2017 年还有 20 天就结束了。

好了，大家晚安(自作多情)。

几小时后，下面一堆“赞”；一位同学留言：“当我一字不差地读完时，我真的感到自己所处的困境与你一样。或许这就是大一的迷茫和不适应吧。我已经被其折磨很久了；我们所要做的就是摆脱这些负面的影响。”

这位同学并非特立独行。从致真书院 150 多位同学入学两个半月提交的“入学以来感受”中，大致可以了解 2017 萌新们当时的状态。

“自高考至今，不觉已是六月有余，也已在北航生活了两个多月，对于大学生活多有感触。说来奇妙，我的 18 岁生日是今年的 8 月 30 日，在那之前，我从没有住校过，当然也没有脱离家庭、独立生活过；但在成年之后，我马上就来到了北航，面临生活自理的挑战，算是成年的贺礼。前后对比愈是强烈，心中感触愈是深刻。感触有很多，包括个人生活方面、学习方面、社交方面。我比较希望探讨一下学习和社交方面。

“学习方面最大的问题就是自律了。大学一开始没有人会天天和你念叨要怎样努力学习，这个时候拖延症就很有可能让人沉溺于娱乐游戏之中，不可不防。我认为最有效的方法就是和朋友（比如室友）一起互相提醒，在这个过程中，逐渐培养自律的能力。只要有了自律，学习的成功就已经完成了一半。

“社交方面，大学给我们提供了一个巨大的平台。学生会、社团、梦拓小组、小班，都可以成为交到朋友的场所，我们需要做的就是积极主动地参加。其实最大的问题是，在有限的时间条件下，我们应该怎样去取舍、平衡各种活动的比重，以保证效率。”

“作为一个萌新，刚进入大学的我很不适应大学的生活。全新的校园和新的同学、父母在远方没有办法常常见面、课程的难度都让我无法适从。大学生活总体上来说是迷茫的，不知道自己要干嘛，该怎么做，该以一个怎样的心态去面对新的生活。原来在高中社团活动没有大学的丰富，进入大学又是学生会又是社团，同时还要保证学习要跟得上，总觉得力不从心。生活上，在高中时父母和老师总在监督自己，不让玩手机不让谈恋爱不让这儿不让那儿的，上大学的我变得突然自由起来，自由的同时也是对自控力的考验。手机就放在手边，玩还是不玩，往往手一贱就会荒废掉大把的时光。对于未来的目标也是迷茫的，高中时不知道自己的爱好在哪里，没有深入地了解，没有探索；上大学大家都在谈目标的时候自己又觉得很无措，没有兴趣更别说有一个方向。”

“进入大学后，我的生活发生了一些变化。

“首先就是学习内容的改变引起了我学习体验的变化。所学内容难度的改变使得学习的重点从练习偏向了理解。虽说如此，练习和技巧对于解决问题依然很重要，这就带来了新的挑战。除此之外，间隔时间较长的课程使得新内容学习出现了中断，往往有些知识刚学会还不熟练的时候就会被新的知识顶替掉，这就凸显了复习的重要。

其次，我更清晰地感受到了对将来的迷茫。从高三开始，参加自主招生，填报志愿等问题都使得我感受到缺少明确方向时的无奈，但是当时至少还有高考这个明确的目标。在完成了这个目标之后，真正的迷茫才向我袭来。我内心兴趣和自身能力之间的冲突使我不知道该如何做出抉择。如果我草率地作决定，万一后悔了就会面临巨大的沉没成本；如果我思考的时间太长，我又会失去利用大学时光提升自己的机会。即使作出选择，我又真的能克服这条道路上的艰难险阻吗？

“此外，我对大学各种活动的宣传和通知感到很疑惑。大学的活动琳琅满目，经常会出现有感兴趣的活动在结束报名后我才得知消息的尴尬局面。同时，不同人的课程差异会使得活动的时间安排不能顾及所有人，这也是与高中时不同的。

“总的说来，我还是很适应上大学的。”

“‘不好好学习就考不上好大学，考不上好大学就找不到好工作。’我们都是通过应试教育选拔上来的，这句话大家应该都不陌生。我不否认好好学习的重要性，但是后一句话真的成立吗？如果成立，又有谁能告诉我，什么叫作好工作？工资高、待遇好吗？

“未来的职业对我来说是一个看上去很遥远的事情，但它又在步步逼近，成为一个我无法忽视的问题。

“我承认进入大学以来我一直都很迷茫，我要学着自己去应付生活上、学业上、交际上的一些问题。当这些曾经被父母包办的事情一股脑交给我来办的时候，我的确有些手足无措。但更大的问题是我对未来的不确定，而这种不确定在北航被无限放大。北航今年实行改革，尝试大类培养，这意味着我的专业还未确定，所谓的未来对我就更模糊。（其实我最想进的是工科，但现在发现我其实什么都不了解，其实更犹豫了。）”

……

这几份随机挑出来的“感想”确实很有代表性，与笔者 10 年来连续与北航大一同学交流得到的信息一致。下面，试着分析一下考进大学后，尤其是进入“高手林立”的名校的同学们如何继续成为优秀生的可能性与可行性。

首要问题是如何定义“优秀生”。这个问题在中学时的标准是比较明确的：主要是考试（总）成绩优秀或者单科竞赛成绩优异。进入大学后，“优秀生”的标准变得多元化，下面先简单讨论一下常见的“标准”。

1）考试成绩优异，具体表现在 GPA 较高、在专业或大班排名靠前。

2）GPA 中等，但科研活动或学科竞赛中表现突出。

3）GPA 中等，但在学生会工作及社团活动中表现突出。

4）GPA 中等，但在社会实践、实习兼职活动中表现突出。

5）GPA 中等，但创新创业活动或竞赛中表现突出。

……

“标准”之所以带引号，是真心觉得用词不是很精准，但大体可以说明“考试成绩优异”不再是优秀大学生的唯一标准，原因是大学教育的目标是培养社会经济建设各个领域的高素质人才；考试成绩优秀并非衡量“高素质人才”的唯一标准。由于应试教育出来的萌新中认可“考试成绩优异”的比例最高，下面重点谈一下这个问题。

中学阶段、包括高考成绩优异者，是否就能推导出“进入大学后考试成绩优异”呢？答案中当然要画一个大大的问号。其间要分析学习时间投入、学习方法和学习能力等多方面的影响。

首先是学习时间投入。总体而言，我国大学生投入课程学习的时间比高中阶段明显地少。原因似乎不必过多地分析了，看一看学校排定的课表及自习时间表就一目了然了：各个高中基本上是将同学们睡眠、饮食之外的几乎全部时间都安排了课程及自习；大学则只安排了课程，而绝大部分大学生没有那么“自律”，抑或参与学生会、社团、志愿者等活动的时间占用了不少课余时间，因而总体学习时间普遍减少了。对此，“时间管理”显得尤为重要；本文开篇发朋友圈的那位同学，首先认识到自己在时间管理方面存在问题。

与此相对应的是，课程的难度显著提升了：大学的数学分析 VS 高中的数学，大学物理 VS 高中的物理课，普通化学 VS 高中的化学课，……其间难度的差异足以令很多同学感慨“我高中学了门假数学/物理/化学!”这就对学生的学习方法和学习能力提出了挑战。

关于学习方法：有些同学高考分数优异是得益于高三拼命地“刷题”而逐步提高的，而大学的课程都是“一遍过”，考试成绩自然不理想。有些同学擅长总结“考试技巧”，对于题中的原理、方法并未根本上掌握；大学课程进度很快，没有提供足够的时间让他们总结“技巧”，考试成绩自然上不去。有些同学擅长“临阵磨枪、不快也光”，然而，这种方法仅适用于对积累的知识点比较有限的课程；而大学期间动辄“每周 3～4 课时”的授课量，一学期下来，靠最后两周“开夜车磨枪”，很难获得令人满意的成绩。

关于“学习能力”：毋庸置疑，高分进入名校的同学，肯定不乏学习能力；然而，大学的专业基础课对于学习能力的要求并非高中那么“大一统”。高中笼统地分了“文理科”，大学则具体到理、工、文、商、法、哲、医、农等多个方面，每个方向对于专业能力的要求都更加深入；对此，不少“全面发展”的高中生很不适应。这其实是提醒同学们要尽快找到自己真正的能力倾向，即职业生涯规划课堂上讨论的职业兴趣。

再来看一下开篇那位同学的感慨：她也存在对于大学课程与中学课程

特点的差异和增加难度认识不足的问题，因而未能提前恰当地评估自己当前的“学习能力”并调整学习方法。

当然，即使是自己足够努力、学习能力足够强，在大学中获得“优异”成绩者毕竟是少数，因为大部分课程考试成绩是要符合“正态分布”的，成绩优秀者是有一定比例的；名校里学霸云集，同学们进入后其实是从中学阶段“鹤立鸡群”的状态进入了“鹤立鹤群”的环境。而且，与高考“择优”的机制不同，大学的考试更多是“劣汰”，简单可以理解为“要将学习特别不投入的同学挑出来”，只有极个别学习能力极度不匹配的同学，才可能出现“学习很努力但考试仍然没有通过”的情况（遇到这种情况的同学，在经过专业的评估后，可能需要考虑转专业了。这个问题在之前有关职业兴趣的文章中分析过）。因此，大一阶段的成绩排名其实没有那么重要，更重要的是应该清楚自己对该课程中原理与知识真正的掌握程度，因为掌握程度直接决定了对大二、大三学习专业课程的理解掌握程度。

总之，大学一年级是同学们非常关键的转折点，同学们需要学习完成从高中生到大学生的蜕变！其中，对于课程学习及学习成绩的态度，同学们可以根据自己的具体情况来调整、确认，不必“千人一面”。

成为优秀大学生的第二种姿势——参与科研活动

北航生涯教育团队

《考入名校后，如何继续成为一名优秀生?》于 2017 年 12 月在公众号推送后，由北航“微言航语”公众号转载，阅读者超过 5000。推文的留言各有千秋，点赞最多是那位深夜发朋友圈同学的那句感慨：“当你开始思考而不是焦虑的时候，你就长大了。”

还有家长的心声：“孩子们进入大学后因一下子“没人管”而变得迷茫；父母们在家里也因为“管不到”而焦虑。时间就那么点儿，机会就那么点儿，缺少人生规划的孩子，哪怕仅仅是松懈了一小步，再看身边已无合适的位置。机会也许还有，只是费时费力要更多一些。”

再就是各种鸡汤：“我觉得最后还是看自己。是金子，你终究会发光的；是银子，你终究会发亮的。是包子，你终究会露馅的。”

有一条颇为中肯也是今天要讨论的重点："北航的学子们可能大多从小到大都是被宠大了的别人家的孩子，从来没有经历过不优秀，所以后来的事情让孩子有点不适应，其实大学就是要博学，包括挫折，包括经历自以为是的很好而被别人无情地不屑一顾，这些都是人生中的重要一课，希望北航的学子们在学校期间不光学业长进，更收获心理成长的过程！"

事实上，考入名校的同学们，大部分都要经历从"鹤立鸡群"到"鹤立鹤群"的落差。至少从考试成绩（班级排名）而言，即使大家都非常努力，一学期下来，尤其是一学年过去，都会有三分之二以上的同学沦为"学习中等"乃至"成绩较差"者。那么，考试成绩不再优秀的大学生，还能成为优秀生吗？

接着上一篇的内容中"优秀大学生"的五条标准，本文重点谈一下第二种情况"GPA 中等，但科研活动或学科竞赛中表现突出"。

在北航，很多同学除了学习外，会参加一些科研竞赛活动。有些是学校举办的，如北航的冯如杯；有些是全国性的，如"挑战杯"全国大学生系列科技学术竞赛；有些是省市级的，如北京大学生数学建模与计算机应用竞赛；有些是国际性的，如"美赛"。为了简洁一些，下面重点引用 2 月中旬刚刚结束的"美赛"的例子。

美国大学生数学建模竞赛（MCM/ICM）由美国数学及其应用联合会主办，是唯一的国际性数学建模竞赛，也是世界范围内最具影响力的数学建模竞赛。赛题内容涉及经济、管理、环境、资源、生态、医学、安全、未来科技等众多领域。竞赛要求三人（本科生）为一组，在四天时间内，就指定的问题完成从建立模型、求解、验证到论文撰写的全部工作，体现了参赛选手研究问题、解决问题的能力及团队合作精神，为现今各类数学建模竞赛之鼻祖。近年来，我国有越来越多的在校大学生参加该赛事。2018 年，北航更是有不少大一学生就参加了。

大一参赛能有些什么收获呢？下面先看看致真书院 2017 级李泽宇同学参赛后的感想：

"参加美赛的原因有四个：首先是我们三个想尽早接触建模竞赛，熟悉流程，积累经验，为之后的竞赛打基础。第二是想利用假期的空闲时间，做一件有意义的事情。第三是我们几个是高中的同班同学，并且是很要好的哥们，最终也幸运地同时考入了北航。我们三个的专业分别是信息、航天、理科大类，组合也很互补。机缘巧合之下，我们又聚在了一起。第四是从我个人角度来说，我比较喜欢与人合作，为一个共同的目标而一起努力拼搏的感受是很棒的。而美赛就是一个与人合作的好机会。

美赛带给我最深的感受是很温暖的团队感。四天里,我们三个共同拼搏,相互鼓励。选题时,我们各抒己见,并很快统一了看法;选好题后,我们共同查找资料,确定模型,制定算法;开始修改论文时,我们激烈讨论,字斟句酌;一起熬夜,一起拼搏,一起吃饭,似乎又找回了高三的感觉,很熟悉,很棒。

我的另一个感受是成就感满满。随着比赛的持续,我们的思路愈加清晰,配合愈加默契。论文不断地补充完善,翻译在不断的斟酌,最终定稿提交的那一瞬间,我们感觉如释重负,幸福满满。

我的第一个收获是了解了美赛究竟要做什么。赛前,我们三个分好了工,理科的我和航天专业的 W 负责建模,信息专业的 M 负责编程以及 MATLAB 的使用。论文的撰写以及翻译由我们三个共同完成。我们仔细翻阅了往年的优秀论文,了解了论文的基本格式及内容要求。除此之外,我们学习了很多建模方法和算法。例如神经网络模型,多元线性回归模型等。

我的第二个收获是对 TEAM 这个词有了更深入更切身的体会。团队中的每一个人都应该尽自己所能为团队作贡献,并且每个人的分工没有高低贵贱之分,都会对团队产生巨大的作用。比赛开始后,虽然我们事先做好了很多准备,但还是有一些意料之外的事情发生。选择 C 题之后,我们发现准备的模型中并没有合适的。于是我们只能再寻找更合适的模型。面对完全陌生的模型,我们最终选择了一个我们认为相对简单的灰色系统模型和向量自回归模型。而我负责向量自回归模型。当我真正开始着手时,才发现向量自回归模型很难。当我们经过讨论决定放弃时,已经没有多余的时间让我重新选择模型。于是,我只能负责第二和第三部分、论文的排版翻译等,这些工作相对零碎一些。最终,我们默契配合,完成了任务。或许有人认为模型的建构是最重要的,其余部分是次要的。但我认为,每个人都有自己的作用,团队的成功离不开任何一位成员的努力。当绿叶不要紧,关键是要当最棒的绿叶。”

李泽宇同学的分享颇具代表性:参加竞赛并非只是学习理论知识,而是涉及研究问题、解决问题的能力及体现团队合作精神,与中学阶段的学习差异非常大。通过参加比赛,同学们可以有多方面的收获。善于思考的同学,还可以由此通过对自己备赛、参赛过程中的表现进行反思,发现自己的问题,借此对未来的学习生活进行方法甚至方向的调整。下面是 1608 大班杜晨壮同学的分享：

“美赛，前两天崩溃，第三天看开，交一个真实水平的论文，无论结果，过程中学到众多，总结如下：

1）“巧妇难为无米之炊”，找不到足够好的数据根本无法开展一项 ICM 工作，而因为常年不浏览国际网站，去看英语网站已经有些不适；另一方面又不知道该在哪些网站找到合适的数据，以至于找数据占据了非常多的时间。

2）没有亲自尝试过做饭，即使有了米，依旧不会做饭。MCM 的 C 题是有足够的数据的，可是借用王老板的话来说是“太脏”，我看来这万条数据不是“脏”，可能是太多以至于根本无从下手。

3）大学学了一年半，其实自己没有学到什么。如果以后要搞科研的话，我认为可能很大一部分的时间都要和数学、建模来打交道，而仅仅学了高数、线代的我，先不说现在已经忘得差不多，当时就没学透，仅仅是为了分数而学，怎么得分怎么学，以至于我根本不知道该如何应用，更不知道“泰勒公式”“傅里叶级数”的妙用。学习方式要改，至少不要被分数牵着鼻子走，尽量去联系现实中的问题，尽可能深入浅出地了解和学习。

4）如果我仅仅是为了有个好的 GPA 或者说平均分而把所有时间都花在了怎么提升分数上，我觉得最后毕业自己也是迷茫的，因为我完全不知道自己学了什么，只会考试。不能死学习，不能唯分数论，而是要以为了以后做科研而学习，不能学了就忘，不能学了后只会做题，而是真的能把知识用在诸如美赛、国赛和科研上。

5）科研就和很多事儿一样，会遇到坎，走也走不通，这时候一来可能是算法没选对，二来可能整个方向就错了。胜败乃兵家常事，要有好心态。

6）走不通的时候，整个团队可能都是比较不舒服的，所以，偶尔的小幽默还是不错的。

7）从容、淡定、狠辣的判断力和执行力、冷静等大将风范不仅仅是打仗的时候才有用，科研也需要这样的品质。不能急躁，必须踏实走好每一步，否则遗患无穷。”

好了，内容已经足够全面了。关于“美赛”就先到这里；更多同学们的分享，读者可以在北航大学生职业生涯规划的微信公众号上找到，你还可以找到参加美赛及冯如杯获奖的“大神”们分享参赛的经验，以及有关其他几项“优秀大学生”标准的案例。

相信同学们只要学会独立思考、保持积极行动，都能成为优秀的大学生！

我大一上学期就挂科了，该咋办？
——成为优秀大学生的第三种姿势

北航生涯教育团队

连续两篇文章讨论了“进入大学后如何成为优秀生”，有些同学读完后仍然颇为失落：那些参加学科竞赛获奖的同学，显然也都是学霸啊！虽然可能 GPA 排不到前 20%，可还是总体成绩也不差啊。我辈连单科成绩都不突出者，就此与“优秀生”无缘了，尤其是当我大一上学期就有挂科了！

大家不必太悲观，我们今天要讨论的是连单科成绩都不突出者，甚至大一就有挂科的同学，如何“逆袭”，毕业前成为优秀生！

我们再回顾一下最初讨论的优秀大学生的“定义”：

1）考试成绩优异，具体表现在 GPA 较高、在专业或大班排名靠前。

2）GPA 中等，但科研活动或学科竞赛中表现突出。

3）GPA 中等，但在学生会工作及社团活动中表现突出。

4）GPA 中等，但在社会实践、实习兼职活动中表现突出。

5）GPA 中等，但创新创业活动或竞赛中表现突出。

……

接下来，先讨论上述定义的内在逻辑。这就要回到“大学教育的最终目标”——培养社会经济建设各个领域的高素质人才。

据不完全统计，北航 2017 级本科生中有 400 多位同学在第一学期挂科了，超过全体大一同学的 10%！不少同学是人生第一次挂科，心里那个崩溃啊。当然，经过一个寒假的卧薪尝胆，开学后的补考中，大部分同学顺利通过了考试；但仍有一些同学补考都没有通过。接下来的大学生活，该如何面对？难道从此告别“优秀生”的标签，坠入“学渣”的深渊吗？

当然不是啦！这里，先给大家吃颗定心丸：即使有挂科，将来也还是有机会读研的！实话实说，北航考研的同学中，不少是因为有挂科，丧失了保研资格而开始奋进的！

下面分析一下大一上学期就挂科的具体原因：

首先，有同学听信了高中老师或家长的“承诺”：“大家坚持到高考结束，上大学后你想怎么玩儿，就怎么玩儿！”殊不知，大学的课程比高中阶段难度增加了数倍，高数、大物之类与中学数学、物理简直“不可同日而语”！一些想凭借考前突击取得好分数的同学未能如愿。最近几年，越来越多的北航大一学生感慨：“大学学习比我高三都累！”

再就是不少新生被琳琅满目的社团活动占用了太多的学习时间：2017 年北航春季职业生涯规划选修课的一位同学称自己大一上学期报名参加了 13 个社团活动，结果自己忙得焦头烂额，期末成绩惨不忍睹！

这两类同学，如果及时端正学习态度，调整学习方式，还是很有机会“逆袭”的，就算大一有挂科，接下来“变身”成为学霸并非不可能。

接下来要给大家讲一位“另类”北航学长的故事：一年级挂了两门，接下来成绩也一直没有根本改进，毕业时却拿到了很多学霸甚至硕士毕业生都很羡慕的 offer，进入了著名大型跨国公司成为管培生。

10 多年前互联网行业尚未发展至目前这般“烈火烹油、如日中天”，那家生产“只溶在口、不溶在手”的 m&m 巧克力豆等产品的玛氏还是一家非常知名的公司，其管理培训生的职位月薪高达 8000 元（是 2007 年的 8000 元噢！堪比现在年薪 25W＋的薪酬水平），对名校毕业生包括硕士毕业生都有着极大的吸引力。同学们看重的不仅仅是收入水平，更是“管培生”的身份和在玛氏这样著名的跨国公司工作的经历：这些管培生经过两年的轮岗，不仅能锻炼各方面的能力，而且能够更加明确自己适合的职能方向！轮岗结束后，可以根据个人意向，参考各轮岗部门主管的评价，进入到某一部门担任主管甚至经理，完成一般毕业生 3～5 年才能达成的蜕变。

这样受欢迎的职位，每年参与竞争的大多是各个名校毕业的学霸们，其中硕士毕业生占多数。然而，2007 年玛氏录取的管培生中，有一位北航机械工程专业的本科毕业生 L 同学——有两门挂科的“普通生”。

2006 年秋季，很偶然的机缘我认识了 L。当时笔者尚未开设职业生涯规划全校选修课，兼担经管学院职业发展中心主任，经常组织一些职业生涯规划及谋职就业方面的讲座及工作坊活动。准备本科毕业直接找工作的大四学生 L，通过经管学院的同学了解到了我们的活动，就给我发邮件请求参加。我同意了：老师一般都不会拒绝要求进步的同学的请求。

不过，L 给我发的第一封邮件是请求帮忙，内容大致是：由于自己有两门挂科（后来补考都通过了），到教务处开成绩单时有显示，影响了他的一些求职活动；从8系同学那里得知“老师您”对学生非常关心，就想看可否请老师帮他跟教务老师求求情，不要在成绩单上显示“挂科”记录。

我虽然觉得这个请求有些莫名其妙，还是帮他咨询了教务老师。最终并没有如他所愿“不显示挂科”，我们就此有了联系。这里借机分享北航交通学院副书记郑晓宁老师的金句：大学成长最大的意义就是，为自己所做的一切负责！从此以后，不是每句“对不起”，都能得到“没关系”的回应。

L说自己进入大学后越来越发现自己喜欢与人沟通的工作，不喜欢制图、设计等专业课程，专业成绩也差强人意。意识到这一点后，他开始主动了解本专业毕业时未从事工程领域的职业的学长们的情况，积极参加了院校组织的各种职业素质与能力提升方面的讲座、工作坊活动，并注重自己在组织协调、人际沟通等方面的能力培养。在毕业前的半年多中，他参加了经管学院职业发展中心组织的几乎所有的活动。最终，他成为2007年玛氏公司的管理培训生，实现了自己“毕业后从事管理工作”的梦想。

进入了国际知名企业、成为管理培训生，这样的毕业生难道不能算是“优秀生”吗？所以，即便已有挂科，甚至挂了不止一门，并不意味着你的大学生活将漆黑一片，你还是有很多机会以别的方式展现你的优秀的。

所以说，对于北航及其他高校的在校生而言，能够体现你优秀的，不仅仅是与对（理工科）基础理论知识掌握程度相关的学习成绩、学科竞赛成绩等，也可以体现在人际沟通、统筹协调等方面的素质能力。由于同学们高考志愿填报中普遍存在误区，不少大学生的专业并非是自己适合的，北航每年不乏一些理工科专业的同学对管理岗位有兴趣；大家不仅可以通过跨考研究生来转专业，更可以通过参加社团活动、及早开始兼职实习等进行锻炼，提升自己。

一位材料工程学院2016级T同学就对此有了较为清晰的认识：

“我觉得学习和社团活动是相辅相成的。我一般处于以学习为重、社团为辅的状态。因为大部分社团工作或者活动都是分为平时活动和集中的一些大活动，所以只要安排好平时的学习任务、制订好计划，就可以做到社团和学习两不误。

“我主要参加的是辩论社、钢琴协会以及一些体育社团。当初参加辩论社主要就是为了培养口才。渐渐地我发现，其实参与社团收获到的不仅只是最当初的想法。在辩论社中，我是宣传部干事，不仅仅可以更好地了解辩论、培养自己的口才，还让我学会了更多的宣传技巧，如推送文案等。而钢琴协会就是我纯粹的爱好，最重要的是不要忘记自己从小学习的这项技能吧。参与体育社团是为了强迫自己学习之余走出宿舍多锻炼吧！

“总之我觉得，通过参加社团活动，可以培养自己的组织能力以及一些干活技巧，同时更多的是为了发展自己的爱好。最重要的是在社团活动中我学会了如何安排自己的时间，让空余的生活不在无聊中度过！”

“在职业生涯规划的课堂上给同学们展示过一个“生涯成功公式”：

一位应届毕业生的求职成功系数＝其专业素质和学习能力（毕业学校＋所学专业＋学习成绩 ＋项目/实习经历）＋成就动机（责任感＋敬业度）＋人际及沟通能力（含社交礼仪）＋外貌及气质（视工作岗位而定）＋家庭背景（视求职单位企业文化而定）＋社会关系（可以通过校友等资源建立）＋性格、兴趣与职位的匹配＋个体价值观与求职单位的文化匹配。

其中第一项“专业素质和学习能力”中，列出的几项具体内容并非缺一不可。首先，“所学专业”并非一定要与求职目标一致。从近年来应届大学毕业生（包括硕士生）就业的情况看，专业对口率平均仅为 60%左右；而“学习成绩”原则上是在“专业对口”的前提下才显得重要。当然，如果“专业不对口”，毕业生拥有与求职对应的实习、项目经验就显得很重要了。简单地说，就是要让用人单位看到：你在大学期间的时间都用在哪儿了。如果学习成绩差强人意，说明你用于学习方面的时间不足，总该用社团活动、实习实践等活动来弥补吧！如果时间多用于游戏、玩耍了，哪个用人单位敢把工作任务交给你呢？

大一挂科的同学，大学期间有大把机会在毕业前实现“逆袭”！祝同学们都能在自己最感兴趣、最擅长的领域里提升自己！

悟已往之不谏，知来者之可追——一位北航学霸的自省

作者简介：刘子豪，高等理工学院 2016 级学生，大二进入计算机学院学习。小班心理委员，围棋队队长。

（写这篇稿子的时候，我的内心是十分纠结的……）

大一时的我是这样的：正常时间起床，正常时间吃饭，正常时间上课，正常时间学习，正常时间休息，不正常时间睡觉。

但是大二时我就变成了这样：不正常时间起床，不正常时间吃饭，不正常时间上课，不正常时间娱乐，不正常时间睡觉。

是的，少了一样重要的东西，就是学习。

我不得不承认，大二上学期的我过得浑浑噩噩。我希望自己的亲身经历，能给我自己，也给可能看到这篇文章的同学们一点劝诫。

在高工，大一这一年是很痛苦的，面对的是半小时解不出一题的数学分析，脑袋里怎么转都转不过弯的高等代数，学不好数学就学不会的物理，还有那个代码 5 分钟，debug 2 小时的 C 语言。大一这一年，课业压力大，作业多且难。每周的梦想就是写完手头的作业，哪还会想其他的事情，因此学习也就成了自己生活的接近全部。大一下学期分专业还要看成绩，为了想去自己理想的专业可不是得更努力才行嘛。

然而大一过去了，我也成功地来到了计算机学院，然而似乎也就是从这一瞬间开始变得奇怪了。

大二上的课表，主要的课程只有 3 门——计组、数据结构、物理，课表就显得空空的，一下子自由的时间就多了。尤其是在刚开学的那一个月，课程压力还没上来，自己丝毫没有那种紧张的情绪，也就一直懒散着。作为一个懒散宿舍的一分子，自然具有宿舍共同的特点——玩。只要没有作业了，玩就成了我们都会做的事情。作为一名忠实的围棋爱好者，没事就和电脑下棋，下到头疼想睡觉，然后躺一会睡不着，就要和室友开黑。而且，宿舍的生活习惯太不规律，自从取消了熄灯后，有时候 1 点都会有人在玩游戏。接着，早上就开始起不来，就算起来了，上课也是困意满满，接着上课就瞌睡，老师讲啥就没听见，所以知识也就不会了。然后回去接着玩……

然后，就这么懒散惯了……

等十月份过去了，课程难度提高了。这个时候我突然发现，自己上课很多东西都没有学明白。对，三科，都没有学得很明白。接着就出现了连锁反应——前面的都没学会，后面的更是上课也听不懂。听不懂了就不想听，然后就继续犯困睡觉，然后就继续啥也不会……

后来，又遇到了很多事情，心情变得十分糟糕，更是没有心情去专注学习。上面的恶性循环再翻一番。就这样，又一个月过去了。

过了 11 月，计组到了艰难的渡劫关。坦白来讲，这次没有成功渡劫，多半还是源于前面过得太悠闲，没了慢慢潜下心来一步一步调试的时间，只能抓紧一切时间去赶这项工程。从此以后，我就成了宿舍里那个 4 点钟还奋斗在电脑前的勇士。

终于，我决心去改变一下试试了。先从早起做起，因此我跟我那位每天都有早课的室友讲让他叫我起床。到时间他的确把我叫醒了，我看了一眼他，继续睡了2个小时……然后就错过了早课。再试一试自习吧，背着我的电脑到了图书馆，结果发现电脑键盘打字速度好慢啊，还很不舒服，就回到了宿舍换上我的机械键盘。然后，看到室友们都在玩游戏，问我要不要开黑。我淡定地回了一句："可以啊……"

等到快考试了，我傻了。看了眼书，发现很多东西都已经不会了。还能怎么办？补呗。

可是，自己早已经做不到安心复习了。临近考试的一周，我并没有很认真地做复习，而是去看小说、补作业、补实验、和室友一起玩耍……

回到家，感叹着一学期终于过去了，看了一眼自己的GPA。嗯，不出所料，降了0.1还多，大一辛辛苦苦打的底子就这么消失殆尽。

有人问我，后悔吗？我说：后悔。但是后悔有用吗？没有用。

最后一科考完后，我和我的一位好朋友在学校里散步。他和我聊了很久，给我讲了身上的问题。我也终于愿意正视自己遇到的问题，认真地去思考解决办法。

在学校，我愿意去依赖身边的人去解决很多事情，这学期有很多学习上的问题都是身边的朋友给我作出的解答，心底里我很是感激。但是没了他们，我自己仿佛就像一只无头苍蝇一样，不知道做什么，不知道怎么做。于是，稍遇到一点点问题，我就索性不做了，选择了去偷懒。这么差的自制力，也注定自己没办法能够很好地去努力。

引用一句别人常说的话：走下坡路容易，但走上坡路难。我就是太追求安逸的生活，没什么理想、没什么目标，才愿意去走这条下坡路，尽管我知道上坡的风景更好。

可是，换个思路想一想，如果成功攻克了困难的任务，接下来简单的任务岂不是会做得很开心？如果从更高处的地方往下走，岂不是会更加安逸？我也想明白了很多，逃避不是解决问题的方法，正视问题才是唯一的解决之道。同时，自己的眼光不能太过狭隘，只注重眼前的我，也只能得到眼前的安逸，却得不到本可以拥有的更大的快乐。今后的自己，应该向着更远大的目标前进才对。

想起来以前学过的《过秦论》：秦人不暇自哀而后人哀之，后人哀之而不鉴之，亦使后人而复哀后人也。我自哀已再无机会，可哀我过后，可曾愿意再自哀一次？

教师点评：

刘子豪同学是北航高等理工学院2016级本科生，是2017年春季全校职业生涯规划选修课班上的一员。那期课上得很嗨，两个班近百位同学中至少有80人都非常投入，子豪也是课上课下表现得都活力四射的一员。

然而，2016年底、2017年初的一段时间，子豪的朋友圈不时有哀叹甚至自责。私信沟通后，子豪说自己相比过去一年，非常“不上进”了。

其实，情况并非子豪文中写的那么严重（进入大二后“少了一样重要的东西，就是学习”）：从其朋友圈中看，“学习”还是非常重要、频频出现的关键词。然而，北航不乏“学霸/大神”，也不乏“女神”。更多的是聪明、有理想但也不时会有惰性的“刘子豪们”。

真的很赞赏子豪自省的勇气与决心，也很感谢他将自己的心路历程写出来与大家分享。对照子豪一年前的课程感想和目标，也许对大一的学弟学妹们更有启示吧。

祝愿同学们都能够“青春无悔”！

自信地走在迷茫的路上

作者简介：王逸凡，经济管理学院2011级工业工程专业本科生，本科期间曾担任大班班长、校学生会执行副主席，曾以大班第一的成绩获得国家奖学金。本科毕业后前往美国南加州大学攻读硕士学位，2017年起就职于香港普华永道。

现在看来，大学好像一本四个章节的书，分别是“起”“承”“转”“合”，那么在翻开最终章之前，我觉得有必要提笔对前三年的学习和生活做一个回顾。希望今后的我看到当年的自己，要不忘初心，继续奋斗。从哪里谈起？我想先说说我的大学关键词——“迷茫”。

一、关于我对大学“迷茫”的思考

北航经管学院王惠文老师给我们分析我们这届学生面临的最大问题时，提到了“迷茫”，同时也提到了迷茫有三个来源：目标未知、道路选择和缺乏引导。

我是一名预科生，当我踏入大学校园时，当时的高中同学已经结束了大一的生活。暑假和同学见面，从和他们的交流中我对大学的感觉由高中毕业时的“憧憬”，变为了对未知的“疑惧”和“思考”，这是我迷茫的觉醒，这是我对前途的探索的开始。

踏入沙河校园，我清楚地记得当时冯乾学长带着我去新的寝室，亲切的交流中，我开始对学院有了“家”的感觉；清楚地记得王天歌、李豫两位带着我们军训的学姐，虽然训练时严格，但是对我们新生的种种关心让我提前开始适应了远离父母的生活。从那时起，我慢慢地接触大学生活，慢慢地探索如何能让自己的四年过得不后悔。

问题随之产生了，我开始思考本科阶段结束后，我要怎样继续我的人生，此时，职业生涯规划这门课程出现了！老师用科学的方法为我们做了分析与指引，我开始逐渐在大方向上明确自己的目标。这解决了目标未知和道路选择的迷茫。

可是我知道了自己的目标和道路，却又对如何在大学四年中实现这个目标产生了困惑。随之而来的门特计划解决了我的问题，我和对大学生活有一定认识的学长们交流，这些同龄人对于大学现阶段生活的建议和感触往往更容易被我们接受，我知道了进步的路该怎么走。这解决了我缺乏引导的迷茫。

当我以为可以和迷茫说再见时，惊讶地发现迷茫还是时不时会出现在我面前：选择暑期实习还是海外交流、选择成熟的企业就业还是发展中的企业就业、毕业后留在大城市还是回到家乡……对目标和道路的选择永远都有新的问题出现。但是我看到了自己面对迷茫时的变化。

我在面对问题时不再踌躇不前，而是通过系统地分析了解利弊，帮助我作出选择；需要求助时不再不知所措，无论是老师或辅导员，还是学长学姐，这些都是经管学院最棒的资源，我可以向他们请教以解开我的疑虑。

提到面临迷茫时的感受，纵然开始时会有些许困惑，但是我明白迷茫是我对前途探索的必经道路，是我内在想要看到一个更好的自己而产生的副作用，更重要的是，面对迷茫我知道怎么去做，并有勇气一步步地实践。我想，这是关于迷茫问题中，我三年来最丰厚的收获。这些收获也是我写下这篇文章的原因之一，在这三年中，我不仅解决了大学初期的迷茫，更懂得了以怎样的态度面对迷茫：不再逃避，不再挣扎，而是以乐观的心态面对迷茫，以坚定的信仰走在攻破迷茫的路上。

二、关于学院本科教改的一点思考

教育不是把桶装满，而是把火点燃。这正是学院的人才培养以及教学改革给我们最大的启示。

高中时老师会告诉你："你们要好好学习，要认真听课，要认真完成老师布置的作业"，也许这种"把桶装满"的方式当时并不会凸显弊端。因为往往在高中阶段，尤其对于考上北航的学生来说，心中对这些话有着不经思考的认同。但是大学如果这样教育是一定行不通的。十几年的苦读只为了上大学后"不用努力学习""无拘无束生活"的思维种子往往伴随着高中老师的教诲在我们心中生根发芽，这时如果辅导员或老师继续以高中老师的语气对学生提出要求的话，一定会得到潜意识里的抵制。

经管学院本科教改点燃了自主意识和创造精神的那把火，它从潜意识里改变着我们对自己、对社会的看法，从而激励着我们向着更高的目标努力：并不是直白地告诉你时代变了、要学会把握，而是用形势政策课、高端论坛等方式让我们自己意识到与社会接轨的重要性，激发我们了解社会动向的主观意愿；并不是简单地鼓励你出去走走玩玩，而是用文化体验课让我们意识到自己身在文化资源多么丰富的一个城市里，要抓紧时间好好体会千年沉淀的美；并不是笼统地告诉你经济管理学与实际结合得多紧密，而是用实验、实地参观等方式让我们切实体会到理论在实践中的运用。

可以说，我对更多知识的憧憬与探索很大程度上来自于学院给我的启迪与指导，这种受益终生的教育方式定会成为我们迈向人生前路的坚实力量。

三、关于符合企业经营管理需要的人才培养的思考

写下这个小标题我觉得自己有点儿不自量力，毕竟还是在学校学习的大学生，对企业所需要的人才并没有系统的了解，可是我还是想将我现在的感受记录下来。

有一句在校学生会中流传很久的"格言"，我见过的学生会主席在迎接新成员时都会提到我们要具备三种"气"："书生气""江湖气"和"英雄气"。随着我接触的同龄人的增加，我发现往往一个人最多具备其中的两种特质，如果同时有三种特质的话，那么他必然是十分优秀而且具有人格魅力的；随

着我在学习中对于知名企业家了解的增多，我也发现成功者身上，往往并存着这三种特质。

对于北航的学生，最不缺乏的应该是“书生气”，工科高校踏实严谨的治学氛围赋予了我们这种特质，但是，带来的副作用是“江湖气”与“英雄气”相对缺乏。我们学院的改革却在改变着这一点：从积极心理学的“学会感恩”，到亲自带队组织门特小组出游，再到实体的社交网络——舞会，我渐渐体会着人与人之间的信任，有了“江湖气”；从策划活动到一步步实施，我有了为目标执着付出的“英雄气”。学院的各项活动在无时无刻不把我们塑造成一个更好的自己，更适应社会现实的自己。

大四时我获得了一个企业的奖学金，这个叫作优衣库的企业在七所著名高校设立奖学金，并组织获奖的学生与企业进行面对面的交流。交流前企业给我们布置了一项任务，要求我们做 PPT，并进行展示。展示前心里最大的感受不是紧张，而是一定不能给北航经管学院丢人；展示后，我也可以很自豪地说，我做 PPT 和展示的能力就算在这几所高校的优秀学生中也很出众，这是学院给我实实在在的帮助。

我想说，学院给了我太多，谢谢学院带给我们的一切！我想我们在毕业时，回到沙航时，会发现站在那儿的是一个和四年前完全不一样的自己，那时我们的心里该有多自豪，各位老师也一定会为我们自豪的！

教师点评：

刚刚踏进了大学校园的新同学，大多数都会感到“迷茫”；可以说：“迷茫”是大学新生的普遍状态。正如王逸凡同学所认识到的：“迷茫是我对前途探索的必经道路，是我内在想要看到一个更好的自己而产生的副作用，更重要的是，面对迷茫我知道怎么去做，并有勇气一步步实践。”

在我们目前的教育体制下，十几年的苦读只为了上大学后“不用努力学习”“无拘无束生活”的思维种子往往伴随着高中老师的教诲在很多同学心中生根发芽。因此，面对北航繁重的功课，很多大一新生都会感到措手不及甚至怀疑自己“上了个假大学”。这使得一些同学不仅迷茫，而且焦虑，收到录取通知书时的喜悦与憧憬很快被现实“击碎”。

当然，只有靠自己的努力走出迷茫，你才能收获一个光明的未来；而且大部分同学最终走出了迷茫，收获了更大的成功、更多的喜悦。而要想尽快走出迷茫，最重要的是独立的思考与积极的行动。

本文作者王逸凡同学当年是以预科生的身份进入北航的，毋需讳言，他的学习基础其实比很多同学还是弱一些。然而，他在大学期间，不仅解决了大学初期的迷茫，更懂得了以怎样的态度面对迷茫；他不逃避、不挣扎，而是以乐观的心态面对迷茫，以坚定的信仰走在攻破迷茫的路上。他积极行动，担任过大班班长、校学生会的执行副主席，在学校大大小小的晚会中担任过很多次主持人，还作为年级第一名，取得了国家奖学金。最终，他以优异的成绩本科毕业，并拿到了美国南加州大学硕士课程的录取通知书。硕士顺利毕业后，他又进入了世界上顶级的会计师事务所之一——普华永道，从事管理咨询工作。

王逸凡学长的经历告诉大家：进入大学，感到迷茫是正常的。大学期间的学习特点与中学阶段差异很大，而且需要同学们重新树立学习目标，甚至一些已经有了目标（如考研/保研、留学等）的同学也需要重新审视自己之前制定目标的依据。不过，只要保持积极的思考与行动，你一定能够走出迷茫，活出自信！

大学生活，就是要丰富多彩

作者介绍：陈玉康，宇航学院2013级本科生，主修探测制导专业，辅修工商管理二学位。曾赴加拿大约克大学、德国慕尼黑工业大学交流交换。曾在百度、地平线机器人等科技公司实习。现就读于中科院自动化所，主攻深度学习、计算机视觉方向。

明天就要毕业离校了。回首四年，整个人都发生了翻天覆地的变化，谈不上成功，也算不上失败。借此机会，记一些真正改变我的事，供前人回味，后生借鉴。

一、运动健身

在这四年里，健身、篮球、骑行、跑步等运动给了我健康的体魄，还给了我最原始野性的开朗和豁达。

大学里最骄傲的莫过于从未放弃过对自己身体的铸造。大一时，沙航没有健身房，每晚坚持跑步、引体向上、俯卧撑；从大二下学期健身房开放以来，开始每周5天左右系统性地锻炼。再加上课余的篮球、骑行、跑步，四年时光让我雕琢了一个结实的身体。

此外，运动是最能让我释放压力、开放心胸的事情。挑战肌肉之后释放的乳酸，仿佛能溶解任何负面情绪。还有在运动中产生的情谊，也是最真挚的。

多年后再提大学，我最先想到的一定是健身房里互相保护、互相怼的朋友；一定是球场上一起输球的战友；一定是和我一起用三天时间，从沙航骑行三百多公里到秦皇岛吹海风的兄弟们。

二、学习习惯

大一开学，我完全是沿袭着高三的理念，把学习、成绩、排名看得特别重。每天早出晚归去自习。来到学校的第一天，我收拾好床铺就去教三预习高数了，军训休息时间也能拿出个单词本来背背。虽然这种心态终究不太健康，但现在想想，还挺佩服自己当时那种拼劲，也给自己养成了一个好的学习习惯，使得自己在后来事情越来越多时还能收心学习。

三、社会工作

社会工作方面我的起点是真低，大一基本没做什么。在我看来这件事一是锻炼能力，二是与人为善。做什么岗位其实不重要，重要的是干了这个岗位上的活，能推动集体的发展，还学到了东西。

我遇到过许多在学生工作方面如鱼得水的同学。比如，大一的班长王天宇，党校的上司侯聪，从他们身上学到了很多很多。宇哥身上我学到了与人相处，聪哥教会了我如何在成百上千人面前侃侃而谈。这些都是课本上学不到的，得用心去体会。

四年来，我做了小班委、大班委、党校的部长、总干事、社团的负责人，等等。我这样一个只会学习的傻孩子逐渐懂得了组织协调、规划安排。最喜欢干的活莫过于主持。不论是晚会、党课还是知识竞赛，等等，当我站在台上与台下的观众神交互动时，就感觉自己像是一条连接几百人的纽带，成就感油然而生。

四、工商管理二学位

我从大二开始修 8 系的工商管理二学位，在这里与全校各个院系的同学们一起上课。从他们身上我看到了许多之前没接触过的思维方式、学习方法和生活态度。这个二学位给我们这些工科的孩子们打开了一扇商科思维的窗户。

我了解自己，以后无法成为一个醉心科研的学术大家。这里学到的许多经济学、管理学的理念兴许会在日后的工作中对我有拨云见日的帮助。

五、出国交流交换

大学期间我曾先后赴加拿大和欧洲进行交流交换，分别去的是加拿大多伦多地区的约克大学进行一个学期的交换，以及德国的慕尼黑工业大学的寒假交流。

加拿大的交换经历极大地锻炼了我独自生存的能力和英语交流的能力。往大了说，我看清了很多在国内难以看清的区别。比如，中外大学教学体制的差距、中国治安的稳定，等等。对国家民族的理解更加客观。往小了说，外国人热情开朗的性格确实很有感染力，让我认识了一些中韩日欧美澳的小伙伴。而在国内，陌生人之间还是有一定戒备和顾虑的。

在慕尼黑工业大学交流期间让我感受颇深的是德国发达的工业科技。我们参观了宝马公司总部工厂、库卡机器人工厂、德国宇航中心等，不禁感慨我国的工业水平确实还有待提高。

六、科研实习

从大三下学期3月底到研究生入学之前，我一直都在自动化所的模式识别实验室实习。这里可以说是我科研的起点，带我实习的汪老师对我编程、写作、算法等方面能力的培养给予了很多指导，为我日后研究生阶段的工作打下了坚实的基础。

如果说大学是在培养武学功底，那接下来就真是要学习招式了，学的是以后行走江湖的真本领。

大学期间做了许多事，看好一件就做一件，终归没有在哪方面有深入的造诣。这也是我四年来最大的遗憾。如果能重来，我会从大一开始，在保证成绩的前提下，选择性地学习对我未来有帮助、感兴趣的课程；如果能重来，我会选择自己喜欢的某一两个学生工作或者社团，好好干到底；如果能重来，我会把身体锻炼得更好；如果能重来……

生活没有如果。我的大学讲完了，你的故事还在进行中吧。

教师点评：

陈玉康同学是一位勇于尝试、经历丰富的阳光大男孩，是一位敏而好学的全能型学长。

这篇文章是陈玉康同学在大四毕业前夕写给公众号的，但是我觉得这个作品特别适合与大一大二的同学们一起分享，因为玉康身上的那种青春的正能量完全跃然纸上，他笔下的大一大二纯粹热情的学习生活绝对能点燃你的动力。然而同学们又能看到他四年走过的路，他的精彩生活、丰富阅历和国际化视野。所以，他在用行动诠释着一种北航人的优秀，四年的大学生活，就是要丰富多彩！

所以，你还等什么？

新世界·新征途——一位大学生创业者大一时的思考

作者简介：潘琛，2011级经管学院本科生，工业工程专业，在校期间与同学一同创办图像识别与应用开发公司。2016年攻读美国康奈尔大学信息科学专业研究生。2018年入职亚马逊总部担任数据科学家，主攻基于用户行为数据的全球市场金融产品风险预测模型。

在上完短短半学期的职业生涯规划课后，我心中非常不舍。职业生涯规划这门“副课”对于我有非常重要的意义；有一天我和妈妈通话，我笑说我是把它当成是主课来上——不是简单的不迟到、不旷课、不开小差，而是真正去用心感悟与揣摩。这门很特殊的课，伴着我完成了从高中生到大学生的转变，不是告诉我怎样去做，而是把整个世界的灯打开，告诉我舞台有多大，路有多广。“教育不是把水灌满，而是把火点燃”；对我来说，苏老师就是那个点火者。

每个人的大学第一学期都是不同的：有人每天泡在自习室，做没完没了的高数题、线代题，听没完没了的英语；有人加入了各种各样的社团，每天过着连轴转的生活，接着各种繁杂的任务；有人很放松，听音乐、玩游戏、看视频、淘宝购物；有人很浪漫，花前月下有了梦中情人……这是线性无关组，还有很多很多人，把这些都或多或少综合起来，线性相关构成了一段段不一样的生活。高中整齐划一的时代彻底走远了，每人都颇有一种野马脱缰的感觉。

我也不例外。每天学着高数、线代、英语，报了六七个社团……但我很快就发现这并不是我想要的一种大学生活！说实话，我对数学有那种恐惧感，对英语单词很头疼，对外联部不停地拉银行赞助办外场感到很腻歪，对一些社团的活动感觉很无聊。我开始问自己，上大学的意义究竟是什么？是还像高中一样埋头苦读，还是凑热闹忙一些大家都在忙的事情？从众效应是很可怕的事，要有一个不一样的人生，就必须保持自己的思考，不间断地反思生活。

而职业生涯规划课就是这样凑巧地到来了。

回想走过来的这一路，我最感激的就是这门特殊的课给我提供了一个重新认识自己的机会。它给了我一个思考的时间、一个回到原点的方法。这种认识自己的过程是很新鲜的，回想自己最得意的事迹，做一些有趣的心理自测，情景扮演，等等。苏老师帮助打开的是一条通往内心的道路。用心来看世界。不断地追问自己，什么是你的理想职业，什么吸引了你，什么会让你奋斗，什么样的生活是你想过的，什么要素是你最看重的，什么是你的重心……这种一点点把内心展开的过程很刺激，不断伴随着恍然大悟的惊喜与更进一步的兴奋。正确地认识自己应该是成功的第一步，如果盲目地走了第一步，那么一路都会这样不知所措地被动下去，主导人生，就首先要看清自己。

我的生活很快就和其他同学截然不同了。爱想象，爱挑战，爱冒险，爱尝试新的事物……我和室友婉莹、晓倩报名参加创想大赛的时候，心里找到了那种久违的冲劲。我记得很清楚：那天我在寝室里，给我们三人每人倒满一杯果汁，雄心勃勃地宣布："现在是2011年10月21日12点48分50秒，佼佼者团队正式成立！"接下来是进入复赛，进入决赛，最后是决战的前一夜：我们三人躺在大床上，我告诉大家："冠军一定是我们的！"就是这样一股傻劲，带着我们一路狂奔夺得了胜利。

准备比赛中的两个月，我都坚持去听课，也从中获得了很多的灵感。备赛中，我突然想到，或许老师作为一个"老江湖"，能帮到我们更多！接下来的是最难熬也是最充实的两个星期，我们不停地修改PPT，不停地给你发邮件请教问题，忙得昏天黑地；还记得在财务分析方面我们绞尽脑汁，还有在SWOT分析法上，修修改改，三人反复讨论，对于一些细节，比如PPT的模板，也是费尽了心思……还好有你、苏老师，与我们通话、回邮件，让我们在冲刺阶段少走了很多弯路，省下了很多的力气，也有了继续走下去、追求更好一点的决心。

最后一堂课，你分享了自己的幸运；你肯定不知道，当时我想对你说："你是我的幸运"。

我开始明白，一个大学生的价值，不是由他毕业的院校决定的，不是由他的成绩决定的，而是由他真正的能力决定的，是他的思维方式、他的知识面、他的执行力、他的责任感、他的团队工作能力……

我开始思考自己四年后的道路，考研、出国、找工作这些都曾经让我很苦恼。现在，我想也许尝试着可以自己去创业，和一群志同道合的朋友，还是揣着那份傻劲和冲劲，做一个爱冒险、爱挑战、爱新鲜的造梦者与圆梦者。

感谢你，老师，为我打开了新世界的大门，我会带着你写下的祝福继续向前走，也希望未来的日子还能有你相伴。

教师点评：

上面这篇文章是潘琛于2012年元旦完成的。下面须交代一下成文的背景。

2011年12月，北京航空航天大学校园内发生了一件颇为轰动的新闻事件：经济管理学院三位刚刚入学三个月的大一女生组织的"佼佼者"团队，力挫清华大学、浙江大学、复旦大学、北京邮电大学等八所国内著名大学硕士博士团队，赢得了"高通公司Snapdragon（美国著名公司）大学生创想大赛"的金奖，获得了到美国免费旅游、参观一周的奖励。

当时大学生创业还不是一个很火的概念。获奖后，三位女生受到了一些媒体的关注，被多次邀请参加一些创业大赛及相关的电视节目。出乎意料的是，她们将一个"创想"点子发展成了一个创业项目，两年后成立了公司，2015年上半年，公司获得了南京市政府一笔100万元的投资和3年的免费办公室使用权。

潘琛有着90后中较为普遍存在的"不走寻常路"的不羁，更难得的是兼具思考力与行动力。潘琛作为"佼佼者"团队的leader，2014年10月被免试保研并选择我作为硕士导师。接下来一年多紧张的学习、创业之余，潘琛并没有停止对个人职业生涯规划的思考，并于2015年秋开始联系去美国留学。2016年5月，潘琛获得美国康奈尔大学硕士项目录取通知书；6月下旬，向北航研究生院提交了退学申请。

潘琛大一上学期学习职业生涯规划期间就不断思考、实践，"完成了从高中生到大学生的转变"而且想象到了"舞台有多大，路就有多广"。大一尚未结束，这位18岁的女孩儿就明白了：“一个大学生的价值，不是由TA毕业的院校决定的，不是由TA的成绩决定的，而是TA真正的能力决定的，是TA的思维方式、TA的知识面、TA的执行力、TA的责任感、TA的团队工作能力……”

因此，我全力支持她走更远的路、登上更大的舞台。这并不是说我预见到她未来具体能有多成功——衡量成功的标准原本就很多元，而且有很多不确定性；我更看重的是她对高等教育的理解及她强大的行动力。

真心祝愿潘琛能够实现自己中学以来的人生理想：为改变世界做出一些贡献！

第二编　自我认知与学业生涯规划(16 篇)

编者按：

刚刚结束了对大学的不适应，不断的决策似乎又成了同学们新的挑战，要怎么选专业？要不要换个专业？我到底适合什么专业？我可以学好这个专业吗？我性格内向，是不是竞争力很弱？种种疑问不断出现在我们的大学生涯中。那么，让我们来看看学长学姐们是如何应对一个接一个的疑问和困惑，如何用积极的行动支撑决策，如何从刚步入大学时的懵懂，成长为对大学生活的轻车熟路。

本《案例集》第二章精选了 16 篇优秀学长学姐在本科期间如何通过不断的自我探索和自我认知，做好学业规划的经历。相信四年大学生涯，不仅会改变你的学识和眼界，更会改变你对生活的态度充实你对自己能力和心理的认知。

1）没能被理想的专业录取应该怎么办？——一位放弃复读的北航经管学霸的故事

2）认清自己：从高中文理分科到大学两年的思考

3）大学与中学最大的区别及大学生活应对法则——大一下学期选修职业生涯规划课的感触与思考

4）如何能够“与众不同”？——大学阶段如何检视自己的学习生活

5）作为一个内向者，如何与世界相处——职业生涯规划带给我的思考与行动

6）这辈子最重要的事，就是认清自己——大学生活近三年的学业生涯回顾与反思

7）理科和工科是一回事吗？——再析职业兴趣与所学专业的配适

8）我该怎样选专业？——大类招生背景下的专业选择困惑

9）文科生适合哪些专业？——再析职业兴趣与所学专业的配适

10）磨刀不误砍柴工——本科两次申请转专业的经历分享

11）航！——一位航空学院工科男跨转心理学之路

没能被理想的专业录取应该怎么办？
——一位放弃复读的北航经管学霸的故事

作者简介：孟子涵，经济管理学院金融工程专业2015级本科生。2018年通过面试考核，被保送至北京大学国家发展研究院农村转型经济学专业，本科毕业后将直接攻读博士。本文完成于2016年8月。

今年的高考录取还在进行中，我的故事不妨从去年的今天讲起。

去年的今天，我拿到了北京航空航天大学的录取通知书。我和父母看着天蓝色的信封，想起招生组老师所说的“这个名次应该能去计算机学院”，拆开后却得知我被录取到了经管学院。“去北航学管理?”这是妈妈脱口而出的第一句话。

报志愿之前，我们对这个分数段做的准备并不充分，甚至连填报北航都是“临时起意”；我对“管理科学与工程”专业的了解也并不多，仅限于招生组老师口中的“去年全国第六”。百度上的信息很少，知乎上的吐槽成群，就连我家人也认为“管理应该硕士阶段学”。至此，收到录取通知书后，我对大学生活完全失去了兴趣，便选择了复读。

时光推移，转眼就到了国庆。复读期间枯燥的日子让人生厌，反而高三时幻想中大学的美好日益浮现在眼前。我开始接受那些关于“本科教育985都差不多”“管科毕业工作很好找”等说法，在十一前的某一天，我决定赶去北航报到。

然而，到了新的阶段，困惑也到了新的阶段，之前的那些疑虑和顾忌不减反增。这是一条没有退路的路，进入经管学院意味着要放弃研究物理的梦想，而复读至少保有了一种车到山前的可能性。

犹疑中，真正替我减轻顾忌的，是职业生涯规划课。在这个课程中，我进行了霍兰德职业兴趣测试，得出结论：我的职业兴趣是IAE型。看来，我确实适合学物理，但是E的出现，也为我的经管之路打开了大门。老师还教我们制定本科阶段的目标，用详实、确切的语言来管理自己。这是我第一次觉得，这个大学没有白上。

为什么说这是“减轻”顾虑呢？我认为，一个人对于某一学科的兴趣来自于两点：第一，自认拥有驾驭、开拓此学科的性格和能力；第二，看到该学科的发展前景。老师教我认清了自己的兴趣类型，指导我如何开拓自己的素质能力，而当时管院院长王惠文教授则让我看到了经管学科广阔的发展前景。

王老师当时虽然兼任院长，可平常对待学生特别热情、耐心，我们私下里都叫她“王妈妈”。王老师也是一个拥有着极强创新能力的人，任何汇报在她的耳中，都能听出一些值得借鉴、深究和创新的亮点。王老师鼓励我利用自身的兴趣和优点，从物理学发散，来找寻社会科学的一般规律。她对社会科学也有独到的见解，对于经济的基本概念和原理、股票市场的运作方式还有科学的研究方法等等都有异于常人的分析角度和方法。我突然觉得自己燃了起来，原来经济学不是我之前认为的人类逻辑的衍生物，而是有着由人类活动创造的、普遍的规律。人类创造了股市，却不能完全理解它的运作，这不是很激动人心吗？

至此，横挡在我前面的“心魔”已经完全被清除了。我的热情很高，接下来做的，就是保有这种热情、继续前进。

对我影响很深的，还有一位现在清华大学读博的经管学院李纪琛学长。寒假里，老师建议我们去进行生涯人物访谈，于是，在王院长的引荐下，我找到了他。纪琛学长对我说了很多，包括一直以来指导我行事、帮助我心里的“勤劳小人”战胜另一个“懒惰小人”的一句话：大学里最重要的品质，是主动。我把这句话分享给大家，主动争取才有机会，主动节省才有时间，主动学习才有收获。

有很多人问我，当初有转去高工的机会，你为什么不去呢？确实，转去高工可以转去我一开始的目标——计算机系。但是这个目标的制定只是因为招生老师的一句话。现在我已经对经管学科产生了浓厚的兴趣，这种兴趣的产生是综合了自身的性格能力、各方面信息了解和对于前景的畅想而成；另一方面，高工对于学生的基础训练远远比我们严格，但是我们对于时事和前沿的教育（高端论坛、形势与政策、现代经济管理前沿导论，等等）要比高工的多一些。综合了这些考虑，我决定留在经管学院，然后把基础学科学一学、补一补。

所以，本科没有被理想的专业录取并非一定是坏事，因为高中毕业时对专业的认知是非常片面，甚至是错误的！自己真正适合什么专业，要靠进一步的学习和实践才能确定。本人的经历再次说明了这个问题。希望我的经历能对学弟学妹们有所借鉴！

教师点评：

北航经管学院2015级职业生涯规划的课堂上，子涵给我留下了深刻的印象。首先，他错过了第一节课。因为是必修课，而且已经开到第五届了，同学们事先都知道"规矩"的，第一节没来上课，大都是转专业来的学生；而子涵竟然是应届的！后来才知道，他一开始是选择复读的，因此错过了第一节课。但子涵在接下来的各节课中，表现颇为突出；因此，最后的成绩，破例没有受到第一节课缺勤的影响。

学期末，我给部分在课堂上表现积极的同学发邮件，建议他们寒假期间开展2～3场生涯人物访谈，并在今年春季开学后不久的一个晚上，组织大家进行分享。记得一共有十多位同学进行了访谈活动，分享过程非常热烈。轮到子涵发言的时候，时间已经比较晚了；我征询大家的意见是否需要按时结束，子涵赶紧上了讲台、分享他采访正在清华经管读博的李纪琛学长的情况。听得出，子涵的介绍很有激情，显然受到了挺大的触动。

再次了解子涵是从王惠文老师那里：学期末的一次交流中，我们谈论2015级的孩子们，王老师感叹子涵取得了班级第二名的好成绩，着实吓了我一跳呢！要说起来，班上学霸不少；子涵取得这样的成绩，应该是下了不少功夫的。现在从子涵的文字中，就不难找到原因了：在明确了学习目标后，潜能得到充分的挖掘，取得好成绩就水到渠成了。

北航每年新生中不乏专业被调剂者。面对这样的情况，同学们该怎么办？孟子涵同学的经历，相信能够给大家带来一些启示。

认清自己：从高中文理分科到大学两年的思考

作者简介：朱鑫婷，交通科学与工程学院飞行器适航专业2014级本科生。目前在香港城市大学读博，方向是航空数据挖掘。

"转眼就已经迈进了2015年，回顾过去，那充满着欢笑与泪水、不甘与欣慰的2014就这样悄无声息地变成了回忆沉淀。或许是人生里第一个转折点，经历了六月的高考，迈过了九月的校门，那曾经仰望了十几年青春的大学，就这样子出现在了眼前。一幕幕的回忆就这样静静地在心头流淌，低头凝望，那之前的一切最终成为了触及不到的过去，而抬起头来，停留在手中能把握住的就是那看似缥缈的未来。”这是一年多前，刚进大学的我写下的文字，现在看来，略显聊赖的语气背后，是外出求学的忐忑、瑟缩，是对未来茫然不定的恐惧，是对现下无能为力的悲哀。

也可能就是因为这种迷茫，大一下学期，明显觉得自己对学习有了些许的心不在焉，丢掉了高中时良好的学习习惯，用学生工作和聚餐玩乐去逃避和麻痹自己，渴望得到认可但也总是被现实打击。当看到自己期末时滑落的十几个名次，懊悔与愤恨难以言说。这一切或许都可以归结为缺乏目标的随波逐流与碌碌无为吧？

“人 30 岁前最重要的事是认清你自己”，这句话我深刻认同。职业生涯规划这门课带给我最大的收获之一就是让我开始学会正确看待自己、接纳自己。在做 MBTI 性格类型测评系统时，我发现在做选择时经常模棱两可，星号画在居中的位置较多。通过与其他同学的对比，虽然其他人或多或少地都会有一些居中的选项，但是总体来看都会有比较明确的划分。这也与我一直觉得自己个人认知不够清晰，性格也不明确的判断相一致。

下课后我也一直在考虑这个问题：我相较同龄人在心智上是比较早熟的，比如很小的时候就在考虑普通的家庭背景下应该成为怎么样的人会比较好，怎样能有效规避风险，减少可预见的伤害，让人生比较顺利，少走弯路。那时候的我总觉得应该文静一些、理性一些、稳重一些，太过锋芒会年轻易折。于是原本热衷于表演节目性格开朗的我，一直厌恶自己不够沉稳，太过大大咧咧。或者可以说，很厌恶自己 E 和 N 型人格表现出来的特性，总是刻意约束自己向那些身边文静的理性的人学习。甚至于当初原本可能更适合文科的我，也最终选择了理科。我一直认为我的性格有不足，希望不要显得太过张扬，一直压抑自己。但是经过这个测试之后，我突然间意识到好像性格并没有好或者坏之分，N 型的人虽然性格大大咧咧，不重视细节，三分钟热度，但是在面对挫折时抗打击能力更强，更会调节自己的情绪。因此我开始试着慢慢包容自己，科学地认清并允许自己存在大大咧咧、自控力不足的毛病，不否定自己，而是在接纳之余学着提醒自己改善。认清自己给我带来的是一份醍醐灌顶的通畅和心态上某种意义的轻松。

除此之外，通过这门课程的学习，我也意识到要永远保持开放的心态，而不是希望一下子就得到准确的答案。“对一生进行充分规划永远是一个好主意；但一定要记得写下来的时候要用铅笔，而且手边还要有块橡皮。”之前的我一直妄图一眼就看到远方的路，希望有人能告诉我怎么走会比较合适，害怕走错路，害怕失败。但是现在接触了更多事情的我开始知道没有什么是一成不变的，要永远勇于尝试，不要丧失对未来无限可能的激情。无论什么都是经历，现在的我心态应该更加富有朝气与闯劲，多尝试开阔视野，多接触感受社会，这就是年轻的本钱。

现在的我，大二下已过去一半，很感谢能在此转折之际让这门课能敲击自己麻痹的心灵。“前二十五岁好好学习，增长见识；后二十五岁努力赚钱，开阔眼界；再二十五岁，享受生活，回报社会。”这或许是我最为希望的状态了。但天高海阔，路远水长，再过十年的境遇仍不可知，所以先制定个两年计划并为此努力：

1. 大二下英语六级过 600；
2. 大三开始自学数学二学位的课程；
3. 大四通过雅思考试；
4. 大四考上本校本专业的中法专硕；
5. 大三暑假进入中航技实习并参加考研辅导班；
6. 平时成绩保证每门课 80 分以上。

2014，我来到北航。2018，期待在这里与更好的自己相遇。

教师点评：

鑫婷的文章开头给我印象深刻：高考后写下这样一段文字的女孩儿，基本上应该属于“文艺青年”。仔细往下读，越发觉得如此：“当初原本可能更适合文科”的鑫婷，因为欣赏“身边文静的理性的人”而选择了理科，并最终选择了北航！

然而，这种并非出于兴趣、特长的选择，后续的问题是进入大学后的目标迷失：“明显觉得自己对学习有了些许的心不在焉，丢掉了高中时良好的学习习惯，用学生工作和聚餐玩乐去逃避和麻痹自己……”

鑫婷的经历并非个案！很多高中要求学生高一结束时选文理科，令一些同学，尤其是文理科都学得不错的同学很纠结：家长及老师往往觉得理科未来专业选择更宽泛，或者认为学理科更有前途，再就是一些文科特别好的同学希望通过选择理科来“弥补自己的不足”。

所以，进入大学后一定要澄清自己真正的兴趣，而不能抱定“每个人应该为自己的选择负责：既然我选择了这个专业，就应该学好！”鑫婷“意识到要永远保持开放的心态，而不是希望一下子就得到准确的答案”，逐步认识并接纳自己 E 和 N 型人格的特征，通过学习思考明确自己的特点，并且正确地看待自己这些特点与某些具体的职业匹配时的优劣势，真的令我很欣慰。

相信鑫婷通过不断的思考、探索，最终一定能够找到理想的职业状态，实现自己理想的人生！

大学与中学最大的区别及大学生活应对法则——大一下学期选修职业生涯规划课的感触与思考

作者简介：白雪飞，机械工程及自动化学院2015级本科生。

高考过后基本没怎么细想，随随便便选了个学校，随随便便选了个专业，误打误撞地来到了北航。在之前的世界里，学习是铁的法则，任何事都不能与其相违背，而现在，这条准则却失效了，一瞬间，太多的选择摆在我面前，令我不知何去何从。

作为一名大一的新生，一开始我是抱着种种迷茫与不安选择了职业生涯规划这门课程的，不得不说，职业生涯规划这门课确实在一定程度上解答了我的疑惑。对于具体的课程内容我记不大清，但这门课给我的感触大致可以分为以下三点。

第一感触是自我。我是谁？我为什么在这儿？我想要什么？这一连串问题在课程中均多多少少有所提及，不仅仅是职场及未来发展，这更是我大学期间第一次对自己本身的深刻思考。我看到了自己的性格特点，也看到了自己的兴趣偏好。我发现自己的职业测评结果与所学的专业——机械工程匹配很好，这无疑是一剂定心丸，能够缓和我心中的躁动与不安。现在的我，感觉自己除了学习什么也不会，但我也庆幸自己能够学习，还有时间去发掘潜能，开发自我，去填补自己简历上的那片空白。

第二感触是目标。前进离不开方向，之前的道路一直有高考这片烈阳，而独木桥一过，前方的路瞬间伸手不见五指。我不知道该做什么，起先在学习成绩中得到的优越感与自信心也荡然无存，我曾一度自暴自弃，沉溺于游戏中无法自拔，想要逃离现实。即便是现在，要说很宏大、很长远的东西，我依旧寻觅不到，对未来也多是迷茫，甚至有退回过去的可能。但眼前仍有我能做并需要去做的事，与他人比较后发现自己的不足，将来职位的种种需求等等，都需要从现在开始努力。书上的一句话说得好：“如果感到迷茫，不知道应该去做什么时，就去上自习吧！”尽管依旧困惑，但做些什么总强于什么都不做，为自己定个目标，哪怕微不足道。

第三感触是未来的大学生活。严峻的就业形势使我意识到，即使考上了不错的大学，也不能保证将来有一份满意的工作，大学期间不能放松，学习依旧重要，而且，更关键的是，只有学习是远远不够的，用人单位的要求日新月异、五花八门，想方设法地从潮水般的优秀求职者中选出他们认为最合适的几位，而其中提到的很多素质能力又不是短期能够形成的，这就要求我及时关注和了解各行各业对求职者的要求，并借此规划自己的发展方向。生活并不轻松，未来的路依旧很长。

对大学四年，我尝试着去思考并初步规划了一下。

首先，是对自己的重新定位和再审视，18 岁之后便是成年，远离父母，来到陌生的城市，自己对自己负责，如果自己都不了解自己，又谈何独立自主。就目前的我而言，我习惯了在高压、强监督下工作学习，如果失去别人的管理、监督就容易失去动力，变得颓废，自控能力不强。性格上，有些多愁善感，总是担心一些微不足道的事情，而且较为内向，一个人时效率高，被他人注视、关注时十分容易紧张，对演讲等活动尤是如此。就自控力而言，做一份 schedule 是很有效果的，不必写得密密麻麻，但要划分出时间块来完成规定的任务；再一个就是习惯的养成，运动、读书、自习等要咬牙坚持，虽然不适应，但时间长了就会习惯；最后是：远离宿舍！远离宿舍！远离宿舍！重要的事说三遍，宿舍是时间的黑洞，待在里面会神奇地变得无所事事。

就易焦虑来讲，目前暂时没有想到什么好的方法，我尝试过心理咨询，但效果并不是十分理想，不过这可能也是这个人生阶段的一种暂时性表现，可能随着时间流逝，随着经历阅历的增长就会渐渐烟消云散吧。对于内向和易紧张的特点，我想通过扩大自己的人际交往，多参加院内校内活动，加入自己感兴趣的社团等方式进行锻炼。

再就是对自己专业的思考。机械工程的覆盖面极广，几乎可以说只有你想不到的，没有它不沾边的，它对知识的深度和广度均有较高要求，想学好它，要有扎实的基础知识，还要紧跟最前沿的科学技术，并且广泛涉猎各个学科书籍，开阔眼界。而且在对机械工程师的招聘要求中几乎无一例外地出现了熟练掌握多种工程软件这一项，看来对计算机应用软件及 C 语言的学习势在必行。综合看来，这个专业的毕业生中，还是硕士生、博士生更为吃香，所以我暂时把考研定为当前的一个首要目标，想学好这门专业，学习的路还很漫长。

最后，是我认为其他需要的素质和能力。一个是英语能力，英语是世界语言，学得越深，看得越远，就越觉得一个较高的英语水平必不可少。就目前的我来说，英语水平简直难以启齿，只能说几个词，能听懂几个句子，给一篇略难的文章，就密密麻麻地全是生词。大学四年，四级六级不用说，我想达到能看懂一些学术论文、能翻译一篇自己写的文章的程度。为此，需要每天坚持背单词，练习听力，并不时地补充自己的阅读量，而且北航的交换生，英文授课等也是我提升英语水平的好机会。一个是工作经验及团队合作能力，这是我之前基本没怎么接触过的，可以说上了大学我才听说有个东西叫社会实践。尽管如此，这两样却出现在了很多招聘广告的要求栏上，对于工作经验，可以通过校园招聘会及大三大四和研究生期间的实习获得，对于团队合作能力，我暂时能想到的有志愿者活动，社会实践及有些课程中要求小组完成的大作业等。

转眼间，这门选修课就结束了。这期间我仿佛学到了很多东西，又仿佛什么都没有学到，我感觉自己有太多太多的事情没有去做，但又无法很好地看清自己未来的样子。大学四年，与其说是高考的果实，不如说是探索之路的真正起点，这条路可能相当的长，可能贯穿我的一生，可我必须走下去，不能逃避。

教师点评：

本文的作者白雪飞同学是位壮实的男生。雪飞同学的文字很有感染力，在工科学生中是非常难得的！（雪飞回复说："您是第一个说我的文字很有感染力的人，这很可能是一个我不曾注意的优势。看来以后多读书，多写一些东西也未尝不可。"）

从雪飞描述的自己的情况来看，雪飞的人格类型显示出典型的IN（内倾、直觉）：有很多思考、但付出行动者较少，会经常有一些新想法、但不是很持久。不过，各种人格类型都有其优势，同学们不必太苛求自己，在保持行动的前提下，充分发挥出自己的优势即可。

如何能够“与众不同”？——大学阶段如何检视自己的学习生活

作者简介：丛琨，航空科学与工程学院2014级本科生。

目前大二的我，二十年来人生都是按照既定的轨迹运行：努力学习考上一所重点中学；努力学习在高考中取得不错的成绩，进入一所好的大学……

我不清楚我自己的兴趣究竟是什么，我选择现在所学的专业也只是因为在北航5系（宇航学院）属于老牌专业、底蕴十分深厚。至于上北航的原因就更简单了，考了一个高不成低不就的分数，只有进入在众人眼里属于“小清华”的北航才符合世俗价值观。

而进入大学以来，却发现自己越发缺乏学习的兴趣与动力，没有良好的作息习惯，上课时也心不在焉……

职业生涯规划这门课并未改变我外在的东西，却实实在在改变了我内在的东西——思想。我开始意识到，不是所有北航毕业生都能找到好的工作，即使航空科学与工程学院就业率高达99%；我开始意识到，以往我所讨厌的各种学生工作的作用其实没有我想象的那么小；我开始意识到，马马虎虎的专业成绩和知之甚少的课余活动只能让我加入失业大军……越上这门课，我就越觉得恐慌：我这两年究竟在做什么？只是在混日子吗？我能拿得出手的成绩乏善可陈，我所形成的人脉网络简单得可怜……

我开始正视自己的大学生活，开始反思自己的行为所造成的“资源浪费”，开始真正考虑自己以后要从事的职业。我的内心完成了从学生到成年人的转变，真心感谢在这门课里遇到的所有人。

达到上述这样的效果，必须要谈一下课程中印象最深的三项内容。

一、写简历

在课上听到老师说要尝试写一下自己的简历时，我十分震惊。作为一名闲散的大二学生，我对着几乎空白的简历发愁：写什么好呢？我只在大一做过小班的副班长，加入系学生会的学习生活部打杂；到了大二，我几乎什么学生工作都没有做，什么社团都没参加，没有什么能够写进简历里。

望着简陋到令人难堪的简历，我心中波澜起伏：我以为自己的大学生活过得很好很认真，但以社会的评价标准来看，我根本就是在浪费生命与金钱！这次课坚定了我“学习与学生工作两手都要抓，两手都要硬”的思想。剩下两年，请拭目以待！

二、“兔兔，你今天忙不忙……”小话剧

课堂上老师请同学们表演的这个小话剧虽然有些夸张和搞笑，但是其中所折射出来的职场规则却令人深省。在一个公司或者企业中想要长久稳定地工作下去，必须要契合该公司或企业的文化内涵。

同样地，如果想要在一个顾客身上成功获得订单或者生意，就必须要迎合顾客的喜好，产品也要满足顾客的需求。大学生应聘亦是如此，不光要有令人满意的学历，更要具备该职业所需要的职业素质和职场能力。如果在这些基础要求之上，你还拥有其他出彩的能力，那么在竞争者中将成为鹤立鸡群的佼佼者。

那么，我们上大学的目的就是：努力让你变成出彩的人，也就是老师一开始所说的“How to make yourself different”。

三、我的支持系统

在填写“我的支持系统”时，我才如此深刻地了解到自己性格的缺陷。我是一个不善交际、喜欢安静的人，与人交往信奉的是“君子之交淡如水”。我不喜欢太过热络的交往，有时候对待他人太过冷谈，简直就像一个冰块。这样的交往方式让我无法确定在我求助他人的时候，能否得到一定的帮助。我感觉悲哀：一个无法与人正常交往的人，如何在社会上生存？如果你因为错过了太阳而哭泣不止，那你也要错过月亮了。我意识到沟通交往艺术的提升也该进入日程了。

上完职业生涯规划课，我为自己重新制定了大学四年的目标：

(1) 将课程平均分提高到85分以上；

(2) 积极参加1～2个社团或学生会的活动，至少担任一个类似队长或组长的职务；

(3) 在大学与6～10个同学建立亲密的朋友关系，扩大交往圈，学习沟通的艺术；

(4) 以优异成绩考取雅思和托福；

(5) 与任课老师、班主任和辅导员建立良好的关系。

希望我自己几年后离开校园进入社会时，能够“与众不同”！

教师点评：

在职业生涯规划的第一节课上，我说过这样一段话：诸位绝大多数都是以“优秀生”的身份进入北航的；这里所说的“优秀生”，确切地说是“高考成绩优秀的学生”，彼此之间几乎是同质的。然而，几年后离开校园进入社会，你们认为会有多少人是单纯凭借优异的学习成绩获得工作机会的？几乎没有！除了毕业证书/学位证书，你们将来是以各自独特的优势进入不同的用人单位及工作岗位。因此，“How to make yourself different”是同学们必须思考的关键问题。

不少同学在课后感想中都提到这句话给自己带来的震撼，丛琨同学就是其中的一位。

其实，正如“世界上没有两片完全相同的树叶”，每个人都是与众不同的。“大学生”或“北航本科生”这样的标签只强调了大家在学习偏好及成绩方面的一致性，离开校园、进入职场的过程则强调的是学习之外的差异性。

希望更多的同学与丛琨同学一样，意识到个体“差异性”的重要，根据自己的特点、偏好，更好地发挥特长，利用大学阶段这段美好的时光，打造出一个与众不同的自己！

作为一个内向者，如何与世界相处
——职业生涯规划带给我的思考与行动

作者简介：王珂瑶，经济管理学院金融工程专业2013级本科生。2017年毕业后在香港科技大学数学系任全职研究助理，为期一年。2018年进入香港科技大学金融数学专业攻读硕士学位。本文是作者大三时完成的。

你是Zelda还是Zoe？被称为致郁系动画的BoJack Horseman向人们抛出这样一个二元论问题。换言之，你是乐观外向的还是悲观内向的。首先不得不承认，二元论的思维逻辑让一切都变得简单易行可分类，然而，对于人这一复杂多变又可创新的动物而言，简化并不意味着消除矛盾与困惑。所以我更愿意将动画传达给人们的思索理解为：你的性格中哪种成分更多一点。

我必须承认自己是一个偏于悲观内向的人，但这种向内而生的力量促使我观察感受到自己的棱角以及事物的两面性，并可以冷静辩证地决定磨平哪些、保留哪些，而这些心态上的成长更多地归功于那些失败后被泪水浇灌的日子。所以，我想和大家分享作为一个内向者，如何更好地与世界相处的一点思考与行动。

人们常说内向性格在职业发展及社会交往中属于弊端，它常常与自卑胆怯、阴郁低沉、优柔寡断、悲观消极联系在一起，而与领导决策、理性辩证、风趣幽默、活泼开朗相去甚远。因为不善表现、谨言慎行，内向者通常比外向者少很多让别人认识了解并信任自己的机会。也因此有人鼓励内向者应该孜孜不倦地在适合自己的地方激扬文字岁月稠，而那些外向的人则更适合指点江山主沉浮。但我并不认同这种简单粗暴的分类方式，适不适合是排在喜不喜欢之后的，真正热爱一项事业是可以驱动自己把不适合变为适合的，但倘若不喜欢，再适合的坚持也是一种将就。当然，内向并不只有弊端，要让内向者自己来说，上文中的词就变成了谦虚谨慎、善于思考、沉静随和、目光长远。这并不是来争内向性格好还是不好，而是既然我们都不可能是百分之百内向，而且也认识到了内向与外向各有利弊，那何尝不汲取外向与内向的优点让自己变成进击的五五开呢?

可能有人会说，改变很难，尤其是与生俱来的性格。但其实仔细想想我们每时每刻都在改变，多少人曾回顾那年往昔笑着骂自己一句……甚至翻翻一个月前的朋友圈你都会觉得满目不忍直视的纯真无邪。与生俱来只是一句笑谈罢了。那么，该如何去改变、调和、平衡性格中的内外向比例就成了我们作为一个内向者毕生面临的命题。

才进入大学时，我是一个非常自卑害羞而怯懦慌张的人。到什么程度呢? 基本上只能进行一对一的 VIP 交流，超过 3 个人就秒变哑巴。再加上自己那时候黑瘦黑瘦的，走在别人的目光下，我经常会觉得自己是一只行走的木乃伊猴，连呼吸都变得小心翼翼。但我内心是很羡慕那些谈笑风生、活泼热情的恰同学少年们的，他们就像金丝雀一般耀眼夺目，叽叽喳喳地甚是喜人。我很欣赏佩服他们自然而然落落大方的举动，在仰望中开始憧憬自己有朝一日也能飞上枝头。

我开始强迫自己参加各种各样需要站在宇宙中心向人群呼喊的活动，像是辩论赛、演讲比赛、创业比赛、学生会、梦拓计划、班干部、党校班长以及各种课设的主讲人，等等，在犯了无数错、丢了无数人、受了无数挫后，我终于生拉硬拽地把自己磨成了 360 度无死角的“长城牌”厚脸皮。我学会了用自嘲自黑来化解尴尬甚至经常还挺欣赏一些骨骼清奇有创意的挖苦，并能会心一笑；学会了如何和性格各异的人相处交谈并轻松掌握他们的笑点；学会了面对拒绝否定时奋力争取、坚定精准地如同天边的炮仗。虽然我依然飞不上枝头在万众瞩目下喳喳叫，虽然我依旧很黑，但我很开心自己变成了一只可以放肆奔跑嚎叫的自由的黑猩猩。

然而，行为上的改变只是个开始，震地三尺的大猩猩也会为没有香蕉吃而暗自神伤。一旦独处，在群体活动中消耗的热情与能量便会转化为负能量吞噬淹没自己。越是朝外向靠近，越是感到焦虑疲惫与困惑，性格也更是走向两个极端。大二时我深刻地感受到自己心底的疲惫与踉跄，我意识到自己内心对于内向性格的需求，却无所适从。

那段时间，我们敬爱的王妈妈和苏老师给了我很大的鼓励与支持，我在与老师们的邮件短信和面谈中，逐渐找回了丢失的那部分自我。我不再把独处当作孤独的外衣，而当作是深入内心认知自我的契机与通道。在自省与沉淀自己的过程中，我开始接触一些心理学的书，帮助自己更好地与自己相处，更好地独立决断、形成自己的价值观体系。与此同时，我也发展了一些自己的兴趣爱好，了解一些别的领域的知识，让我得以在独处中探索无尽的乐趣，变得更加从容且愉悦。甚至，骨灰级懒癌患者的我也坚持了很久每天 5 点多去跑步，记录每天的日出，偶尔也和晨练的大爷大妈唠唠嗑，交流一下菜篮子以及他们的小孙子。我变得更加理性镇定，沉稳成熟，开始向悟道的行者猕猴进化。

当学会与别人、与自己相处后，最难的便是如何以不变应万变，同时又随机应变、变中求稳。听起来像是个复杂的哲学问题，实际上就是两个字：选择。二进制的人生不会出错，却也不会太完美。我也在求索路上，21 年的阅历不足以让我解释这个深奥的人生命题，所以，最后再跟大家分享一则感悟，那就是：多与阅历丰富的人交流，他们的经历及思考问题的角度都将成为打开你新世界的金钥匙。尤其是我们的父母，这个世界上唯一可以毫无顾忌信赖的人，和他们深入的交流不仅可以看到自己的过去、现在，也可以帮助我们看到未来。

感谢聆听，感谢这一路帮助我的所有人，愿你们幸运且一切无忧。

教师点评：

珂瑶，如她自己所言，是颇为内向的；但与她相处时，明显能够感受到她内心对别人的关心与迁就。也正是由于这一点，她在与自己的内向“抗争”中，更加困难重重，因为她对外界反应的敏感度超出常人。

印象很深的是2014年元旦前的一天，珂瑶代表班级给我送一件新年礼物：台历。当她如约来到我办公室时，我为她打开门的那一瞬，我能够感到她非常紧张。接下来是她陪着一位要转系的同学一起和我交流，那位心气极高的女孩儿直言“你们这些做老师的都很自以为是”，我在震惊之余看到了珂瑶的极度不安；事后，她极力想安慰我，虽然这根本不是她的错。再就是珂瑶大一下学期找我做个体咨询；那时的她对自己的内向、不自信颇为忧虑，我当然鼓励了她。

再见到珂瑶已是半年后。她成了2014级的mentor，看起来活跃多了，也不那么黑瘦了。

珂瑶的文字解构了自己的内心成长。考入北航的同学，尤其是工科生们，内向者居多：正因为内向，他们更加擅长自学、能够独立地完成一些难题的解答，在科研领域更易获得更大的成果。然而，在喧嚣的当今，“讷于言”似乎成了不折不扣的短处。所以，“珂瑶们”的压力山大。

“江山易改、禀性难移”，改变个性是非常困难的，因此我在课堂上更多的建议是希望同学们明确自己的偏好（preference），进而扬长避短。希望珂瑶自己的经历能够令那些希望“改变”自己内心个性的同学受到启发。

这辈子最重要的事，就是认清自己
——大学生活近三年的学业生涯回顾与反思

作者简介：杨伯文，机械工程及自动化学院2015级本科生，2016年降转至计算机学院。

在沙河校区待了三年，高中生涯也不过如此呀。说起来，有些时候，我自己也做不好。

对事情的认知变化，一定来源于某种更高层面的变化，也是我这篇小文想传达的。

在这个世界上，最了解你的是你自己，而最搞不懂的，也是你自己。无论什么时候别人请教我，让我分享经验，除非提问者有非常清楚的要求，我大抵只谈为人。因为想要什么、想成为什么样的人，是你自己的事情，我相信你能做到。而我能够做的，最多是在某些时刻激发你认真思考一下，或与你结交为友、经常聊上两句，除此之外，我啥也做不了。课还是要你自己上，试还是要你自己考，不是吗？

要是谈大学以来自己对生涯认识的变化，我会回答：基于当下的三观重新思考自己的人生。你可能觉得我说得云里雾里，但如果你能理解好下面这句话，相信你能知道我想表达的是什么。这辈子最重要的事，就是要认识自己。

一

人是很有意思的生物，在时间的魔法下变得神奇。因为时间线的存在，生活必然是正着来体验，逆着去反思，又不巧人的命数有限，在二者交相作用下，生活才会变得那么有趣。

对你而言，你所拥有的，只是过去、现在和未来。

而且你要知道，你所憧憬的未来，迟早有一天也会变为过去。

最后你还得知道，在某一个时刻，你所拥有的可能仅仅就是过去了。

希望上面的三句话能够让你产生一些思考，因为我觉得“生命的逝去”并非一个沉重得需要避讳的话题，而且偶尔想想你就会发现，不同时期的你思考的角度和结果真的不一样，虽然可能同样会恐惧。人总是对未知的事情感到恐惧，不是么？

可能你会说，现在的我刚上大学，未来怎么说得好呢？没错，以后什么样子谁都说不好，但比较容易确定的，是你在旅途的终点时，想要拥有什么样的过去。

没准属于终点的过去，就是你现在所憧憬的未来呢？

二

“如果我早就料想到期末会有多么忙，早就应该开始写论文了。”当我们回头看的时候，显而易见的后见之明影响着我们对自己的评价和判断，其实有的时候你是真的不知道早就该写论文了，因为你当时所受到的压力、所怀有的心境是不会让你去抛下种种诱惑去及时完成任务的。所以既然那是你当时做的决定，就不要后悔，因为就算再来一次，也会是一样的结果。但这是否意味着过去的一切都没有意义呢？当然不，你对过去的认知与评判和你对未来的憧憬期待共同构成了你对现在的判断。思考当时为什么“没发现期末事情这么多”，说不定可以为下一次可能的提前完成做出努力呢？

所以对于这个问题，“为什么我早点没有意识到×××呢？”在我看来，就是因为你自己当时没有这种认知，不知道×××对你而言的重要性，否则你会真的意识不到么？所以不要责怪是“别人没有告诉你”或“悔恨自己差一点就不是这样的结果了”。谁知道当初别人是不是对你日夜叮嘱而你却不耐烦，又或是当初几种选择你自己欣然选了另一个呢？没有什么事情是偶然的，在某个时刻，你所拥有所经历的一切造就了那时的你。

三

我有一个关系极好的高中舍友，是那种在他面前感觉什么都能聊、怎么聊都不会觉得尴尬的好朋友。上个寒假刚放假，我们俩约着出去见面聊聊天，我心血来潮就提议去清华蹓跶，费了一番周折，最终骑着车假装清华的学生进去了！一路上我们聊了很多关于清华的事情，站在一个外人的角度对这个学校评头论足，可能也是为了抚慰一下没能考上的遗憾。

说真的，自己对这个学校是什么感情呢？曾经的我是非常非常想上这个学校的，从初中开始就想。可能是因为当时初一的时候班主任送给我一个清华的校徽；可能因为我当时小组组训恰好取的就是“天行健君子以自强不息，地势坤君子以厚德载物”；可能是因为上了高中成绩也不错被老师们寄予厚望。所以不知从什么时候开始，跟所有的人聊起理想的大学就都是清华，绝不考虑北大，就是一句“觉得自己不想学理不想学文，就学工呗，那就清华”。也一直到高三为止，我甚至都不知道北航这个学校是什么层次。

满满的憧憬，口头上想、心里也想，感觉毕了业自己就会进入清华园似的。你能知道那个时候的我到底有多么想上清华吗？我想上清华，想到高考出分的时候麻木地难过。我想上清华，想到因为一场考试也会落泪。可清华终究只是想象中的清华，我还是没能考上。

现在回顾过去：我想上清华！可是我不知道为什么要上清华，也不知道上了清华要学什么专业；大抵是别人觉得我应该上，我就应该上，这是属于我的最好的选择。这种想的程度又有多深呢？很多时候，你所认知的自己，只不过是别人眼中的你罢了。当然，我也不好评价那时候的自己，毕竟当时没有现在的认知，只能说，对于现在的我来说的话，特别想做一件事情，一定会竭尽一切去争取的。当你想做某件事情却没能做成的时候，不妨问问自己，你所说的想，究竟是有多想呢？

龙吟虎啸里的司马懿和诸葛亮的特殊羁绊令我感触良多，尤其是那句

“依依东望”;人这一辈子,究竟望的是什么呢?我不知道,觉得就是生命本身对于每个人来说可能都不一样。可是,有一件事情很明确,就是你内心最深处真正望着的那个东西,要早点发现,然后去争取。道法自然的老子也在争,只不过他争的东西在你看来是“不争”而已。记得高宁老师在课里说的一句话,我觉得很有哲学意味,“他所讲的东西都是他所相信的”,我觉得也是同样的意思。

真真正正想要得到的东西,就要去争取;你现在想得到的却不想付出的东西,对你来说,还是想的程度不够。

所以,如果你能有幸读完了这篇小文章,我希望你能经常思考自己——思考自己的人生,思考自己想要什么,认识自己真的很重要。可能有些人一辈子都不知道自己想要的是什么,但可能这也意味着,他们所做过的一切就是他们想要的了,因为在当时的境遇下,已经做出了当时最想做的选择。

最后,总结一下我自己上大学以来对大学生活认识的变化吧!

2015 年 9 月入学后,我在机械学院学习生活了一整年,结交了很多好朋友;之后转到了计算机学院,同样继续着愉快的生活,我相信我会一直喜欢自己在北航的生活。

人总觉得要去争,却往往不知道自己想要争的是什么。搞清楚自己究竟想要什么,真的是很难的一件事情,我也做不太好。所以我能做的,就是去喜欢我所拥有的一切和欣然接受我曾做过的所有决定。

究竟我自己上大学以来对大学生活认识的变化是什么呢?变化随时都存在,上大学之后经历的事物多了,思考问题的方式就会变了,认识自然也就变了。所以我希望能直接去告诉你们更高一层的变化,然后你们再慢慢体会自己的对大学生活认识的变化吧。

教师点评:

杨伯文同学 2015 年 9 月进入北航机械学院,目前是 1606 大班的一员。伯文属于数万“从清北掉下来”的北航本科学生之一,高考后的失落持续了半年多。2016 年 3 月,伯文选修了职业生涯规划课,在课堂上对自己的学业及未来的职业生涯进行了深入的思考。

整整两年过去了。伯文应公众号邀请分享了自己两年来对专业、学业及人生的思考,希望自己的经历能够对专业、学业尚有迷茫的学弟学妹们有启发。

理科和工科是一回事吗?
——职业兴趣与本科所学专业的配适

北航生涯教育团队

我们已经习惯了“文理分科”的做法,高考毕业后,多数“理科生”报考了“理工科”专业。事实上,根据霍兰德职业兴趣六角型模型:理科对应的是I(Investigative),工科对应的是R(Realistic)。虽然二者相邻,可有些同学在这两方面的能力倾向(职业兴趣)差异较大。由于高中课程较少涉及实验,I强R弱的同学往往表现为理科成绩优异:他们数学好,物理、化学也不弱;加上不喜欢需要死记硬背的一些文科课程,更加显得理科成绩好。然而,进入大学后,R弱的同学如果学了工科,就会明显感到吃力了;而高校中工科专业招收的人数可是远远多于理科的。

下面是遇到类似困惑的林心瑜同学与专业教师的微信交流,可能会给遇到同类疑惑的同学有所启发。

林:老师,最近我有一个问题:如何判断我究竟是因为没有兴趣而做不好还是因为不够努力而做不好?

师:请讲具体一些吧,描述一下具体事件。

林:我学流体力学及工程热力学等课程时,就是没有周围同学学得快,有些内容感觉根本学不懂,只好背答案。可能是因为我确实没有人家用功,没有投入足够多的时间。但是我学这方面的知识确实感到一定的压力,学起来挺慢的,但这些知识是我本专业必备的。我觉得非常困惑。

师:这真的不能说明你努力不够,可能是因为你这方面的职业兴趣倾向偏弱。举个例子:新用一款手机,你喜欢自己开发各种新功能呢,还是仅仅满足于使用常用的功能?

林:没有特别在意,我比较喜欢创新,但是可能总是会浅尝辄止,就是我一般会比其他人多用一些功能,然而并不会精通。我希望自己能够成为技术型的人才或者学术性的人才,但是感觉自己好像不太行。

师:建议你今后尽量少给自己这么负面的评价:其实你能考进北航,就说明你智商超出常人,也足够努力。

林:我觉得自己还有一点就是特别在意别人对我的评价,特别希望别人能接纳我，别人认为我很不错。

师：这一点我也觉出来了。你的专业课当中学得比较轻松的有哪些？

林：嗯，真的没有。如果要我选择一门最轻松的课，我可能真的很难选。这也是我的一个特点，我犹豫不决，难以做选择，没有自己的主见。只能给老师这样回答，感觉不太好。但是，老师这是我的真实想法，我选不出来。

师：不是说唯一的一门课，而是你觉得有意思、学着不吃力的课有哪些？

林：我可能是理论联系实际的能力比较差，一年级学高数、物理等基础课，比起动手实际做点什么稍微省点力。但是我觉得学得都不太好。

师：这与你提到的"比较喜欢创新"是对应的。看来你不太适合学工科，理科可能更适合你。学得不好是指考试成绩不太好吗？其实二者没有必然的联系。

林：那倒未必，我是懂套路，考试有套路的就还可以。

师：我的意思是，考得不好并不说明学得不好，能够掌握"考试的套路"也是一种能力呢！

林：嗯嗯，如果我不跟周围同学比较，只看自己，那我绝对不会选跟实际的动手制作相关的，会选择动笔或者动脑子。

师：这就对啦，你可能不适合学工科，所以一年多来才觉得很难受。如果照着这个思路去看，你选择学医（之前心瑜在邮件中提到想学医）也会有类似的问题，除非是做"内科"——但所有的医学院都不会专门培养内科医生的。

林：嗯有道理，但是我也不能回头了，所以我不让自己再去想这方面了！我得向前看的。

师：是啊！其实真的要向前看：我中学还一直认定要学化学呢；后来才知道，幸亏没有（害怕）。

林：我高考纯粹看的分数报志愿，听其他同学说学理科没前途，我也觉得学工科也是要做研究的，比起理科有"钱"途。所以报的学校都是北航、北理工、天大这一类。我本来的志向是想去清华或者北医。选什么专业真的没怎么想过，我并没有什么主见，看的是学校的学科排名。

师：所以，你目前所选择的专业是非常不理性的，重新确认或选择就需要有较为科学的依据。

林：所以，老师我要去做一些类似职业兴趣判断的测试吗？

师：测试本身不是目的。我刚才问的一些问题，其实就是测试的实际内容。

你可以先上招就处的网站上做一些测试。如果你下学期能够选修职业生涯规划课，也可以做更深入的探讨。

相信你借助霍兰德职业兴趣理论，可以找到自己的职业兴趣倾向！

下附心瑜给专业教师的第一封信及选修职业生涯规划课后对自己职业兴趣的认识。

邮件：林心瑜的职业生涯困惑咨询

老师，您好！

我是北航能源与动力工程学院2015级的林心瑜，对于我的未来，我感到恐惧和绝望，希望老师能为我指点迷津。

我从小到大一直想当医生，当初立志要考到北医。从初中开始就非常非常努力，将所有的精力全部放在了学习上，没有全面发展，但成绩一直是第一梯队左右，不是最好的那种。由于孤注一掷地想考好大学，我在北京学生开放自由的班集体里基本没有存在感，是一个被同学感到异样和孤立的人。但我以为为了考上好大学这些都是值得付出的代价。

高考中，我正常偏下发挥，距离清北差了20分，距离我一直以为能考上的北医差了6分。报志愿时，我真的不想自己付出了这么多得到的成绩浪费，同时我有个很优秀的好朋友高考考得跟我差不多，她说她要报考北航，学工科，将来收入不低而且不需要日后做人八面玲珑、安安静静就行。学医，我本来可以选择报首医，但是首医对我的高考分数实在太浪费了，那时我觉得首医这学校实在是不好。我因此就报了北航。

上了大学，来到北航我确实也郁闷，感觉我得到的跟曾经激励我努力学习的动力差距太大了。我立志要好好度过自己的大学生活，我觉得自己是可以做到的。但是我没有。现在大二，真的郁闷得要崩溃。

我大一做了什么呢？我认真学习，但是我又没有把成绩好发挥到极致——我成绩还是上等偏下。我积极参加社团以及学生工作，但是我真的好像缺乏某些素质，我最后没有在一个组织中成为领导（我参加的并不多，但是打算要专注认真做好的）。

我的专业是热能与动力工程。这也算是北航的主流专业，学习很有挑战，我感觉压力很大，自己没办法跟上大家的脚步，我脑子不好用，动手能力也不强，学不好。

我很迷茫，我以后要做什么呢？我觉得需要一定的薪水。我同时还希望可以找一个不太需要我为人处世能力的工作。我希望尽我所能去给我父母一个安享晚年的生活。我不怕付出，我可以拼尽我所有的力量。

可是我不知道我该怎么办。

林心瑜

2016 年 11 月 22 日

上课后的感受

根据职业兴趣写出理想的职业。必须承认，我对于自己的职业未来缺乏想象力，我只能想到我平淡的人生经历中接触到或者听说过的一些职业，比如教授、软件工程师、中小学老师及公务员…… 因为对各种职业的认识还太缺乏，让我作出明确选择是有一定难度的。但是有一点我已明确：我应该从自己的职业兴趣出发来选择职业。经过不断地拷问自己、放下各种外部因素、只看自己的内心倾向，我的职业兴趣倾向是 SIA。从大学两年跌跌撞撞的经历来看，尽管将来找一份体面的好工作很重要，但是个人的能力和兴趣真的要考虑。之前我一直羞于承认自己有艺术倾向，因为我认为艺术型过于轻浮，同时我也不认为自己具有艺术气息。但通过课堂上的探索，发出自己具有创意/艺术型特点：创意点子多，情感丰富，有一定表现力。谁说这些特点不会帮我找到一份好工作呢？以前，我在考虑自己职业规划时不把工作的薪酬待遇放在第一位，而把自己的兴趣放在第一位，自己会有极大的负罪感，觉得自己不务正业，是根本不可能达成找到好工作这么难的目标的。现在真不这么想了：不仅仅因为学了职业生涯规划课，通过近两年的大学生活中，我越来越觉得学习工科课程力不从心。接受自己的不足并在选择时考虑到自己的缺点才是改变现状走出困境的方法。

2017 年 5 月 1 日

我该怎样选专业？
——大类招生背景下的专业选择困惑

北航生涯教育团队

2017 年，北航全面开展本科生大类招生，3000 多名新生将在一年级结束时选择自己的专业。

选择专业是第二次高考吗？如果是，那大一岂不成了“高四”？如果不是，选择专业的依据又是什么呢？下面，请同学们看一下一位刚刚转了专业的2016级陈青峰同学与生涯发展专业老师的邮件往来。

尊敬的老师，您好！

我是××学院2016级的学生陈青峰，前不久刚刚转入了6系（计算机学院）。但是我现在对于我的职业生涯存在了很大的困惑，甚至是迷茫。希望能从您这里获得帮助。

从步入大学以来，我就一直在寻找自己的兴趣与专业方向。我最开始是××学院的，但是进入大学后觉得自己对专业的未来发展不是那么看好，所以我决定转专业，以计算机专业作为了自己的目标。因为一方面计算机专业竞争最激烈，以此为目标可以督促我自己学习；另一方面，在我在互联网上探索的过程中，我发现并认为人工智能是一个很有前景的方向。于是我定下了要学习计算机专业的目标。

确定目标后，我学习很努力，加上原专业成绩优异，终于如愿以偿地进入了6系。然而，我现在却特别迷茫。

首先，我要补习一大堆编程的课程。我进入6系之前本来以为自己有兴趣，可是实际上我对编程的兴趣一直不是很高。现在学院暑假在上小学期，我甚至听不进去小学期的课，一想到自己的未来那么不确定，以及自己现在落后了这么多，我就非常的迷茫和悲观。

以前的我，对自己的职业生涯有很清晰的规划，大一结束转入自己喜欢的专业，然后暑假学英语，考GT，以出国读研为最终目标。可是现在整个的规划都被打乱了，我不得不在暑假补习编程知识。由于要补6系大一的课，我甚至可能需要大三时回沙河上课。如此种种令我心生退意，我发现自己对计算机的向往主要还是来自于它的就业形势好，而不是对编程的兴趣——我只是不厌恶编程而已。从转专业到现在有两周了，我始终没能摆脱这种苦恼与担忧的心理状态，甚至影响了我正常的学习和生活。

希望您能帮助到我。谢谢老师！

陈青峰

青峰，你好！

首先，我非常理解你目前沮丧的心情。不过，事情没有到不可收拾的地步。当然，弄清楚你真正的职业兴趣是首要的，过程也是比较复杂的，需要一系列的探索和分析后才能得出结论。我建议你先仔细阅读“北航学生职业生涯”微信公众号(相信你已经关注了)4月24号、5月8号、5月15号及5月22号那几篇文章后再讨论,好吗?

祝心情好起来!

苏文平

老师,您好!

看了之前的推送,我自己现在已经有了一些想法和认识,想先和您交流一下。

首先,我认为自己从小到大一直是价值观导向。我初高中一直是天津市级三好学生,说白了就是老师同学们眼中的好学生。我也很要强,这种要强体现在我非常喜欢和其他人做比较。

我觉得我唯一一次以职业兴趣为导向是在高考后填志愿的时候,父亲一直想让我学金融,可是我认为自己偏内向的性格以及喜欢潜心做事的品质很适合理工科,而且让我去做金融,做“八面玲珑”(可能有些夸张)的那种职业,我会很不舒服。于是我来到了北航。现在想来,我认为当时的这个职业兴趣导向的决定十分正确,北航理工科的扎实学风很适合我,我也很喜欢这样安安静静地学习、研究的感觉。

除了这个决定以外,我一直是价值观导向。比如进了北航之后,我就想,我要进到北航最好的专业里去。这里的“最好”,我想了想,是最难进的专业、是大众认知里就业待遇最好的专业,也就是计算机。我觉得这个源自于我喜欢和其他人做比较,喜欢要强,喜欢成为最“厉害”的那种人。这里我并没有考虑职业兴趣。我现在想想,价值观导向使我从小到大一直处于一个“优胜者”的状态,追求普世意义上的成功是我一直以来努力的目标和动力。而这次我对未来感到迷茫沮丧的原因,我觉得是因为进入6系后需要自己补很多课,面临很大的困难,这种困难使我觉得现阶段自己的努力难以实现价值观导向的“成功”,所以产生了放弃和迷茫的心理状态。

现在抛开价值观,我想谈谈兴趣。我觉得我对一些科目的兴趣都一般。比如大一上学期的C语言编程,虽然我最后考了90多分,可是我是为了考试成绩高而努力学的,我并没有和我舍友一样,平时就喜欢捣鼓编程、电脑,做小游戏。在考试的压力下,我以自己良好的学习习惯总能取得不错的成绩,可是我并不知道兴趣在哪里。现在想想,最大的兴趣可能是物理课,不过这也是因为我中考高考物理都是满分,所以喜欢。我觉得正是因为我始终找不到很吸引自己的学科,所以我始终以价值观为导向,以成功为目标。

而近几年互联网和人工智能的大热，更是促使了我想去计算机专业的想法。有了这个想法以后，我自己主动地把它变为自己的兴趣：比如不断地关注人工智能的新闻，找最有前途的发展方向……可是在高考完报志愿时，我是拒绝填报计算机专业的，因为我当时觉得码代码很无聊（兴趣导向）。

以上是我自己对我自身价值观、兴趣方面的自我分析，感觉如果只是以成功为目标，选计算机还算不错的选择；可是我在这两周的学习过程中经常会感到迷茫，质疑自己对编程的兴趣，质疑自己能否克服诸多困难，质疑计算机专业未来是否真的那么好……

陈青峰

陈青峰同学在即将进入大二时遇到了专业选择的难题；这其实是对大学生而言非常常见的一种生涯困惑。大学就是确认自己真正的兴趣方向、进而重新确立目标的阶段。中国科学院院士同时又是美国科学院院士，图灵奖获得者、清华大学姚期智教授在接受采访时强调："我告诉学生，你们在大学唯一的任务，就是要发现你们最擅长的是什么，最感兴趣的是哪个方向。"

金融热，学金融的同学大都会说对金融"有兴趣"；但如果仔细追问具体细节，他们往往说到的是"因为经常看到媒体报道股价、房价波动，觉得挺好奇的"，或者干脆说金融专业招分最高、毕业后收入水平高。计算机热，包括计算机专业的同学也大都会说是出于"兴趣"，接着追问详情，大部分同学会讲互联网对生活的影响及人工智能可能对未来的影响。不过，这些其实都与兴趣无关。

这里，陈青峰同学很好地解释了"兴趣"：他那些对计算机有兴趣的舍友"平时就喜欢捣鼓编程、电脑，做小游戏"。这才是兴趣：不是为了完成作业、不是为了应付考试，就是"喜欢"。

当然，单纯地"喜欢"还不足以决定我们是否应该选择相关专业；决定专业选择不仅仅是"兴趣"（喜欢），还需要考虑能力——如果仅仅是喜欢捣鼓电脑、做小游戏，可与智商相当的同龄人相比，水平一般般，还算不上是"职业兴趣"，即选专业所需要重点参考的真正兴趣。美国心理学家霍兰德博士所提出的职业兴趣，从根本上而言是一种能力倾向，而非单纯的喜欢。

专业选择中，职业兴趣应该是首要考虑的因素。然而，很多同学，尤其是进入名校的优秀生，都与陈青峰同学类似，"很要强，非常喜欢和其他人做比较"。因此，他们选专业时倾向于选择热门的或者当时公认最好的专业方向。这其实是成就动机驱动的结果。这个问题，我们将来会专门进一步讨论。

这里只想提醒一年级同学们：一年后选择专业方向，千万不要单纯地考虑哪个专业牛、哪个专业发展前景好这个因素。且不说这种“预言”本身有不确定性，即使是千真万确，如果你自己的职业兴趣“能力倾向”与此专业的要求不匹配，也没有太大的意义；而且所有专业，只能“火”一阵子，不可能“火”一辈子。选择自己真正感兴趣(即与自己的“职业兴趣”相匹配)的专业才能在未来变数不断的世界里找到自己的位置。而“职业兴趣”简单地说，就是你从事这项活动(学习这门课程)能够乐在其中、同时投入同等时间能够取得比与你同智商的人更好的成绩。

祝愿同学们都能找到自己真正感兴趣的专业方向。

文科生适合哪些专业？
——再析职业兴趣与所学专业的配适

北航生涯教育团队

春季开学不久，一位大三女生找笔者咨询有关专业困惑方面的问题。来访者当初是保送进入北航英语专业的。但是通过两年的学习，她觉得英语专业发展面太窄，想报考财会专业的硕士，可心里有没底，就约了咨询。通过沟通，得知这位同学其实高中是文理科成绩都很优秀；只是因为所在学校以文科见长，加上不喜欢物理老师导致物理成绩欠佳，就选了文科；高三时又为了免受高考之苦，接受推免生资格选了英语专业。其实她英语学得不错，只是觉得专业性不强。通过进一步交谈，老师发现这位同学逻辑思维能力极强，渐渐聊到转心理学等学科的可能性。不料其实她从进入大学以来就对心理学产生了兴趣，阅读了很多专业书籍；可根据她自己的“经验”，认为“学心理学是养不活自己的！”所以果断放弃！可学会计又真的有些勉为其难。

其实，这位同学在考虑自己的职业兴趣时，掺杂了价值观层面的内容，因此格外纠结，无所适从。这个问题，后面《究竟是职业兴趣还是价值观？——你选择专业的理由》一文中会详细分析。本文重点分析其职业兴趣。

根据我国现行的教育体制：目前绝大多数中学在高中一年级期末就要分文理科。在这个前提下，一方面，一些同学受“学好数理化，走遍天下都不怕”等观念的影响，只要成绩还不错，就毫不犹豫地选择学理科。另一方面，家长及老师多会劝说孩子：文科未来发展面窄，就算现在喜欢文科而学了理科，高考后可以报考“文理兼收”的专业，“相当于还是学文了，又可以先打下一下理科底子”。听起来还很有道理。

事实上，目前高中文理分科的做法利弊都有：一方面，这种做法使那些严重偏科的同学可以早些摆脱自己不喜欢也不擅长的课程的学习；但另一方面，一些偏科不太明显的同学会无所适从，结果是大部分同学会因为外在的一些因素选择了理科。这些“全能型”学生高考结束后，多数还是“从众”进了工科院系，其中一些从此陷入了“悲惨境地”，直至毕业。前文《理科工科是一回事吗？——职业兴趣与所学专业配适》中讨论的I型倾向强、R型倾向弱的同学，就是这种情况。

本文根据霍兰德职业兴趣理论重点分析高中选了文科的同学，进入大学适合学习的专业分别对应的是哪些职业兴趣倾向。

高中读了文科的同学，大学可以报哪些专业呢？上网查，你可以看到向文科生推荐的主要是以下九种专业：哲学、经济学、法学、教育学、文学、历史学、管理学、艺术学、社会学。接下来，我们就简单分析一下这九种专业对应的霍兰德职业兴趣倾向。

根据这些学科的实际内涵，哲学、历史学都与I(研究型)兴趣倾向比较吻合，经济学、法学与C型(事务型)对应，管理学与E型(企业型)大体对应，教育学、社会学都与S型(社会型)比较吻合，文学、艺术系与A型(艺术/创意型)对应。霍兰德职业兴趣六角形一共6个角，其中5个都能与文科生的专业对应上！而这些职业兴趣倾向对应的职业领域是非常宽泛的(从美国大学教材中的职业全景图中可以更加直观地看到)，根本不是很多人认为的“学文科将来发展面儿太窄”。

当然，以上分析是非常粗略的；而根据霍兰德职业兴趣理论的应用成果，一项职业(职位＋领域)是由个人排名前三名的职业兴趣倾向组合而成的职业代码所决定的。比如，写出了小说《围城》的钱钟书先生，高考数学得15分，是典型的文科生吧！他的文学才华有目共睹，一定有很强的A型职业兴趣；但同时他又勤于思考、善于钻研，写出了《管锥编》这样的皇皇巨著，肯定同时还有I型职业兴趣。

再比如说徐志摩，写出了那么多优美的诗篇，显示了很强的A型职业兴趣；而他同时是民国文人圈子公认的“大好人”，大力提携沈从文等多位当时尚不知名的文青，平时聚会总是非常关注大家的感受，显示出典型的S型职业兴趣。

2016年年初刚刚过世的“世纪老人”周有光：50岁以前是银行家（C型）；50岁到85岁，是语言文字学家（AI型），精力都倾注在语言文学领域；85岁以后，是思想家（I型）。

为了增强可读性，再分析一些演艺界人士。被称为才女的徐静蕾出道时是演员，因为博客中的文字轻灵而吸粉无数（A型）；后来当了导演（EA型）；最近几年再次爆红是因为她做的精美的手工艺品（RA型）。台湾音乐人马世芳在介绍台湾流行音乐发展的一期节目中提到：人们特别希望“看到一位优秀的歌手（A型）同时是天生的吉他手（AE/EA），又能自己制片（EA/AE），但这样的人非常难出现”。原因是什么？因为这里面需要的几类职业兴趣在霍兰德职业兴趣六角形中恰好是斜对角！

所以，文科生的职业兴趣涵盖面是很广的，因此对应的职业发展领域也是非常广泛的；所谓“学文科将来专业受限制”很大程度上是偏见！尤其是未来职场发展变化很大，工科生擅长的“非弹性认知”岗位将大量地被人工智能替代，而文科生们普遍擅长的“弹性认知”为主的岗位将有更广泛的发展。

不过，目前我国教育体制下，高中的文科与大学的文科对应的职业兴趣有一些偏差。比如历史，在中学阶段主要是靠“背”获得高分，因此C型强的同学有优势；进入大学，历史则偏重逻辑推理，I型凸显。因此，高中历史学得好（考分高），进入大学不见得能学得好。再看语文：高中语文考试分别由语文知识（偏重记忆，偏C型）和作文（偏重创作，偏A型）两部分组成，而A和C在霍兰德职业六角型模型中是对角，不少A型强的同学对“背”很反感，因此文理分科时选择了理科。这部分同学进入大学后，大概率又会进入工科（偏R型），很可能非常不适应。

因此，高中选了理科的同学中不少是适合“文科”专业的。理科同学中，相当一部分是I型强但R型偏弱的，这些同学中不少当初是认为自己“应该”学理科，或者讨厌高中地理历史等课程中的死记硬背而选了理科；如果他们能够放下“应该”及偏见、遵从自己内心的召唤，进入哲学、心理学、历史学甚至文学、社会学等领域，都可能作出不凡的成就。

找笔者咨询的另一位同学是来自机械工程学院工业设计专业的。这个专业的职业兴趣类型就是AR的结合。这位当时在一家著名品牌的汽车公司设计部门实习的女生很大的一个苦恼是：相比来自央美设计专业的实习生，自己“创意不足”。不过，通过引导，她意识到自己的创意基本上都同时要考虑其实用性(R型)，而央美生们几乎都忽略了这一点。因此，职业兴趣绝对不能简单地由中学阶段的“文理”来分类。

需要说明的是，本篇对文科匹配专业的分析是非常浅层次的，很多内容也不够精准。比如法学并非纯粹的C型：一位优秀的律师应该是EC型的职业兴趣倾向，与财务经理CE型有类似之处。从这个意义上讲，霍兰德职业兴趣六角型模型将世上成千上万种职业以六种能力倾向分类，肯定有局限；而我们应用这种理论分析工具，更多的是解释典型案例，尤其是为“扬长避短”作注解。如果没有特别的“短板”，能力倾向均衡，选择自己的职业方向更多地倚仗价值观倾向就好了。

总之，每位同学对自己职业兴趣的澄清需要放下中学阶段对“文理科”的认知，以大学阶段的知识体系来进行，最终找到自己真正感兴趣的专业方向。

磨刀不误砍柴工——
本科两次申请转专业的经历分享

作者简介：程文嘉，机械工程及其自动化学院机电工程专业2015级本科生。目前大四在读，准备申请美国大学硕士项目。

我是2014级8系转出去的一名学生。先后申请了两次：大一结束后申请转系，但没成功；大二上学期结束后又申请了一次，终于成功转系了。下面跟大家聊聊对于转专业的一些理解。

先谈一谈关于北航本科转专业政策的一些理解吧。转专业的政策是从我大一下学期，也就是2015年的春季学期变化的。之前的转专业大致就是申请，然后根据自己的一些情况(如成绩之类)，参加面试。现在的政策是，在学期14周之前，在教务处的通知专区会有秋季或者春季转专业说明，然后每个学院会在这里公布自己学院的一个准入条件和准入人数，这个条件一般是对你的成绩有一个最低的要求，比如高数要85以上、数分要80以上等等;不过也有些系,比如7系只要不挂科就可以;有些系(如新媒体26系)要求其他一些能力。根据这些信息,想转系的同学首先要保证自己在这些基础课上的成绩,其他一些科目至少得不挂科(大学的课程其实都多多少少对你有所帮助,所以要尽量好好学)。还有一点,如果你所在学院的课程与你想去的学院的课程相差过大,并且你是满足准入条件的,那么学院会要求你降级转系,这一点需要慎重考虑。

看了准入条件,结合自己的情况你大概心里有个数了。有人可能会问,这个准入条件看的成绩是本学期之前的还是包括本学期,答案是包括本学期。到了14周(我们这级/届是这样,具体时间以教务处通知为准)左右,就是申请的时候了,在教务处的学生事务中填写申请,然后检查后上交。接下来暂时就没有什么要做的事情了,就是等结果。一般在该学期结束前,或者结束后几天就会得到初审的结果。然后在下学期开学初,如果有复审就会在这时进行。

关于初审和复审。前面说到了准入条件,在你了解这个条件,并且觉得自己符合,然后申请。等到申请截止时,学院就会根据你们提交的申请进行一个核定。初审的步骤就是首先根据你们的成绩剔除掉不符合条件的人,然后核对符合条件的人数。之前提到了准入人数。符合条件的申请人数如果大于准入人数,那么就会通知复审,如果符合条件的申请人数少于或等于准入人数,则学院将直接录取。这也就是说,在初审结果出来你就可以基本根据人数判断自己转专业是否成功。关于复审:一般是在下学期过后的几天,这时候你会和其他符合条件的人一起去参加学院的面试。我参加面试的情况是:几个人一组,给每人一个问题,轮流回答,其他人可以补充。问题涉及学习、生活等各方面的内容。这个仅供参考,每个系可能不同,具体可以咨询一下转到你想去的系的学长学姐。面试会根据评委老师的打分淘汰一些申请者。对于面试,建议就是自信一点,表现出自己的优势,让对面的老师感受到你适合这个专业。

如果你面试通过了,那么首先恭喜你。然后再过个几周,转入学院的教务处会通知你去填写一些文件,以及找相关部门盖章,将你的学籍转过去。到此,你转专业就圆满成功了。

以上就是转专业的一些流程,说说我自己的看法吧。首先,对于转专业,我个人的看法是,虽然说你现在学习的专业可能不是你以后工作对口的专业,但是兴趣是最好的老师,或许学一个感兴趣的专业会让你的大学生活变得更充实。当然，很多人来到大学，对于自己喜欢什么都不太了解，如果你对于当前所学的专业不感兴趣，那么你可以在大一这段时间了解一下其他的专业（补充一句，大一上学期结束后是不能申请转系的），然后自己斟酌一下对于其他这些专业的兴趣。还有就是，你可能喜欢几个系不知道转哪一个，那么你可以首先分析各个系的准入条件，选择自己可以去的系；同时，你可以去查询一下那个系的课程，因为你喜欢一个系可能只是表面的一种喜欢，并不一定喜欢这些课程。

因为我是降级转的专业，这里特别谈谈对于降级转专业的看法。第一，你需要和家人慎重地商讨一下。第二，你得好好想想自己对于这个专业是否真的有很大的兴趣，值得你放弃现在所学的专业去多学一年；如果你的答案是肯定的，那么我很支持你去。第三，多学一年也有一定的好处，首先你可以在这一年少学一些之前学过的课程，同时这一年你可以有更多时间融入新的院系，学习一些其他的东西，干一些其他的事情，结交更多的朋友。总而言之，只要是你慎重考虑后的选择，可以大胆去做。

我再结合自己的经历谈一谈决定转专业的理由。我在高考填志愿的时候填的都是工科专业，但是被调剂到经管学院。最开始时没有想过转专业，因为觉得并不清楚自己真正喜欢什么。所以刚进了大学后，安安静静地读了一学期，在这一学期的学习中，我体会到了自己在经济管理这方面的兴趣索然，没有一种想去深入学习的感觉。尤其学院安排的职业生涯规划课，通过课堂上的各种自我探索活动，我更认为自己需要有所改变。所以我就在下学期去了解了一下其他专业。之前我也提到了，这是很重要的一点。

第一次转专业，准入条件满足了，但很可惜面试没有过，可能是自己的能力还有所不足吧。面试中，老师问到了我们对降级转专业的看法。我具体的回答已经忘记了，因为当时挺紧张的。但是后来仔细想想，我发现自己忽略了重要的一点，那就是自己转专业的目的到底是什么：是真的喜欢那个专业还是只是想离开现在的专业？这个或许也是大家在萌生转专业想法后都需要考虑的问题。现在我想，当时自己一直想转专业，哪怕是降级也不退缩，可能有一大半原因是因为就是想要离开所在的专业。

大二上学期，接触到了电工学之类的学科，发现了自己对于这方面课程的喜爱，以及一种希望能够深入探索的冲动。同时，由于一直以来对于物理学科的喜爱，让我觉得自己会更适合学习工科。比如看到相关内容时愿意马上上网去了解，哪怕是在打游戏，哪怕是在赶 ddl。所以我又去关注转专业政策。转专业政策大致没变,这次我选择了7系。

选择7系一方面是因为想转入2系的同学会很多,担心这次又过不了;同时因为自己的兴趣确定在工科院系,包括7系。与7系的教务老师联系后,了解到需要降级。之前已经与父母商量过可以降级,同时因为学习了职业生涯规划课,明确了自己的兴趣所在,更坚定了转专业的想法,所以果断地下了决定。

我两次转专业的原因其实差不多,都是离开经管专业到一个工科专业,只是在第二次的时候,我的意愿更加强烈。很多周围有些意愿的同学,听到要降级都退缩了。而我自己认为自己有充分的兴趣去学好转去的专业,同时自己可以让这多的一年发挥它的作用,所以我没有退缩。关于兴趣,我认为平时要多体会一下,感悟一下。就比如当你看到一堆分类的书籍(关于专业的),你更愿意在哪方面去看哪一本;在听到别人讨论什么(专业)的时候,你更愿意去多说几句。这些细节,或许能让你真正摸索到你自己的兴趣。我这里的只是个人的一些看法,如果你觉得还是不行,可以去看看关于兴趣的一些书籍,更加深入了解一下自己的兴趣所在。

再补充一下,当你有转专业的意向后,多与转入学院的教务老师、辅导员、同学了解情况,不要怕麻烦,多了解信息,搞清楚一点,这样把握可能会大一点。

以上就是我对于转专业流程的一些理解和自己对转专业的一些看法,希望对想转专业的你有所帮助。

教师点评:

文嘉是2014年秋冬我教过的学生。我还记得文嘉在课程结束后的总结中写道:"我定下了一个计划,就是在大二之前,不断挖掘自己的兴趣,明确自己的定位和目标,然后明确毕业后的方向,这样想好后前进时才不会有犹豫,而会执着地往前走。同时也解答了问题"为什么上大学"。"2015年春季,他成为我的科研小助手之一。然而很惭愧:由于2015年是我的多事之秋,组织的活动很有限。可我知道文嘉一直在不断探索的路上。

降级转系不是一个容易下的决心。文嘉在这里非常坦率地分享了自己的顾虑及持续一年的努力。然而,正如那句"磨刀不误砍柴工"的俗话:相对自己未来几十年将要从事的职业生涯,一年不算长。需要大家关注的是:文嘉的决心来自于对自己真正的职业兴趣的确认,而非冲着"热门"专业而去。

希望文嘉的经历对那些对本专业不满意、有转专业意愿的同学有所帮助。也祝愿文嘉在自己喜欢的专业领域取得成功!

航！——一位航空学院工科男跨转心理学之路

作者简介：黄璐，航空科学与工程学院2015级本科生，大二下决心转向心理学。该生这样介绍自己："一位抗争世俗、童心未泯、纯净真诚、情感丰沛、心如民谣、冒险不息、拥有灿烂的生命体验的独特的少年。"

我们要去往何方与我们的动机、理想、价值观、人格、思维方式等紧密联系。当你开始窥探自己的内心，并思考自己是什么样的人时，你会比以往更明白自己的方向。

"叮！"时间回到3月27日晚9:07。离远航网的本科生海外研习计划报名截止日期只有4天了。向美国教授和实验室发出了十几封信件，只回复了三封拒信。我开始灰心了。成功的可能性太低了。但渴望和自责驱动着我，我撑起一丝意志，抱着一点点的希望，去向远航网的老师求助。她回信鼓励我说，应该再发邮件询问一下，不要灰心！

就在我发第二批邮件后不久，这"叮！"的一封也许将改变我人生轨迹的回信，跨越太平洋飘落在我的手机上。我收到了来自Maria Gendron老师的回信，不可能仿佛变成了可能！那晚我激动得难以入睡。这位将于今年7月去耶鲁大学心理学院任助理教授的姐姐，认为我的兴趣和她的研究十分相符。第二天与我视频对话之后，她很快为我写了邀请信。我将去她目前在做博士后的波士顿东北大学的"多学科交叉情感科学实验室"，帮助一位MIT的研究生进行一个多月的数据分析研究，并受她和实验室教授的督导。

来自北航航空科学与工程学院的我，为什么会去学心理学？这个问题，便是这篇文章的价值所在。

当一名理想主义者和浪漫主义者坚持着这样一种信念，即"去做自己真正喜欢做的事情"时，他与现实的鏖战就开始了。我的战争种子才刚刚萌芽，远未到达经由风吹日晒而到达枝繁叶茂的生命程度。我要讲的，只是这一段开头的故事。

我的本性一直引领我的方向。在大学前两年，我的内心让我淡化我的专业——我并不感兴趣的工程科学。它暗示我说，世界上有对我来说更重要的事情正等着我去探索。于是我参加了无数的活动：学生会、社团、大量的讲座和演出，交到了很多朋友，以饥渴的开放心态吸收一切知识。慢慢地，我更加知道自己喜欢什么，我的活动方向集中在了文学、艺术、体育、学生会等上。在大二下学期时，因为某次重大深刻的转折，我开始深刻思考自己的内心和人与人间的关系，那片纯净的南湖化作了我的瓦尔登湖。

思考的结果让我明白，我的自由至上、理想主义、人文主义的价值观，我的开放的、感性的、文学性的思维，热情洋溢的、热爱冒险的、不拘一格的性格，以及数理能力的限制等，把我和高度理性的、需要满足各种标准的、约束性强的、数理能力要求极高、弹性和自由度低的工程科学分到了两端。在大三前的暑假，我决定在研究生阶段转向心理学。它以探索人、给人类带来幸福为目标，帮助我们理解自己和他人。它能和我热爱的文学和艺术结合，在我找到的所有专业中，也只有它最适合我学习。

大二暑期，我搜集了有关心理学的各种信息，并通过多种方式找到北大和北师大的所有心理学课程的课表，几乎选择了可以和我自己的专业课程错开的所有心理学课，在我的课表上，旁听课程占到了2/3还多。大三上开始我骑车奔波在三个学校，旁听各种课程，它们对我而言没有学分。

在北大，我去旁听了包教授的实验室组会；她也邀请我去旁听她的课程。在实验室举办的学术论坛上，我为我阅读的有关“情绪和决策”的英文文献做了展示。包教授实验室与一位欧洲艺术与科学院的院士教授合作，于是我也借此认识了这位德国教授。我向他写了一封信，全面讲述了我的思考和困惑。他和我面谈时，告诉我两点：第一，他用自己的经历告诉我，人难以直接到达自己的终极目的，人生是曲折前进的；第二，他建议我花一长段时间，去世界上游历、去寻找自己所爱。这也让我有了大四后gap一年的想法，因为学校有时对我是一种限制。

在包教授的实验室，我还认识了一些研究生的学长学姐，并和他们成了很好的朋友；我的学术眼界因此扩宽到了欧洲和美国。现在我正在帮一位研究生学姐做有关“德语诗歌与时间认知”的心理学实验。

在北师大，我认识了一个小团体、两位师妹和一位师弟，我和他们一起完成实验心理学的实验设计和实施。他们为我带来很多心理学的信息，特别是深度的友谊；我从他们身上学到的可能比在课上的更多。

一个学期下来，我认识了那么多新的朋友，他们就像另外几个世界的大门。我对心理学有了诸多的了解，它在很多方面与我设想的并不一样，它的科学性仍让我有不适应感。真正学习一门学科，和只从大概上了解它会有一定偏差。但是,也许科学都是艰涩无聊的,包括我喜欢的文学艺术。我甚至想过心理学也放弃而学习文学,但那或许很难。兴趣也许不能都成为专业,而需要深入的学术了解和一定的能力。心理学的研究领域极为广阔,我仍想继续探索。我用几乎无法完成作业的时间代价换取了对其他几个领域的基本认知。

为什么我能如此轻易地做出转专业的决定?时间限制、家庭和社会的要求、理想的程度等,都会成为改变现状的巨大阻力。有时世俗的力量过于强大,强大到我们生不出抗争的念头。有的人的终身理想是为集体献身,有的则是关注个体的终极,我便是后者。我的理想化的信念,我家庭对我的不约束,我对社会要求的忽视,我对他人轻易的信任,也许会让我以后遍体鳞伤,但这也成为我自由之心的根基。我知道我天性如何,我明白我喜欢什么和讨厌什么,我懂得一生的短暂,于是我将整个世界简单化,以天性和信念为灯,试着披荆斩棘,探索前人没有到过的所在。

我们理应去主动理解,推动我们前进的力量,究竟哪些是来自社会,哪些是来自自我。人们很难不从众,很难抛弃与周围人的一致性,去为自己的所想的而冒险。在蒸笼一样的中国也是如此。不要害怕去倾听灵魂的呼唤,问问你是谁,而不用太过介意他人如何看待自己。毕竟,这关乎真理。

人必须要永远坚持走一条路,才能不在竞争中落后吗?人的发展来自环境和天性(基因),让基因屈从被强加的环境,不如主动去探寻最适合的环境。不屈从于于曾经的决定一致,也意味着不屈从你的过去。把目光投向未来最重要。航船也许会经历很多曲折,但当到达终点时,它也许会发现所有的迂回都可被证明是值得的。但假如你还不知道方向,没有关系,那就努力保持自我吧。Stay true to yourself. 这里的保持自我,不是保持我们的负面,而是保持那些应该去珍藏的东西。

一年半后我也许会去欧洲或者美国读研读博,也可能空出一长段时间全部留给自己去做想做的事。到了新的环境后,我也有可能找到我更应该去追逐的方向,再次放弃过去所走的路。未来的一切都未成定局,因此充满未知和神秘的美好。

假如你有坚信的信念,也许应该坚持下去。当你提前了解自己的人生,也许你不再会去在意那些世俗希望你在意的事情,而去坚持那些更为珍贵的东西,比如你的心、你的信念、来自灵魂的呼声,还有你的没有被世俗化的理想。

教师点评：

有一句广为流传的话是这样说的："90%的大学生是在高考前一天选定的专业"。这样选定的专业有多大程度是靠谱的？进入大学后，有些幸运的同学验证了自己的选择，更多的同学发现自己高考后以为的专业和实际上差异很大甚至大相径庭！更遑论那些被调剂了专业的同学。发现自己并不适合所学的专业该怎么样？黄璐同学给出了一个非常棒的实例：通过自己不断的探索和积极的实践，一步步地接近自己心中的梦想。

相信有理想、善思考、勤行动的你也能够做到！

究竟是职业兴趣还是价值观？
——你选择专业的理由

北航生涯教育团队

生涯教育团队曾接到不少同学、老师及家长的来询。这些问题中，笔者发现了很典型的一类：到底应该如何判断自己的职业兴趣？在自己认为很"高大上"的专业领域，通过刻苦努力获得很好的成绩，算不算职业兴趣？

下面这位同学的留言，得到了不少同学的共鸣；还有同学专门通过微信发来这段话的截屏与我进行探讨：

"老师，其实这个问题可能大家身上都存在过，尤其是在大一大二阶段。我觉得，在选择进入一个新的领域的时候，兴趣的确很重要，但是如果只靠兴趣的话，不一定会走得很远。我们做纯科研也好，解决工程问题也好，走到一定程度以后，比如说研三或博二以后，这时候对成绩成果起主要支撑作用的，可能还是毅力和责任心。为了能做自己喜欢的事情，肯定要先做很多自己不喜欢的事情。觉得没有兴趣，可能是一种逃避，觉得自己没有像以前一样被认可肯定，存在感变弱了，就觉得越来越没兴趣。应该先问问自己想成为什么样的人，踏踏实实地去实现自己的追求和梦想，不要在意别人的目光和外在的打击。冲破自己加给自己内心的障碍。打破妄想，正视问题。"

这位同学的留言启发了笔者，觉得应该从价值观（与个人成就感、毅力和责任心相关）与职业兴趣互动的角度进一步进行分析。为了更好地呈现这个问题，先将一周前北航今年春季职业生涯规划课上的一位"大一理工男"小Q（他比较羞涩，放弃了这次出名机会，只好用这个名称代替了）与笔者的微信沟通记录复制过来：

小 Q：老师，我想问您一个问题：我在做《高中生专业选择复合测评系统》时发现自己特别纠结。我在做测试题时，做一题要自我斗争特别久，好不容易做完、还非常担心有没有哪里又是因为我要求自己这么做而选了某个选项。

老师：你说仔细些吧。

小 Q：我是这样一个人：比如 A 和 B 两件事，A 是我觉得应该做的，B 是我内心真正喜欢、天生热爱的事情，于是我心里会要求自己要做 A。事实上，如果我做了 A，自己感到的高兴丝毫不比做了 B 的快乐少。所以在做这些测试题时，我非常频繁地选不出选项来。

老师：你这是人们说的“上进”，其实涉及的是价值观层面的问题。

小 Q：就比如说看课外书：要说我喜欢看课外书吧，好像也没那么喜欢；可要说我不喜欢课外书，好像我在看课外书时能感觉到自己知识面有在拓展，所以又能感到满满的快乐。于是像这样的测试题，做一题我就要自我斗争特别久。好不容易做完，还非常担心有没有哪道题又是因为我要求自己这么做而选了某个选项，导致最后的结果可能不准确。

老师：嗯，你一直强调“应该”：我应该看课外书，因为这样能让我拓展知识面。这不是职业兴趣层面的“偏好”（preference）。所以，价值观是最终起作用的。忘记我是否在课堂上举过一个例子：我认识的好几位大 P 型人格类型的人都很守时、极少迟到，与大部分 P 型人格很不一样。后来我发现他们都是来自军人家庭，军人家庭的孩子从小被教育“守时、不迟到”是做人的底线，所以他们大都克服自己的人格偏好，能够做到守时。

小 Q：但是，我觉得“选 B”也是我的偏好啊！比如说我今天给自己制定了一个 timetable，然后晚上突然有一场同学聚会；如果我去参加，会有三分之一的任务完成不了，那我去参加以后经常会觉得：倒不如不去完成任务来得 self-content。所以有时候我觉得这样的偏执好像也成了一种 preference。

老师：价值观原本就是一项“偏好”啊！我们课堂上讲的“自我认知”的各项内容都是偏好。只不过按照自己的职业兴趣选择职业，会“乐在其中”，而非单纯地靠最后好的结果（成绩）来自我满足、自我激励。

小 Q：这可真要命！而且就像一句话说的：谎话说的遍数多了，连自己都信了。有许多“要求”，可能现在我都忘了当初那是个“要求”，都以为那是自己的爱好了。

老师：这也算是家庭教育的“成功”吧。你刚才引用的“高考志愿填报误区辨析"那篇文章中,我中学时喜欢化学,我同学的儿子喜欢生物,其实都不是因为职业兴趣,是"价值观"(成就感)使然,你现在理解了吧。

小Q:理解。我还得再想想。老师,我去自习了。

老师:好的,有问题再讨论!

大学生朋友正处于个人快速成长的阶段,"成就感"驱使是他们努力学习最主要的动力。很多同学选择大学所学专业源自"未来要做出一番超于常人的成就/惊天动地的事业"的理想,而非真正的职业兴趣。十七八岁至二十出头的年轻人,有这样的志向/理想是很值得鼓励的。然而,万一同学们的职业兴趣无法支持自己选择的专业方向,很可能在未来的职业发展中"壮志难酬"。

事实上,同学们的考试成绩并不能完全说明自己的职业兴趣与能力倾向。真正的兴趣体现在你从事该项活动/学习该门课程时可以废寝忘食且很愉悦,取得好的成绩后非常有成就感而非松了口气:"这次终于又过了!"

由于目前我国高中教育中很少涉及科学实验,一些职业兴趣倾向偏研究型(I)但实践型(R)弱的同学中学期间数理化都能够取得很好的成绩,甚至在省市级学科竞赛中获了奖。然而,大学进入工科学习可能会感到学习很吃力,尤其是有了实验课后,会越来越觉得困难。

总之,在成就动机的驱使下,同学们凭着较高的智商和刻苦努力,取得好成绩顺理成章;但这并不意味着你对这些课程真的有"兴趣"(职业兴趣)。

诚然,成就动机会使我们愿意付出高于常人的努力去学习一门课程;但是,假如你在某个职业兴趣倾向上有"短板",那是你无论如何努力,最终的成就都无法与在那项职业兴趣倾向较强的同学们相比。这个问题真的需要同学们认真思考。

很多同学都听说过一句话:"不忘初心,方得始终"。然而,根据畅销书《设计你人生:如何打造一个充实快乐的人生》(*Designing Your Life: How to Build a Well-Lived, Joyful Life*)的理论,"初心"可能会成为你人生的绊脚石。

40年多前,一部叫作《雅克·库斯托的水下世界》(*The Undersea World of Jacques Cousteau*)的纪录片风靡美国。小男孩大卫·埃文斯(David Evans)是这部纪录片的忠实粉丝,那时起他就打定主意,长大后要从事海洋生物学的工作。

高中毕业后,大卫以优异的成绩被斯坦福大学录取,并选择生物学作为专业方向。然而没过多久他就发现,自己对生物学丝毫不感兴趣,成绩也一塌糊涂。大卫的同学和导师都劝他放弃,他却要坚持当年的"初心",继续坚守。坚持了两年半之后,大卫终于放弃了抵抗。

回头总结时他发现:自己只是崇拜纪录片里的雅克·库斯托,并不是喜欢海洋生物学;小时候的生物老师善于激发学生兴趣,也让大卫误以为海洋生物学就是未来的事业方向。

那位曾经坚守"初心"的大卫,正是前面提到的那本书的作者之一。他主讲的同名课程"设计你人生"是斯坦福大学最火爆的选修课之一,曾帮助上千名大学生、职场人、退休高管找到人生方向。

未来几十年,职业类别、职场环境将发生翻天覆地的变化,同学们可以取得非常大的成就的职业也许目前还没有出现呢!因此,了解自己体现自己的能力倾向的职业兴趣才是最重要的。所以,请同学们放下心里的"应该",专注于专业课程内容本身与自身的互动,最终做出真正适合自己的专业选择。

我为什么一年内两次转专业?
——北航2015级女生从经管到高工再进华班的转专业经历

作者简介:方泓懿,高等理工学院华罗庚班2015级本科生。本科数学与应用数学在读,即将前往复旦大学大数据学院攻读硕士学位。

2015年秋季我进北航时是经管学院的新生。运用在大一上学期职业生涯规划课上学习到的知识,在接下来的大学生活中,我结合自身特点,思考、规划未来的发展,先从经管学院转到高工,后又转入华罗庚班学习。这里梳理一下自己两次转专业的经历和想法,分享给大家,希望能给即将选专业(换专业)的同学们一定的参考。

我的霍兰德职业兴趣测评结果是AIE型(艺术型、研究型、经营型)。MBTI性格测试的类型是ENTJ(外倾直觉思维判断),其中T(思维)和J(判断)的倾向很明显。从我的霍兰德职业兴趣倾向和MBTI人格类型就能窥见我转数学专业的原因。

下面是比较细致的回顾分析。

进入北航后,我在经管学院度过了充实愉快的大一上学期:在管理学的小组中构想规划资金百万元的大学城酒吧创业项目,在应用统计学的案例分析中探究全年蔬菜价格变动,形势与政策课上探讨公司的力量之创新先锋……我开始用经济学和管理学的思维理解和思考身边的事物,开始爱上团队合作并乐于通过展示和答辩分享团队的成果。

但是，现在的我，是华罗庚实验班的一名大二学生。已经适应并喜欢经管的我为什么会转专业到数学专业？这是若干个纠结之后的结果。

纠结一：要不要转高工？

大一下学期某个周五下午第6节课时，收到导辅员的短信“下课后来下导办，有急事找你”。紧张地去了导办，才知道教务老师推荐了我们大班3名同学参加高工二次选拔，我是其中之一；需要当天下午5点前决定是否申请二次选拔，填好并发送相关的信息表。

短时间里决定填表，当时有如下的几个想法：

1. 高工同学在大二可以相对自由地选择专业。高工在大一开设学科前沿讲座，将会有各个学院的老师为大家介绍不同的专业。我希望给自己一个了解北航各个专业的机会，如果觉得综合考虑之后仍然认为经管是最合适的选择，我可以再次选择经管相关专业。

2. 在经管学习一学期之后，我意识到自己数学学习相对浅显。有点夸张地说，我的数学学习约等于背下来几个公式，刷一刷题。即使我希望继续学习经济学，这也是不利于我未来发展的。高工很重视数理基础，也有非常好的师资力量。

纠结二：如何选择专业？

经管学院的本科生在大一下学期就要决定自己的专业，大一下学期会有各个专业的宣讲会，当时我只对金融工程和经济统计学感兴趣，就有选择地听了几场。在听过经济统计学的宣讲会之后，我意识到自己非常喜欢把一堆杂乱的数据变得有意义的工作，用王老师的话说，就是用数据讲故事，于是我基本上决定学习经济统计学。

然而，事情并没有那么顺利：因为是第一次开设经济统计学，经管学院并没有很多人选择这个专业。很遗憾，经管学院2015级本科最终没有开设经济统计学的专业。失落的我询问王老师、学长学姐和家里人的建议，老师和学长学姐给出的建议是可以选择金融工程、数学或计算机专业。金融工程在本科期间的课程与经济统计学相差不多；数学专业可以给研究生学习打下比较好的数学、统计学基础；计算机专业能提升我编程和处理数据的能力。

希望未来的自己能有更多的竞争优势，我首先排除了金融工程。因为我虽然身处高工，但还是和经管保持密切联系，如果选择金融工程，数学和计算机方面的能力很难有所突破，如果学习非经管的专业，也可以或多或少学习到经管方面的知识。不选择计算机专业的原因，我的想法挺简单的，就是不想码那么多代码，太伤眼睛了而且睡眠时间没有保障。

在高工，计算机专业是最热门的专业，我身边有一些非常优秀的同学在不了解计算机或不了解自己的职业兴趣的情况下，选择了高工的计算机班。有个别同学在大一暑期补课期间、机智地及时调换了专业，也有人在大二上学期，感觉非常不适应而申请调换专业。建议学弟学妹们选专业前多找学长学姐聊一聊，尽可能多地从学长学姐那里得到相关专业的信息，从他们的课表里大致就可以推测未来三年的学习生活是否充实而美好。

于是，现在的我，一头扎进了数海。缺少数分(一)的功底，很多本质的东西理解得不到位，学起来常常力不从心。幸运的是，数学的美一直带给我震撼，让我即使被它折磨得心力交瘁也还喜欢它。如果让我现在反思当时的决定，我会选择去数学学院而不是华罗庚班。华罗庚班的课程压力比普通班大，并且是用培养数学家的模式对学生进行培养，学习的知识更偏重理论而不是应用。而如果在数学学院，我可以自由支配的时间更多，更有利于我学习一些经管的知识、扩大自己的知识面。这学期，我选修了博弈与社会，时不时去蹭宏观经济学的课，参与应用统计学、概率统计小组讨论，期望在学习数学理论的同时还能保持一定的经济学思维并把所学知识应用在具体的例子中。

阅读《究竟是职业兴趣还是价值观？——你选择专业的理由》一文后我陷入了思考：职业兴趣和价值观都对我的选择产生了一定的影响。首先是通过职业兴趣，框定了数学、金融、计算机的方向，然后结合“走得远”的价值观选择了数学专业。就像博弈课上段老师的观点，路程对于时间的高阶导数，阶数越高越重要。现在的我，与典型的经济专业的学生相比，专业知识差距不少，但是相信三年多的数学积累会是最好的助力。

我仍然会时不时迷茫，不确定自己学习的这些知识能在未来的发展中起到什么作用，不确定自己的决定是不是适合自己，有时也会浮躁，做一些没有必要的尝试。不过，正如老师在课上教导我们的：迷茫的时候，就去学习、充实自己。我选择把这些令自己迷茫的问题交给时间。

最后祝有梦想的各位抵达属于自己的远方。

教师点评：

认识泓懿是2015年9月经管学院大一职业生涯规划课的课堂上。在外向型学生众多的经管学院，自称“外倾”人格的泓懿显得较为沉静，她肯定不属于内向的孩子，但那沉静更多的是源自她对新事物的深入思考。泓懿给到的印象是“秀外慧中”，清丽聪慧的容貌，还有一笔足以令她在同龄人中脱颖而出的好字！泓懿的结课作业是手写的，写出了自己学习课程后对未来的深入思考;很可惜我一时找不到那份作业了(应该藏在我已经拥挤不堪的办公室的某个角落中),给我留下深刻印象的是作者希望未来能影响世界的决心与勇气!

再后来得知泓懿转到高工了。去年秋季开学,我准备给2016级同学上职业生涯规划课了,就邀请了一些2014、2015级的同学写一写上课的感受,泓懿在受邀者之列,她写的内容恳切且有高度,充分显示了其N型人格特质和I型职业兴趣;那时她已转入华罗庚班学习了。

此次再次邀请泓懿成文,是因为我知道她两次转专业都是经过了认真思考,而且借鉴了职业生涯规划的相关理论与方法。

如果你也正酝酿着转专业,请你仔细读一下:你为什么转专业?你真的考虑清楚了吗?

感兴趣的事情养不活自己该怎么办?
——浅析职业兴趣与职业的关系

北航生涯教育团队

最近接到一位对自己的兴趣及专业迷茫的文科大二女生的邮件,提到:"我原本想读心理学专业,但后来觉得养不活自己就放弃了。"

担心自己喜欢的专业不能养活自己,这可不是个别人的想法。法国著名作家雨果的名著《巴黎圣母院》中:女主人公艾斯米拉达因为善良嫁给了一位她自己并不爱的穷困潦倒的诗人;诗人说了句很有趣的台词:"你知道,诗歌养不活诗人!"

一位相识多年的同行、北师大心理学院博士毕业的高老师最近接连写了五篇有关兴趣的文章,都是针对在校大学生的困惑进行探讨的。其中一篇的题目是《兴趣不能当饭吃,怎么办?》本人的留言是:"不能当饭吃的兴趣应该不是职业兴趣吧!"

有细心的同学读了前面两段,可能看出了逻辑漏洞:"诗歌养不活诗人!"和"不能当饭吃的兴趣不是职业兴趣!"有矛盾啊!我们已经听过太多穷困潦倒的画家、诗人、文学家的故事:从唐朝写出"贫贱夫妻百事哀"的元稹,到写出传世巨著《红楼梦》的曹雪芹;从作品屡屡创出拍卖会新高的画家梵高到去世后作品被膜拜的卡夫卡……按照之前文章中对职业兴趣的定义——"职业兴趣"简单地说,就是你从事这项活动(学习这门课程)能够乐在其中,投入同等时间能够取得比与你同智商的人更好的成果/成绩。难道说这些画家、诗人、作家的兴趣不是职业兴趣吗？

上述艺术家们的兴趣当然是职业兴趣！然而，他们不幸生活在艺术作品与商品完全割裂的时代，艺术作品不能直接商品化，更没有货币化！虽然我们国家古代已经有了“润笔费”，但只是极少数顶尖的名人才有的待遇：毕竟那时候只有极少数人才具有足够的审美情趣及与此相匹配的“家底儿”，大部分人们都在为温饱而奋斗，对于艺术品的欣赏远未达到需要购买来放到家中摆放的程度。同时，人们对艺术品类的欣赏有一个接受过程。比较典型的是小说：东西方都有一个认为“小说难登大雅之堂”的阶段。曹雪芹那个时代的文人，主流意识仍然是认为写诗、作画才是艺术，而“艺术”是无价的，只能是有钱有闲文人的“雅好”；写出《傲慢与偏见》《理智与情感》等名著的简·奥斯汀之所以能够在那个时代一枝独秀，重要原因之一是那个时代有名的男性文学大家都在写诗，不屑于写小说这种读者以闺中少女、家庭主妇为主的作品。画家黄永玉说过：“（法国）印象派画作是被骂出来的！”最初人们并不接受；梵高的画作也是在其去世后才受到越来越多的人认可、追捧。因此，可以看到：一方面是“艺术是无价的，不能商品化”，艺术品很难换来钱，大部分艺术家为了生存，只能将兴趣当爱好而另外找份工作了。另外一个现象是，人们对于艺术形式及艺术品的欣赏与接受有个过程，不是所有的艺术品都能够很快被人们接受，愿意花费金钱去欣赏；那时候的艺术家也只能以兴趣当爱好。本文开篇的大二女生提到的“心理学不能当饭吃”也是类似情况：比如说目前人们对心理咨询的需求是隐性的，很多人有心理问题却不敢求助，也有些人对于“花钱去买一份不能确定其效用的（咨询）服务”还不能接受，造成了心理学的实际应用不足，导致“学心理学养不活自己”的现象。殊不知，在欧美等发达国家，心理咨询师收入不菲。几年前，名人洪晃曾在采访中提及自己在纽约找心理咨询师的情形：自己倾诉两个小时，付给对方200美元呢。

所以说，随着商品经济的发展和人们生活水平及受教育程度的提高，人们对于艺术品的欣赏有了广泛的认知，对于咨询类服务也将越来越接受，如果真的是你的职业兴趣，肯定是能养得活自己的！

祝愿同学们都能找到自己真正感兴趣的专业方向。

本科生涯三问：我做过什么？我会做什么？我想做什么？

作者简介：陈佳玉，高等理工学院2013级本科生，主修自动化专业，首届沈元奖章获奖者之一，致力于生物医学大数据的分析，同时也对可穿戴健康管理设备的研发感兴趣。2017年9月进入瑞士苏黎世联邦理工大学攻读生物医学工程硕士。

写在前面的话：

我并不认为我的本科四年过得很完美。相反，我倒是认为很多关键地方并没有做好。在回顾我的大学四年后，我选出了对我来说大学最重要的三点收获。这既是对自己的反思和激励，也是想和大家一同探讨怎样才能不辜负这人生的黄金四年。每个人都是独特的，因此请大家结合自身实际情况，加以批判、吸收。

一、弱水三千，只取一瓢饮

我有一个爱好，收集书籍。但是惭愧的是，我收集的不是纸质书，而是影印版的PDF。

不知道多少次，在课堂上、知乎上、朋友聊天时听到一本被力荐的书，我会毫不犹豫，打开不同搜索引擎，尝试不一样的关键词，进入各类网盘中寻找电子版，还要追求高档次，非英文版不要。无论文学、政治、经济、历史，还是数学、物理、编程、计算机，学科范围广到我自己都害怕。

然后呢？大概率我会扫一眼目录："哦，原来这本书讲这些东西。嗯，懂了"，之后心情愉悦地关闭Adobe PDF Reader，仿佛已经接受了知识的洗礼，整个宇宙都在我的掌控之中。

有时我真的会打开书，看上那么十几页。也许前半部分感觉还不错，读起来还算轻松，可一旦各种奇怪的公式、名词出现后，我会发现阅读速度直线下降，于是索性安慰自己，先等等吧，以后再看。

所以第一点我想说的是专注。大学和我们过去所受到的十二年教育相比，最大的不同在于，我们有更大的自主选择权。这也直接导致了两个不同时期"专注"的难度的巨大差异。高中时，专注当然也不简单，但至少我们的目的是明确的：尽最大努力在高考中考个高分。除此之外，我们大多数人没有别的选择，埋头苦干就是。可是大学就像是一个巨大的交通枢纽，通往天南海北的列车都在我们眼前，此时专注的最大的对手是“不确定性”：我们不知道自己是否适合学这个专业，做这个项目，加入这个社团；我们不清楚这个时间是否值得花。

对于此，我的建议是：只做一件事。选择一本书、一个社团、一个项目坚持下去。大学阶段学习具体的本领固然重要，但是更重要的可能是训练自己的“学习能力”。任何本领都存在一条学习曲线与之对应。这条曲线因人而异，因具体的本领而异。但我们可以感觉到，每一条曲线都会有一段爬升非常缓慢的时期，俗称瓶颈期——期间我们可能尽了很大的努力，却发现进步很慢。

这段时期我们不仅要学会寻求更多的外界帮助，搜寻更多资料，还要懂得和自己的内心的怯懦做斗争。我们很容易在这个时期放弃，可一旦有了一次成功跨过学习曲线瓶颈期的经历，我们将掌握宝贵的经验，而这份经验很有可能迁移到其他领域的学习中去。

相反，如果我们一直东张西望，总是在试图寻找“更适合自己的”，则永远也跨不过瓶颈期。甚至，即便遇到了所谓的“适合自己的真爱”，很有可能还是会栽跟头。毕竟，所谓“在某一领域有天分”，只不过对应的学习曲线更加平缓，瓶颈期更短而已。可这绝不代表没有瓶颈期。因此，我建议大学的开始阶段，专业学习、兴趣爱好、科研项目等大的板块分别只做一件事就行，坚持下去，给自己足够的时间去体验整个学习曲线。

然而，对我们很多人来说，要同时做好三件事确实太难了。因此，需要给这些事情划分优先级。对此，我的建议是：将最不熟悉的、觉得最困难的项目放在前面；将自己最熟悉的部分放在最后。

以我自己为例。我是个土学霸，除了学习什么都不会。因此，参加各类艺术活动、体育活动对我来说就非常困难，搭个电路对于我这种“手残重度患者”也不简单。学习虽然同样不轻松，但是我熟悉套路！看书刷题嘛。因此，在我没有给自己订立优先级的情况下，往往在其他方面遇到困难时，我就会本能地给自己找借口：咦，我还有一大堆作业要写，要不先把谱子搁着？于是我又一次非常遗憾地错过了一次提高自己音乐素养的机会。

所以，这个建议的目的在于把我们带出舒适区。当你确定了每个板块要坚持的一件事，就从自身对这些板块的熟悉程度去选择。衡量利益是十分复杂的，受到各方因素的干扰；但是了解自己的能力相对来说是简单的，将最不熟悉的排在首位，会让我们的能力半径越来越大。

在大学这样一个人生最重要的交通枢纽站中，我们是自己的首席指挥官。火车站有十几层，每一层都有上千列火车。咱们可以尝试，在横向上，每一层只看准一班列车，每一板块只选择一件事坚持下去；在纵向上，依照自己对每一层的熟悉程度进行排序，让自己最没把握的那层列车先出发，先做自己最不擅长的事。

二、自古华山并非只有一条路

大三时，我曾写封邮件给学校的一位老师，请求加入他的实验室，信中还非常自信地附上了自己的成绩单。本以为老师会很欢迎我，给我派活儿，结果老师邮件只回复了三个问题，“你做过什么？你会什么？你打算做什么？”。第一次遇到这种简单干脆却又饱含深意的问题，我完全是懵的。

后来准备出国留学，所有学校都需要写个人自述（Statement of Purpose），其中很大一部分内容又是在解决这三个问题。于是我又反反复复地问自己：“我做过什么？我会什么？我打算做什么？”实不相瞒，我觉得回答这些问题很难。

为什么呢？其实我是有答案的。我可以回答：“老师，我上过××课，我会刷题，我期末能考个好分数。”但是大家觉得如果你是老师，你会喜欢我的回答吗？

这么多年过去了，我眼中只有一条路，就是“上课，刷题，刷分”这样一种得到充分训练的路。不知道做什么，就撸起袖子加油学呗。这是我长久以来盲目认定的路。

但是这样做很有风险，简单地这样走下去，可能到毕业了什么都不会，或者说即便有一些技能点，但却发现这些技能点在社会上的需求量非常小。许多人在进入大学之前，对自己所学的专业并不十分了解，不清楚这个专业需要看重哪些能力，又能够从事什么样的工作，这就造成学习兴趣低落或者盲目学习。但其实最棘手的倒不是那种一进大学就对自己的专业非常失望，完全学不下去的人——这些人有可能已经发现了自己真正的兴趣所在，会努力在现有条件下转专业，跳坑。棘手的是那种对一切都感到OK，只要给个东西，按照学校的课程安排，学下去就行。到头来就可能有“苦读十八年寒窗，数万学子血泪控诉史上最难毕业季，名校硕士：早知道当年怒转CS”。

因此，“盲目地撸起袖子加油刷学考”确实是一条省力的路，但它同时也是一条有风险的路，是一条一直被牵着走的路。我们要经常问自己这三个不同时态的问题：“做过什么”（过去时），“会做什么”（现在时），“打算做什么”（将来时）。我们应该广泛了解职业信息，并结合社会需求、行业趋势、个人兴趣来逐渐清晰“我们打算做什么”。

当我们非常幸运,已经找到了一个"将来时"的答案,却发现自己的能力储备和想做的差距太大时,怎么办?别慌。同样幸运的是,在当今的信息社会,网上各种学习平台,论坛资源都非常多。同时身处北京的我们,千万不要忘记这是一个聚集了全中国一流甚至是最好的资源的地方,多关注相同志向朋友的动向,多搜寻信息和机会,咱们还是有机会补上专业课上的不足的。但是,当然,这条路必然比"盲目地撸起袖子加油学"要困难。说一句俗话:"当你真正想做一件事情的时候,全世界都会为你让路"。社会上不缺能把分数考得很高的人,缺的是有热情并且能专注的人。

三、逢山开路,遇水架桥

遗憾的是,"跳出舒适区"的过程容易让人挫败,产生习得性无助,甚至患上焦虑症。因此第三点来探讨一下心态。

大四上学期,正是申请材料准备的关键时期,我觉得个人陈述真的很难写。尤其是,申请不同的学校还要写不同的个人陈述。十几个 deadline 背在身后,确实不轻松。有一段时间,什么都不想做,就待在实验室里,看着时间一点点流逝,却还是忍不住关闭了 Office Word,内心毫无波澜地打开了爱奇艺和 B 站。

学会调节自己的心情是一个很大的课题,我不是专业人士,没有办法给大家系统的建议,就在这里尝试着给大家三点小建议,希望对大家有帮助。

第一点建议是"设计分层目标"。美国心理学家弗卢姆曾提出过了"期望理论"。根据这个理论,一般来说,我们握紧拳头想要完成的事情一定对我们很有价值,因此"效价"的问题不大。问题通常处在期望上:大多数时候,我发现自己容易把目标定得太高,想要一次性把问题解决,这就造成自己在不断提出新问题又不断否定自己的怪圈子里难以自拔。

就拿写这篇稿子来说,我又犯了老毛病:我想要一气呵成,四个小时搞定它。但是我发现根本做不到。多少次,头脑中想了一大堆,可又再不断否定这些思路。我明明可以写很多出来,可是编辑器中的字数统计还是一动不动。最后索性窗口一关,大气一出,狡黠一笑,我又一次内心毫无波澜地打开了微博。

这个目标定得太高了,以至于我对这项任务能够完成的期望不断下降,继而导致我的动力节节败退,可谓是"一鼓作气,再而衰,三而竭"。"一气呵成"就要求我一次性写出来的东西不能有大的逻辑错误,高一点的要求还需要可读性强。但这种极高的要求让我发现,想了整整两个小时,都给不出一个 perfect solution,于是没了兴致,打出 gg。如果这个时候,咱们目标订得低一点：不要求一次性给个终稿，仅仅把整个段落的框架写出来；不要求前后逻辑严密，只要有观点有论据就行；不要求可读性强，只要是中文就行（这有点过分了），那么我们会发现这个任务瞬间容易不少。期望上去了，动力自然也就上去了。

出国申请或者填报志愿的时候选校讲究冲刺校、稳定校、保底校。我想，我们给自己定目标的时候是否也可以尝试多订几层目标？工作达到了保底目标就不用慌了，达到稳定目标说明状态不错，可以小小奖励自己多看一集，如果运气好到爆炸冲刺成功，不要多说了，谢谢大家我今天就要把剧刷完。学会讨好心中的野兽，路本来就那么艰难了，就对自己好一点。

第二点建议就是“只做一件事”。是的，就是专注。有时候人品不在线的时候，所有的事情都堆到一起来了。我们可能发现忙活了一天，什么事都还没做完，想着“明日复明日，明日跳票吧”，自然就容易放弃。因此，越是事情堆积的时候，越是要一件一件地处理。压力和工作量不是一个线性关系，当我们看见事情一件件解决时，运气也会好起来。

最后，就是这个小标题“逢山开路，遇水架桥”。不断暗示自己，总有办法，还有机会。百度搜不到，试试必应；张三不会，问问李四；今天解决不了，说不定明天咱们脑回路就对了，顺利解决。很多时候，不是现实给予我们残酷的谢幕，而是我们自己早早选择退出舞台。

衷心希望大家都能在前行路上，披荆斩棘，将天下大好山水收入囊中。纵使一路磕磕碰碰，但总有美景相伴。

教师点评：

陈佳玉学长自称“土学霸”，专注行走在学术道路上，拿到首届沈元奖章，原本主修自动化，现在又要去瑞士攻读生物医学博士学位，妥妥的人生赢家模式；然而从他“关掉 Word 并且毫无波澜地打开爱奇艺和 B 站”可以看出，学长也有平凡可爱的一面。这里的故事都属于“普通的人”，所谓大佬，所谓成败得失，不过都是后人评说。开心悲伤，前进后退，努力地活着，这里就是生活的倒影，愿每一个迷茫不知所措的灵魂都能找到自己的归属。

“胳膊”就是这么扭过了“大腿”——兼谈对 Gap Year 的决策过程

北航生涯教育团队

不少在校生家长朋友经常这么说：“我们这个年龄，跟不上新时代的速度。见识和阅历真的不足以为孩子决策。”“我们这些做家长的:在孩子自己的人生长跑中,学会做个鼓掌的人。”“在孩子自己的人生之路上,我们做家长的应该尊重年轻人的选择！向年轻人学习!”……

看起来好鼓舞人心啊！可到了实践操作层面,很多同学都觉得要想说服与自己意见不一致的父母,真的很难。具体该从哪些方面跟家长讲道理呢？下面,我们看一下来自北航2014级、今年考研失利后决定跨专业申请留学的C同学与父母沟通的过程。

C同学:爸爸妈妈,今年我考研失利。扪心自问,问题出在了自己过分自信与努力不足。这几天综合考虑,我全面比较了再考、调剂研究所、当年出国和Gap一年出国等出路,结合自己的性格特点和职业志向,决定选择Gap一年、换读工业工程专业,力争明年9月份去美国留学,希望能得到你们的支持与理解。

C爸爸:儿子,先别忙作决定啊！快抓紧时间选一个211、985高校,选一个调剂志愿专业方向。本科北航和你这个分数在这些学校还是非常有竞争力的,不要浪费这个机会啊。去不去是另外一回事,不调剂是一个策略错误。

C妈妈:寒假在家的时候也没有想到今年的分数线是260。儿子,希望你时刻套用“随机应变是最大生存本领”这一原则。前几年高考选校的时候你的“一根筋”害了你,这一次不能再因为虚荣害了你。你处理问题有些太过于急功近利。

C同学:我明白你们对我的关心:希望我考虑问题全面一些,想让我尽快有学上,结束这不确定的生活。不过,我有几点需要说明:

1. 择校问题。目前985、211的录取工作大多已经结束,现在再想调剂去别的学校,别说985了,就是普通211都很困难,而且你们不要看分数线在260就如何如何。以北航为例:今年学校分数线310,但是我们学院部分方向录取线涨到了380以上,所以以我这个成绩和目前的时间,留给我的只剩下没人报的学校的没人报的专业,况且我这几个月完全没有准备复试,再考虑调剂很困难。

2. 关于出国留学。留学这条路我是经过深思熟虑的。一方面,你们也看到了,目前国内的就业形势,大型500强企业现在很多都倾向于要海归硕士以上了,国内研究生竞争力相对越来越低;另一方面,我目前有个不错的教育背景、一份暑期学校经历、一份创业经历及一份500强的实习经历,凭手里的牌可以申请到一个不错的国外学校,我真的不想把这些东西放弃。其次我一直希望通过出国改变自己的学习方向,去学习工业工程,将来做工程管理工作，因为我知道自己的职业兴趣是企业型社会型的，做纯技术既不是我兴趣所在也不是我的目标。国内的工业工程专业尚处于起步阶段，除了清华天大，别的学校都比较弱，而我目前的状况很难进入这样的学校就读，所以考虑出国。

3. 关于虚荣问题。我觉得选择留一年出国这条路是走出了自己的舒适圈。未来这一年需要天天实习、准备语言、选择学校等活动，而选择调剂在国内读研我就可以很轻松地随便找个学校，9月份按时报到就好。但是这件事情无所谓虚荣不虚荣，而是我站在自己长远发展的角度考虑做出的决定。我要是真在乎名声，当初就选择去三院了，既好听又轻松，但是我不愿意就这么苟且下去，去一个和我规划不一致、与我的兴趣相悖的地方。目前北京的研究院唯一的优势就是提供北京户口，看为了户口而就业，有什么意思？况且要做一辈子研究工作，我是拒绝的。

最后，既然我选择了换方向出国留学这条路，我就会全力以赴的。真心希望你们能够支持我，给我力量，让我有勇气走下去，而不是把我拽回来、让我再试试其他的路；那样会动摇我的决心与前进的动力，于事无益。

C妈妈：儿子：在大事决策前，我会不断给你设置障碍，让你想明白想清楚、不断打击你，让你受压力和挫折，这样才能珍惜你的选择。如果你彻底想清楚，义无反顾不后悔，自己选的路跪着也要走完！我支持你的最终选择！

C爸爸：最近思考了很多事情，有两点对我非常重要，也想让你知道。一、人生怎么过，都是人生经历。二、令我欣慰的是，初中时你就是个要求自己做正确事情的孩子。我和妈妈接受你的任何状态！迟一年就迟一年，相信这一年的每一天都有意义。所以，不要太多考虑得失，太多考虑爸爸妈妈的喜好。

看了C同学与父母沟通的过程，同学们有感觉了吗？胳膊与大腿是永远的血脉相连。几乎没有哪位父母是专门要跟孩子"作对"的，只是双方的视角不同。曾有一位同学的感受也道出了此类问题的关键点："一般情况下，爸妈都会有一个妥协的过程，就是一个观察期，很多时候爸妈不是看执行结果怎么样而是看态度！就好比"假如自己和爸妈说要出国，然而爸妈观察到你没有认真准备语言考试"，爸妈就会整体否定我们的计划，并且认为我们没有执行的能力。因此在制定与执行过程中，时刻与爸妈沟通反馈，接受他们的意见也很重要。"

当然，另外一个问题就是谭建伟老师指出的：中国传统文化经常会以"爱"的名义干涉自己最亲近的人的生活（曾有文章指出中国人普遍缺乏"界限”意识)。其实双方的目标是一致的,问题出在“60后、70后的父母喜欢用自己80、90年代生活积累的经验指导95后去面对20后的职场和生活”。因此,谭老师建议95后的同学们:要告诉你们的父母现在真实的外部世界(前提是你弄清了真实的外部世界)另外,你们也可以问他们一个问题:您是希望我“成功”或听话,还是希望我幸福?

在C同学的案例中,一方面,C同学先是“以理服人”:根据自己的性格特点、职业兴趣和志向,结合当前面临的条件及局限,指出了父母极力主张的“调剂”这一选择的弊端,论证了自己提出“换方向申请留学”的可行性、阐述了留京工作对自己缺乏吸引力的原因,表达了“自己将全力以赴”的决心;最后则“以情动人”,恳求父母的支持。C同学的父母虽然开始力主孩子调剂,甚至怀疑孩子不肯调剂是因为“虚荣”,但能够仔细倾听孩子的声音,在看到孩子提出的理由很充分后,特别说明了对孩子选择“不断设置障碍”的原因,表达了对孩子行动的期待与支持。这一家人能够彼此信任,充分沟通,真的值得同学们及其家长参考、借鉴啊!

接着C同学的案例,下面我们再就近年来越来越多的本科毕业生选择Gap Year这一话题再展开一下。

Gap Year意为间隔年、空档年,是西方社会通过近代世界青年旅行方式变迁总结出来的概念。大概意思是西方国家的青年在升学或者毕业之后工作之前(近几年越来越多21到23岁、已经获得学位的年轻人也开始给自己一个空档年)做一次长期的旅行(通常是一年),让学生在步入社会之前体验与自己生活的社会环境不同的生活方式。

这两年,笔者教过的好几位北航学生都选择了Gap Year,理由各不相同,下面简单分析、说明一下。

一位是2013级、目前已被香港科技大学2018年金融数学硕士项目录取的王珂瑶同学。珂瑶本科期间的规划是毕业后去美国留学。然而,毕业前夕,她认为自己各方面的条件都不具备申请到足够好的美国高校的硕士项目,就决定Gap一年。在此期间,珂瑶申请到了去香港科技大学做RA的机会,最终通过自己的努力,不仅出色地完成了RA四个月的工作,获得了7个月的延期,也拿到了9月份入读金数的offer。

另一位是北航2013级的典型工科女生,她最初选择Gap的目标是换专业留学。不过,在准备的过程中,她重新梳理了自己的思路,加上机缘巧合,半年后选择了直接就业,将来再择机深造,目前整体状态很不错。

今年即将本科毕业,已经决定Gap一年的经管学院云舟同学是这么考虑的:

考虑了很久，还是决定 Take A Gap Year.

在生活节奏极快的现在，这其实是一个挺痛苦的决定：你要看着周围的人开始为自己紧接着要面对的生活规划，忙着考试、入学、去另外一个国家开始新的生活，而你自己看起来似乎只是停步不前。你的同学会变成你的学长，你的学弟学妹会变成你的同学，不管这对你的生活是不是造成了影响，但听起来总是怪怪的。

但是，仍然，我觉得 Gap Year 对自己来说很必要。

首先，客观上来讲，Gap Year 给我更充分的时间来准备申请留学，而不必在课程最密集的大三还要同时面对 G/T 考试的压力，让我能够稍微从容地处理自己的生活。如果还能在 Gap Year 中安排一些自我提升的项目和经历，对于整个职业生涯都会有很大帮助。

其次，不知道大学期间，大家有没有觉得自己有太多想做而没有去做的事情：系统地学习一项技术、掌握乐器、和恋人长途旅行、长时间地陪伴家人。而 Gap Year 可以让我们从不断攀升的节奏中暂时停下来，略微弥补一下那些我们可能会在日后懊恼的遗憾。

我的计划是这样的：

- G/T 考试刷分
- 带父母做长时间的国际旅行
- 继续学习、练习手风琴
- 机会好的话、也会去实习

最后，我认为在咱们国家，我们这一代年轻人是很特殊的：本文的主要读者、包括众多在考虑是否要 Take A Gap Year 的同学们，大多出生于 20 世纪 90 年代，因为计划生育政策，大多是独生子女；国内经济的发展使得我们很多家庭具有基本的经济能力，有些甚至还能够在经济上和精神上长久地支持我们去追求自己喜爱地事物；同时，互联网的普及使得我们获取信息和理解世界的方式与前一代人迥然不同。所以，对于我们而言，人生中重要事物的排序也将是不同的，我们会更早地去思考自己想要什么样的生活。既然这样，那为什么不给自己多一点时间去观察这个时代，然后冷静地思考呢？

云舟同学是 2014 年进入北航学习的；在那年秋季的职业生涯规划课上，他总是一脸严肃、非常认真地坐在第一排听课及组织和参与讨论，身为组长却将所有的荣誉让给了组员。几年来，我们多次深谈，看到他的成长、成熟。得知他选择 Take A Gap Year，我先是有些意外：他可是曾经因为大一期末高数“只考了 91 分”而懊恼的学生啊！可了解到他整个计划及其思考的过程后，我非常理解并支持他。

当然，对比欧美学生的 Gap Year，目前我国选择 Gap Year 的大学生基本上都是尚未拿到满意的升学/留学 offer、计划接下来一年中继续申请者；这是由我们国家的国情决定的。

最后，提醒同学们在选择 Take A Gap Year 前，要做充分的调研和分析，同时与父母充分沟通，取得他们的理解与支持。归功到底，社会的进步表现在人们有机会过自己希望的生活，同学们的各种选择都能得到尊重。希望同学们都能活成自己想要的样子！

第三编　生涯决策与行动规划方案(30篇)

编者按：

本科阶段，面对考研、保研、出国、就业、创业等多种选择，很多同学往往举棋不定甚至手足无措。的确，在这些不同生涯决策中做选择并非易事。

现实生活中，大学生的生涯决策困难普遍存在，原因也多种多样：有的是因为不能够正确地认识自己，有的是因为对于专业发展前景和职业要求不够明确，更多的是对自己的职业生涯没有清晰的思考与规划。这个时候，不妨看看那些跟我们有相同经历的学长学姐们，他们在面临选择的时候是如何思考的，又是如何行动的。或许我们能够从他们的身上看到自己。

本章精选了30个北航本科生职业生涯规划及方案实施的案例，从大一暑期的助研活动到大二、大三暑期的实习实践，从到国外大学的交流交换学习到在读期间的创新创业，从本校本专业的保研、考研到跨专业、跨校的保研、考研，……学长学姐们一方面不断深化自我认知，另一方面持续拓展对专业、行业、职业的探索，最终找到了最适合自己的方向，并通过持续的努力达成了目标。

他山之石，可以攻玉。职业生涯规划案例的最大作用就是，案例本身不会告诉你你应该怎么做，而是会向你传递这样的信息：你看他是这样做的，好像也很不错。

1）大一暑期的大创＆助研项目：最难忘的人和事

2）大二暑期实习：事业单位内的体验

3）大二暑期：做一期与专业相关的实习

4）决定留学之前，不妨先出去看看

5）天高路远，你想去哪里——阿里巴巴暑期实习并获得offer经历分享

6）前方的路黯淡无光，是在等我前往照亮——获清北硕士录取通知的感想

7）我的大学四年：从迷茫，到思考，到主动去寻找，再到做出选择

8）四年里的三个路口——记我在本科阶段的三次重要选择

9）二学位、本科专业、学生干部、科研导师——我本科阶段的四次重要决策与实践

10）本科阶段在自我认知和行事方式上的两次转变——一位北航工科

学霸的大学生涯回顾

11）我的大学：迷茫中探求兴趣，笃行中选择方向

12）高考踩线进北航，毕业直博到清华

13）从数学到金工：学会将自己不擅长的事情做好

14）不追忆、不刻意、不奢求、不挽留——毕业之际说给学弟学妹们的话

15）积极适应环境、主动创造机会——一位艺术生的北航求学之路

16）从经管学院到计算机学院：横冲直撞的本科四年

17）10年之后，我会在哪里？——大学时期的思考，兼谈考研调剂

18）没有明确目标前，行动是最好的选择！——考研失利、春招成功者的分享

19）读研or工作，选择最适合自己的道路——一位北航工科女的本科生涯回顾

20）北航生物医学工程本科如何进入四大会计师事务所

21）放弃保研，直接进入职场——我只是选择了一条更适合自己的路

22）一位“建模”大咖的成长之路

23）本科四年：我和科技竞赛的那些故事

24）对自己和未来都迷茫的人，如何过好大学四年

25）跨专业申请到康奈尔大学攻读数据挖掘——一位北航经管女生的独特经历

26）海外深造，另辟蹊径——八系学姐留学德国经验分享

27）Gap Year的一种模式——港科大RA经历及职业规划浅谈

28）大一期间就尝试创业是一种什么样的体验？

29）工科生创业，不应该是一场冒险

30）我所做的，只是不遗余力地做最好的自己

大一暑期的大创 & 助研项目:最难忘的人和事

作者简介:刘佳辰,交通科学与工程学院 2015 级本科生,主修土木工程专业。曾获全国交通科技大赛一等奖,美国大学生数学建模竞赛 Finalist。以推免夏令营第一名的成绩被上海交通大学船舶海洋与建筑工程学院录取为 2018 级研究生。将于研究生阶段进行钢结构大跨结构的设计研究。本文成稿于 2016 年 9 月份。

刚刚结束的这个大一暑假,我过得很充实。

大一下学期,土木专业的各位老师发出了助研项目单,其中部分项目是对所有年级的同学都开放的。一直觉得实验室很神秘,希望能够早些参与、学习更多新知识、真正动手实践的我,即刻申请了陈军老师的项目"移动荷载和冻融循环下机场道面损伤非线性超声评价";当时正值大创的报名时间,我和几位学长也非常希望能够参与,便在老师的指导下将项目进行了调整,侧重于其中的"移动荷载",报名参加了大创。于是在这个假期我有了机会第一次接触科研项目,走进实验室,向老师请教,向学长学习。

8 月 10 号起,我们几个人就聚在本部,每天都在交通学院的楼里,做着最基础却令我们好奇的实验。陈老师非常耐心地给我们讲解整个实验过程和实验原理,我们所参与的大概就是:先按需要制作混凝土试块,然后对其分组,分别进行不同程度的内部损伤破坏,之后用两个探头,分别从一端输入波,在另一端接收波,通过分析接收到的波的频率与之前相比的改变,与内部损伤程度建立联系,最后得出荷载损伤的非线性超声评价。

在参与实践前的假期中,我们按照老师的指导阅读了相关的论文,初步尝试写了文献综述。老师提供的论文大部分是英文的,对于我目前所掌握的知识来说,读中文论文都只能一知半解,英文论文中大量的专业词汇让我觉得简直就是天书。但是我想,万事开头难,这一段经历过去一定会对以后的学习科研有很大帮助。所以我学着反复阅读论文,先看论文的综述、结论,对大致内容有一定概念后,再去阅读其中的细节。在努力地查了两三篇的生词后,我发现英文论文其实同一个方面的词汇基本是一样的,后面靠猜也基本八九不离十了。几篇论文方向各有侧重,给我们之后的实验提供了思路和分析的理论支持,阅读论文让我们对所做项目的整体实验过程更加清晰,为之后的实验打下了基础。

之后,土木专业的研究生学姐带我们熟悉了实验仪器,又亲手教我们如何拆装、刷洗模具，给模具上油，如何按比例混合、搅拌材料，制作试块。自己动手后才发现，原来做实验也不过是些平凡的操作，甚至有时候是些枯燥的重复，但也正是有这些基础的实验步骤，才能测出实验数据，得出实验结果。

连续一个星期的工作转瞬即逝，虽然这一个星期我们每天都会蹲到腿酸、站起来头昏眼花，虽然我们抹的混凝土永远没有学姐抹的平，虽然实验室里一直充斥着热浪和蚊子，虽然搅拌机坏掉了，我们做混凝土要靠手动搅拌，虽然很多时候洗手要用两遍的洗衣粉……但是当我们刷完模具上的最后一滴油，当我们称完最后一盆石头，当我们按下秒表的停止键，当我们用U盘从仪器中拷出数据，当我们把试块标上号码装入塑料桶进入养护期的时候，我们觉得这一切经过的都是成长。在重复的实验过程中，我们变得熟练，从动手实践中，我们总结经验、完善细节。

其实从个人角度来说，我并没有期盼一次大创或者助研为我带来多少的荣誉和奖励，而只想真切地去经历一个我从未参与过的事物的过程，努力去学习，去思考，去从中有所收获，去更多地提高自己，从目前刚刚过去的第一阶段的大创 & 助研项目来看，我做到了。

这些日子里，令我感动的是陪我一起走过的人们。陈军老师非常和蔼亲切，之前关于我们正式开始实验的日期，老师都是征询了我们的意愿才定下来的，又多次来学校指导我们，很多安排都会和我们商量，避开我们不方便的时间。我们非常爱戴陈老师，尽自己最大努力去完成老师布置下的任务，虚心求教。帮助我们的学姐细心且耐心，不厌其烦地为我们进行讲解，多次亲自示范操作要点；我们和学姐是朋友，同时对学姐充满了敬佩。最要感谢的是和我一起并肩走过的学长们：当时报名这个项目时是我和几位学长一起的，作为唯一的一个大一学妹，得到了学长们贴心的照顾和帮助。相信在我们共同的坚持下，我们会把实验做完做好，在之后的日子里收获更多属于我们的独一无二。

科研的道路一直是艰难而漫长的，有幸能够这么早接触，有幸能够有人指引，有幸能够与优秀的人同行。我们的项目，正在进行中，难忘的故事，不会有终点。

我很开心能够将自己的经历分享给大家，希望这篇稿件能够给一些像我一样刚刚上大二的同学及刚刚踏入大学校门的学弟学妹们一点点启发：科研不是件遥不可及的事，只要勇敢地去尝试，抱有谦逊学习的初心，相信大家也终会有所收获。

教师点评：

对于北航工科专业的很多同学，未来从事科研工作是第一选择，也是他们真正的职业兴趣所在。只是同学们基本上都觉得进实验室是高年级甚至研究生阶段的事情。本文作者刘佳辰同学却是在大一暑假就开始了自己的科研方面的实践：在教师指导下尝试阅读专业的文献并撰写文献综述，进入实验室，亲自动手参与实验项目。

虽然大一学生不大可能做出真正的科研成果，但佳辰与小伙伴们通过这个暑期的实践揭开了科研的神秘面纱，激发了对科研的兴趣，并初步培养了科研实践的基本理念，真是难能可贵。希望有更多的有志科研的低年级同学参与科研活动！

大二暑期实习：事业单位内的体验

作者简介：周思齐，女，北京航空航天大学宇航学院 2014 级本科生，2017 级兼职辅导员，保送本校硕士研究生，曾在中国电子工业标准化技术协会社会责任工作委员会兼职三周。本文成稿于 2016 年 9 月份。

大二暑期，我作为实习生，在中国电子工业标准化技术协会社会责任工作委员会（简称“中电标协社责委”）工作了三周。这里与大家分享一下心得和一些小小的体会。

一、实习动机

这是一次“说走就走”的实习。得知这个实习工作机会是在 8 月初，当时正处于在家歇够、开学还远的尴尬阶段，正巧收到了中电标协社责委招聘实习生的信息，于是有一搭无一搭地打电话联系了一下，然后第二天就去上班了。

二、工作内容

三周的工作都只围绕一件事——办个年会。会议的名称叫“第四届中国电子信息行业社会责任年会暨 SJ/T 16000－2016《电子信息行业社会责任指南》发布会”。主要内容就是邀请电子信息行业一些在社会责任方面做得比较好的国内外企业（中国电科、中国电子、大唐电信、华为、Intel、微软、AMD、三星、NEC……）发布他们 2015 年的社会责任报告。同时发布一个刚刚出炉的标准，这个标准大概就是评价企业社会责任做得好不好的一个“评分标准”，并且特别针对电子信息行业的企业。

我的工作有一种把学校学生会的活儿搬到办公室里来的感觉。

一是发布通知。传统的邮件与新兴的 H5 并存：发邮件发了至少三百封，没啥技术含量就是耐心；不过，学到了一些发邮件的格式、礼貌用语，尤其是英文邮件的客气说法，感觉挺有用。微信平台在学校弄得比较多，没有费力就接管过来，翻历史消息想看一下微信平台的风格，发现很直男，全是黑底白字、红头文件截图做封面，试着 P 了个封面，排了个 MAKA 动态的邀请函，BOSS 挺喜欢，修改几次后也顺利通过了。

二是做 PPT。BOSS 知道我会一点点 PS 后，将做 PPT 的任务交给了我，对我而言比较轻松。

三是打电话确认参会人员。之前说的联系人，没有回复邮件者需要挨个打电话确认，并且电话邀请参会。这个我比较怵，虽然是隔着电话，但是总有一种怕说错话的紧张。于是借鉴某东方给家长打电话的套路，我给自己写了个电话对话术，对着电脑读，感觉良好。开始几个电话我还小心翼翼，打了几十个后感觉自己已经变成了北京公交售票员，嘴比脑子快了。

四是年会现场中控室的工作了。彩排加班到很晚，第二天还是很紧张，怕出意外。在中控室做个幕后工作者，感觉也挺好。

三、工作体会

学生工作没白干：PS、排微信、PPT 这些基本的技能还是有用的、必要的。

交流沟通很重要。开始工作时因为不太熟悉很多不懂的东西不好意思问，导致做了一些无用功，后来跟同事交流的比较好，工作效率也大大提升。

团队的力量很重要。从零开始策划准备一场年会，尽管我只在其中负责了很小一部分工作，但是当最后的效果呈现出来时，内心还是十分自豪的。

四、工作收获

这次实习虽然技术上没有什么困难，可借着这个机会我读了许多家企业的社会责任报告，听 BOSS 开会的内容，等等，可以说是更加深入了解了“社会责任”这个行业的工作内容，感觉挺有收获。企业社会责任 CSR（Corporate-Social-Responsibility），包括责任治理、技术创新、员工权益、资源节约与环保、诚信运营、社区参与与发展等多方面内容。

分享一些令我印象深刻的案例：2015 年，在中国电科中科芯智慧绿色园区建设中，综合利用各项节能技术，将展厅建设为零能耗示范建筑（绿色环保);依托阿里云的浙江"政务超市",浙江省市县3300余个部门、6万余项审批事项,已纳入浙江政务服务网,并按照面向网民提供在线服务;网民可以像逛淘宝一样"逛衙门",省市县三级政府6万余个审批事项均可一网搞定,并使用支付宝缴费(服务政府);Intel的实感技术,搭载实感技术及实感3D摄像头的设备能够感知并理解语音、触控和动作,使用户以全新的方式工作、学习和娱乐(技术创新)……还有我们熟悉的一些企业公益项目,为乡村小学捐赠教室之类的工作,都包含在CSR的范围内。

从联系的企业上来看,一般大型的企业,Intel、AMD、阿里巴巴这样的规模的公司都有专门的CSR部门,每年会发布社会责任报告。小型企业基本没有专门的部门,甚至有些CSR工作直接划归到政府事务部之类的部门分管。公司效益属于企业社会责任的一部分,但除此之外的很多CSR工作项目都带有一些公益性质,这也导致了CSR工作质量与企业规模直接相关。也有一些规划较好的项目可以盈利,国内还存在许多专门的资讯机构为企业策划社会责任项目(比较有名的是商道纵横)。个人认为CSR既然称为责任,就是企业的义务,是必须要完成的事情,但是如果能够挖掘适合的商业模式,在服务社会、提升企业社会形象的同时还能给企业创造经济价值,无疑会让社会责任工作变得更有活力、可持续。

最后一点是不同企业的社会责任工作都有各自鲜明的特色,比如这次实习接触的电子信息行业的CSR有许多项目都结合了技术创新这一角度,所以我觉得北航的工科同学了解了解也不错哈。

五、小小插曲

迟到。一共实习仨礼拜,我还迟到了一次。家离单位很近,宣武门到万寿路,从踏出家门到坐在办公室半个小时,但是那天不争气的地铁一号线信号系统故障了,天还下着雨。上来坐公交在长椿街堵车堵到爆炸,下车之后一路狂跑一身雨一身汗还是迟到了半个小时。

时差。因为时差还差点闹出了个乌龙。在邀请嘉宾中有一位在美国的EICC常务董事Rob Lederer,是会议的重要来宾。联系时就处于北京白天发邮件美国是黑夜,基本上隔天才能收到回复,沟通缺少了些即时性,但因没引起重视,直到会议开始前的5天,突然接到通知说Rob订的机票时间是北京时间30号下午到达,但是会议时间是在30号上午。这才意识到可能是时差闹的乌龙,于是赶紧重新沟通。

中控室。年会当天我负责中控室内的工作,看着自己做的PPT串下来整个流程还是很高兴的。唯一的"烦心事"就是中控室的空调太冷了!为了给设备降温，不足 10 平米的小屋子空调开了到了 20 度。好在一上午熬过来了。

六、写在最后

这次很高兴能为北航学生职业生涯规划微信公众平台供稿。我们工商管理二学位的同学可以说是看着这个微信平台长大的，从一开始的课堂总结，到一步步发展到毕业生的求职经历，再到平台诞生后第一个假期的实习、游学分享板块，微信平台的内容越来越丰富，帮助着同我一样对未来职业规划不甚明了的北航同学，甚至同龄的校外同学。在这里也祝福公众号越办越好，不断为我们带来干货满满的内容！

教师点评：

思齐是工商管理二学位班上的一位女生；结课那天，她送出的礼物获得“最佳礼物”，令我对她有了更深刻的印象。

向她约稿源自 8 月中旬她在微信朋友圈发的一则信息：“一号线故障＋早高峰＋下雨＝迟到＋一路狂奔一身汗仍旧迟到了的我”，配图也很有趣。我敏感地意识到思齐在实习，于是约稿；思齐也欣然答应了。

思齐的体验很有特点：她去的这家应该属于事业单位。同学们对体制内单位还是很好奇的，所以这篇分享在公众号推送后，阅读者众多。

大一大二的暑期实习、实践，体验本身最重要啦！相信会有越来越多的同学主动参与！

大二暑期：做一期与专业相关的实习

作者简介：靳泽琪，经济管理学院金融工程专业 2014 级本科生，现于福特汉姆大学量化金融专业攻读硕士学位。本科期间曾获数学建模国赛北京市一等奖，北航学科竞赛一等奖学金。曾于零点有数公司数据中心、温莎资本投资部、东兴证券金融工程组以及量函投资金融工程部实习。目前担任项目导师科研助理，同时准备暑期实习及全职面试中，职业目标为买方量化交易岗。本文成稿于 2016 年 9 月。

我是经济管理学院 2014 级的本科生，专业是金融工程。6 月初，我决定要申请自己的第一次暑期实习。对于学金融工程的我来说，实话讲，大学两年的基础教育下来，我的专业素养和知识储备，还不足以让我在基金公司这种专业性极强的公司获得一个理想的岗位，所以在实习单位的选择上，我也没有拘泥于严格的专业范围之内。就我个人的目标而言，对这次实习的期望，是能让自己对职场有一个更加真实深入的了解，更好地评估自己的能力，从而能够让自己有一个清晰的定位，在学校我能学到什么，在公司我能学到什么，职场和学校有什么区别，我真正加入一个团队，能承担什么任务，等等。总的来说，我希望通过这次实习的经历，一方面增加个人阅历，另一方面，也是对自己有一个更加全面的定位。

同时，考虑到大三的暑假可能面临考研的准备，或者是英语水平的考试，以及专业的实习，届时可自由支配的时间很有限，大二这个时间段开始自己的第一份实习，我觉得时间也是非常合适，而且对我来说，暑假伊始，随学校到欧洲进行博雅教育之旅，为期半个月左右，之后的时间就非常自由，安排一个实习，确实是一个很好的选择。

我申请的单位北京零点远景网络科技有限公司是一家源自中国的国际化数据智能服务机构，聚焦产品互联网化与服务互联网化，基于多元数据汇集与挖掘，支持经济、社会、文化与政策决策，与政府、企业有诸多合作，旗下包括创新数据开发中心、公共事务数据事业群、商业数据事业群、未来商习院。

整个申请实习的过程，我觉得是很个性化的。自认为比较幸运：一次偶然的机会，我得知父亲的朋友在一家数据公司任职，也就是我后来实习的公司的总经理；上网了解了这个公司，就像上文介绍的，很强，而且数据处理和我的专业也有重合之处，毕竟也学了两个学期的统计学，对于数据分析也有一定的了解。权衡之后，我写了一份个人简历，涵盖了我的学习成绩、学校职务、课余生活、个人展望，并且很详细地介绍了我为什么要争取到这次的工作机会。当然，发邮件之前一定要仔细检查一遍格式，毕竟一个严谨的陈述，我觉得是一定会给自己加分的。之后事情比较顺利，对方公司的 HR 对我的简历很满意，认为我的专业知识以及所涉足的课余爱好会对公司有所帮助，当然也不能否认，这其中也许会有人情世故，但从后面的实习来看，至少我的专业和爱好的确在工作上帮了我不少忙。

我所在的部门是数据中心，也是公司的核心部门之一。第一次到公司，我的导师就带我认识了办公室里的 12 个可爱的同事们；我的导师人非常热情，似乎不需要什么中间的过渡，我就和办公室的哥哥姐姐们熟络了起来。

办公室的很多工作都是围绕数据工作开展的，有市场数据的搜集分析报告任务，有专门的数据可视化任务，同时也有设置问卷这种文案工作，以及 App 后台的管理。我的导师主要做数据处理工作，有我可以用 Excel，

SPSS 等软件快速处理的数据，也有一些我没有处理过的内容。导师人很好，有我不会的内容，她也会给我相关教程进行学习，熟练之后，虽然以我的速度也只能帮导师分担一小部分的任务，但是会有更多的时间来学习其他内容，比如经理一次要在论坛上做家具行业分析，其中的一部分报告，就是我利用空下来的时间撰写的。工作了几天之后，可能我给大家留下的印象也还不错，大家陆续开始找我做一些任务，办公室几乎所有的工作，我都经历了一遍，查过统计年鉴，做过可视化图表，也设计过奥运会问卷，运营了 App 后台，每一件事都会从头学起，开始时效率低，加班是免不了的，但都做下来，的确学了不少东西，跟大家的磨合也越来越好。

工作之外，办公室的氛围十分轻松，不时庆祝一下项目的成功、招标的顺利，每逢与此，办公室的主题就是各种吃。工作时严肃认真，工作后欢乐活泼，用来总结办公室的生活再合适不过了。

最后与大家分享一下我对公司实习和学校学习不同之处的一点认识。

首先，在办公室的工作和在校的学习，都是任务，但是执行的过程和结果导向不同。工作任务的完成，比如经理分下来的报告撰写任务，这是完全的结果导向，无论你是问同事、查资料，还是凭个人经验，最终要求的只是一个结果。至于你在中间学到了什么，只有自己会关心，而往往在赶工作的过程中，深入学习的时间是不具备的，甚至更多的时候，要求的是一个人重复高效执行某项任务的能力，你可能会觉得这些任务有些枯燥，但在特定的时期内，这很可能就是大多数人需要接受的工作环境。在校的学习则完全不同，过程和结果同样重要，甚至学习的过程比结果有的时候更加有意义，虽然有客观的成绩对学习的结果进行评估，但最终的衡量标准还在自己，这也赋予了自己更多的学习自由度，可以选择在学习的过程中有更多的尝试，无论是广度还是深度，抑或是时间的分配。

其次，在职场有机会接触到很多领域的大咖，千万别错过。完全可以找一个合适的时间，抱着请教的态度和对方交流，当然能聊多深，有多少干货，就要看各自了，如果前期的印象不错，大咖们也是会愿意和你交流的。我可能就是前期的工作完成还比较不错，一次午饭的机会和办公室一个做数据分析的前辈聊了一些专业相关的问题，任何新鲜的信息对自己来说都是有意义的，最起码也是自己对一个行业更深入和专业化的认识。而且如果你也足够有实力，大咖们也可能会以自己的经验给你一些个人职业发展的建议，那就是很宝贵的意见了。

教师点评：

本科生实习可以达到四重目的：1）走出象牙塔、了解社会；2）体会与专业相关的岗位、了解职业(根据《你的降落伞是什么颜色》的定义,职业=职位+领域)本身;3)通过实行提升素质与能力,包括通用技能(common skills)与专业能力(professional skills);4)实习单位与未来的求职目标较为接近,实习经历为求职简历添彩。

一般而言,大一暑期的实习及社会实践主要满足第一重目的,大二暑期的实习就需要满足第二重及部分满足第三重了。靳泽琪同学的实习属于较为典型地符合我对大二暑期的理解。由于他个人对职业生涯规划的理解比较到位,我的点评就显得多余了。

希望泽琪的分享能带给更多的同学以参考。

决定留学之前,不妨先出去看看

作者简介:方泓懿,高等理工学院华罗庚班 2015 级本科生。本科就读于数学与应用数学专业,即将赴复旦大学大数据学院攻读硕士学位。大三上学期参加 2017 年秋季北航—约克大学校级交换项目。本文成稿于 2018 年 1 月。

当我准备写这篇文章时,一件件散落在记忆里的事情被拾起,却不知道从何写起,又如何把它们联系起来。每个交换生都有极其精彩的交换生活。我将从我自己的角度,以职业生涯规划为基调,写一写我在交换期间的学习和生活。

我们几乎从进入大学就开始思考本科之后考研、保研、出国或就业的问题。我选择大三上学期出国交换,一方面是为了确定自己是否能适应国外的学习生活环境;另一方面,如果出国读研,本科有交换经历并取得一定成绩将是一个加分项。我个人认为,有保研计划的同学,在大四出来交换更为合适。

我参加的这个项目是 2017 年秋季北航与约克大学的校级交换项目,并且得到了留学基金委的奖学金支持。给有交流交换意愿的同学们一个建议:尽早准备托福、雅思考试,以免在申请前慌张而忐忑地准备。

我们班在大二下学期,接受过概率论的全英文教学。原以为在统计方面的英文表达过关的我,在上完第一节数理统计课后,意识到两所学校的选修课教材不同,内容不一样,教授使用的缩写也是我之前不曾接触的。于是,通过一边补充选修课的内容,一边在课下询问老师的方式,我渐渐适应了课堂节奏。在偏微分的课堂上,同样有类似的问题,但是偏微分授课节奏更慢,并且一周三学时的课,分为三天,每天一小时进行授课。每堂课的内容并不多,学习起来更容易。即使我没有微分方程方面的英语词汇背景,一两节课后就可以掌握课程节奏了。

约克大学选课和转专业都比较自由,每个专业都有自己的必修课和总体学分要求,但是没有类似北航的推荐课表,也没有体育政治等必修课。大家都是根据自己的情况,自己安排自己的课程。在满足选修课程要求或者老师同意选课后,即可选课上课。每学年有三个学期,大多数同学一学期选四、五门课。有的同学一学期选了8门课,也有同学一学期只选2门课,保证高GPA的同时进行一些相关实习。

这里本科期间转专业比国内容易很多。我认识的同学中有工科转应用数学的,也有环境工程转计算机的。大学的教育更多的是为了让同学们学到自己喜欢和适合的专业。很多同学在学习一段时间后,因为不喜欢原专业或者觉得难度太大而选择其他的专业。

在约大,从老师布置第一次作业直到考试结束,我一直处于紧张的状态。第一节课,老师会把课程安排清清楚楚地告诉大家。什么时间提交第几次作业,什么时间有小测,这些占综合评价的多少分。综合评价的分数分散在各个作业小测中,期末考试比重不到50%。期末考试时间是3小时,适应了2小时考试的我,在第三个小时就很难集中精力做题。课下跟老师聊到这个问题,他说:"即使平时已经对各个章节的内容进行了小测,但是期末仍然要把一学期学习的内容详细地考查一遍。能把知识按章节学好的同学,不一定能整体把握、融会贯通。"

踏入校园,可以看见不同肤色、不同种族的同学们走在校园里。我们有着不同的文化背景、不同的审美,但是在相处的过程中时刻保持着尊重和友好。这里对残障人士无微不至的关怀也让人感触颇深。每一扇门边都有自动开门的按键,方便乘坐轮椅的人开门。我在图书馆发现,有专为听力障碍人士设立的学习区,确保在警报铃响起时,他们能第一时间知晓。

来约克后,加入了约大国际部的朋辈互助项目。在supporter带领下,快速适应了这里的环境,并领略了安大略湖畔的自然风光。

出国之前,害怕自己适应不了全英文课堂,特意补了一下课堂上会用到的英语表达。出来之后,才发现自己在生活中的日常表达能力几乎为零。去超市买食物,需要挨个Google单词的意思;去商场购物,与导购员的交流,手势比语言要多;与带有口音的人交流,对方讲了一个笑话并笑出声来,我却只能在Sorry? Pardon? 之后尴尬地笑一笑。

一学期之后,听力是听、说、读、写中提升最多的,因为上课和日常交流中听是基础，并且在国际化的环境中，会接触到不同口音的老师、同学。我觉得如果能选一些有展示要求或者写作要求的课，会对整体英语水平的提升有更大的帮助。

在约克这样多元化的城市里，你几乎可以体验到任何国家的特色美食。因为住在韩国城里，我如果出门吃饭，更多的还是选择中、日、韩餐。这里餐厅的价格换算成人民币，与北京餐厅价格差不多，加上税和小费，一顿不错的饭大概在60～100人民币。与北航不同的是，除了办理meal-plan的同学们在学校就餐可以免除13%的税外，价格上与外面餐厅并无差别。为了节约生活成本，我通常是自己做饭。最普通的日常是早上起床后，做好早饭和午饭，吃完早饭后带午饭去学校，下午回家再做晚饭。

因为错过了预订学校宿舍的时间，同时为了保证安全，我住在了离学校45分钟车程的社区。有时一天只有一小时的课，却需要往返接近两个小时。在这种情况下，我觉得能多在图书馆待一会，就是值得的。找合适的住所是一件很费心力的事，如果有机会，最好在出国后实地考察，再确定长期住所。

住在校外也有颇多好处，能更贴切地感受这座城市，央街的繁华和社区的静谧仿佛被无缝衔接；能接触到更多经过这座城市的人，从他们的身上了解到不同的生活方式。在这里，有聪明善良的秘鲁工程师，来这里学习英语并进一步深造，她教我如何学习偏微分，推荐我一些研究气象的网站；有精明可爱的印度CPA，来这里找工作并准备长久地居住在这里，我向他讨教职业规划的一些问题，他也教给我一些学习数学课程的方法；有文艺绅士的伊朗摄影师，在多伦多街头拍摄平凡的人并寻找自我。

我喜欢这座国际化氛围浓厚的城市，来自世界各地的人在这里相遇，包容、欣赏彼此的与众不同；我喜欢在静谧的社区里走走逛逛，踩在绵厚的雪地里，听那嘎吱嘎吱的声响；我喜欢紧凑的课程安排，学到期末，能信心满满地走进考场；喜欢高耸入云的现代建筑，也喜欢安大略湖畔的碧水清风。

外面的生活很精彩，精彩背后是什么样的，还请寻找机会，自己出来看一看吧！

教师点评：

近五年来，北航同学的出国(境)升学率持续增长，从2013年的17.2%增长至2017年的20.5%、有600多位同学留学读研(博)。然而，是否留学一定比在国内深造好呢？是所有的同学都适合留学吗？北航高等理工学院大三的方泓懿同学，选择在确定是否出国读研前先通过交换学习来“实地考察”。希望她的分享对正在权衡留学/考研利弊的同学有帮助。

天高路远，你想去哪里——阿里巴巴暑期实习并获得offer经历分享

作者简介：彭静，经济管理学院2015级本科生。2018年3月开始准备简历；4月20日开始申请阿里巴巴—数据技术及产品部—实习产品经理岗位；5月接到笔试通知，经历了一轮笔试＋五轮面试，在6月中旬拿到阿里实习offer；暑期实习两个月，8月底顺利通过转正答辩，拿到阿里offer。

由于本科专业的缘故，我一直以来都非常向往BAT公司，其中又对电商巨头阿里巴巴有着更深的执念。对于大三暑假的生产实习其实是早有耳闻的，也一直都非常认真地在对待它；这是一个很难得的机会，有一个相对整段的时间可以去实践自己未来或许会从事的职业，并很有可能影响到我们的整个职业生涯规划。

我的实习准备过程主要分为简历准备、笔试准备、面试准备三个阶段（包括初面、二轮面试、主管面试、交叉面试、HR面试共五轮）。

每一家公司的价值观和企业文化是不一样的，他们所看重的员工的能力也是不同的，而简历是你给公司留下的第一印象，所以需要不断打磨，认真对待。在写简历之前，要充分了解公司文化，以及所申请职位的要求；要总结凝练自己前期的积累沉淀，展示自己经历中与此职位相关的经历。

通过简历关之后，对于笔试的准备可以从往年试题开始试手，同时从知乎、简书等多种途径熟悉他们的笔试形式，整理笔试心得，提前对整个笔试流程有一个较为完整的把控。

对于每一轮面试我们都需要认真去准备，面试的过程中一定要对自己简历上的经历非常熟悉，因为简历上的每个细节都可能被面试官问到。只有对自己简历上的东西非常熟悉，面试时才能自信并且应答如流。

自主学习是一个非常重要的能力，工作和以前在学校里上课是非常不一样的——在学校里我们会有课表和老师，我们知道什么时候要上什么课，会有谁来教我们；而在职场里，是没有人会传授课程给你的，也没有人会告诉你答案，最重要的是要自己主动学习，积极揽活，这样职场新人才能更快地成长起来。

同事之间和同学之间是很不一样的，在职场中要融入新的工作团队，需要学会察言观色，在刚来的一周内尽量摸清楚每个主管或者同事的行事风格。对于我自己来说，自己毕竟是初来乍到的新人，所以做事情的时候需要

更加仔细用心；同时需要保持一个乐观的心态，积极地去和身边的同事交朋友，融入团体。

身边实习的同学都很优秀，小伙伴中有从卡耐基梅隆毕业的CS大神，有北大哥大双硕。高学历在这里太多，一开始自己压力非常大。如何能从这里面体现出自己的价值呢？我的心得是要积极学习，努力工作，在工作中锻炼自己的能力，同时抓住每一个秀出自己的机会。

Actions speak louder than words. 重要的不是你在想什么，而是你在做什么。奋斗路程中所做的每件事情都不会是枉然的：或许当下的努力没有立马让你获得成功，但正是这些点滴积累，塑造了我们的处事方式和性格秉性，这些都将在未来的职业生涯中逐渐体现出来。

拿到这个offer之前，自己一直有出国读研的计划。以前我觉得本科毕业接着读研是件顺理成章的事情；可是这次实习之后，我开始思考：读研的意义到底是什么？

是为了学历吗？是为了找到更好的工作吗？是为了实现自我价值吗？是因为大家都读研，所以我也要读研吗？

拿我工作中看见的现象举几个例子：

①和我一起工作的同事中本科生：研究生：博士生比例大概是46%：47%：7%，他们拥有着不同的学历但是却可能是在同一个岗位上负责同一个项目；

②录用的程序员中研究生稍微多一些，但是本科毕业的程序员通常会有比研究生更多几年的工作经验，因此工作能力或许更强；

③录用的产品经理中本科PM和研究生PM人数并无很大差别，并且工作能力和薪资水平也不是完全和学历成正比。

我说这些并无弱化读研的意思，只是在我看来，读研需要知道自己为什么要读研。更为核心的目的不是为了读研，也不是单纯为了找工作，而是提升个人能力。如果你未来的职业偏向于技术化工作，需要通过更多研究才能更加胜任你的工作，读研读博绝对是非常必要的；如果未来职业可以通过工作经历来提高能力，那么本科毕业直接就业是非常好的选择。

对于我个人而言，读研或工作都是为了提升自身能力，读研也就不急于一时了。人生才刚刚开始呢，希望自己能抓住每一次机会，尝试每一种不同的生活，这样才能体会到更加丰富的人生。

希望不管未来的你是选择读研还是直接工作，都能一帆风顺、前程似锦。

教师点评：

阿里巴巴是目前国内市值最高的互联网企业，是很多计算机相关专业同学向往的工作单位。之前有计划2018年参加秋申出国读研的彭静同学，通过大三暑期在阿里巴巴的实习，却改变了留学计划。“我为什么要读研？一定要现在读研吗？我计划申请的研究生专业真的是我想研究的方向吗？”是彭静实习过程中一直思考的问题。

通过实践后的全面思考，彭静认识到“读研需要知道自己为什么要读研。其实更为核心的目的不是为了读研，也不是为了工作，而是为了提升个人能力。”这对于认为“读研是理所当然的”大多数北航学子而言，是颇有启发性的一种认知。

其实，读研、留学或者工作都是一种选择。职业生涯规划就是向同学们提供理性选择的思路与方法，而非人云亦云地“无意识”考研/留学、(考研/留学失败)“不得不”工作。

希望同学们都能通过理性的思考和积极的实践，作出最适合自己的生涯决策！

前方的路黯淡无光，是在等我前往照亮
——获清北硕士录取通知的感想

作者简介：谢俊，仪器科学与光电工程学院2015级本科生，大二转至经济管理学院，主修能源经济与管理。曾赴俄罗斯参加暑期学校，赴斯里兰卡担任志愿者。曾获美赛M奖，与团队一起获得全国能源经济学术大赛全国一等奖、本科生最佳建模奖，是SRTP立项负责人。目前被清华大学核能与新能源研究院预录取，并获沈元奖章提名奖。

“飞，逃离这虚晃的屋子。

锁，挣扎而无力的掩饰。”

这是我大一写在日记里的心情。虽然现在已经不再有写日记的习惯了，但还是可以从文字中看到刚入学迷茫而无奈的自己。好像我从来都不属于这个地方，却被强行地塞了进来，不愿将就却又被命运扼制着。

而现在，我已经转到了自己喜欢的专业，在刚结束的保研之旅中，收到了清华、北大和复旦的offer，并最终选择清华，继续学习本科的专业——能源经济。接下来的故事是介绍我如何去剖析自我，并坚定决心转专业，希望可以帮助那些曾经或现在也在专业中迷失自己，陷入恐惧而不知所措的学

弟学妹们，去寻找并坚定自己的选择。

一、怀疑与审视

奔着全国第一的 title，我在高考结束后，听从长辈建议，选择进入了北航仪器科学与光电工程学院学习。那时我本来有自己的一些想法，但还是因为内心对于长辈教诲权威性的屈从作了这个决定。渐渐地我发现，17 系的课程设置和整体学习氛围，不是我所期待的那样。像我这种性格活泼，感性思维多于理性思维又特别喜欢表达的人，不太适合工科类靠严谨逻辑和踏实科研的生活。于是大一上学期，刚入校我就萌生了转专业的想法。但是我的选择并不多。北航只有外国语学院和经济管理学院比较适合我。但由于当时的偏见，觉得北航经管不怎么样，会有种浪费高考十几分的落差感（来了才知道，8 系真的是被很多人误解了，真的实力巨强），加上大一上没怎么上专业课，想等下学期上专业课后再谨慎地决定。

大一下的机械设计基础和电路分析成了我整个大学课程的心里阴影。别人轻轻一拍脑子就想出来的立体图，我花一天都画不出来。我逐渐意识到自己是真的没有学工科的天赋，即使这个专业是全国第一。也许别人会说，做凤尾也挺好。可这根本就不是凤尾的问题，是我根本就不适合做凤凰。于是，我下定决心，想要转到经管学院。尽管家人还是有些许反对，包括身边的朋友也觉得可以以后考研跨转。但从小到大都独立的我，清楚地知道没有人比我更了解自己。所以，我坚定地转系了。

事实证明，我的决定是对的。

二、选择与适应

我是一个执行力特别强的人。

大一下刚坚定转专业的信念，我就联系到经管学院教务处朱伟老师。我主动要了朱老师的电话，趁她到沙河校区办公时跟她聊了很久。也是那个时候我知道转到经管需要什么门槛、怎样的操作流程等。越听朱伟老师的讲解，越觉得那就是我梦寐以求的学习氛围。这让我整个大一下都充满了动力。这里也提醒大家，当你对某一件事不确定时，与其陷入自我迷茫的循环，不如找到专业的人咨询情况，得到多维的信息。

大二上，我成功转入经管学院。在之前，我拟想的是转到金融工程专业。可是，金工人数已满，我可选择的专业只有会计学、能源经济、工程管理。我转入经管那年正好范英院长任职，新开设了能源经济专业。我当时不了解这个专业，但我知道只有这个专业比较契合我所具备的能力和知识，再者，我得知可以在上能源经济专业课程的同时选修金融工程的课程，于是，我毫不犹豫地选择了能源经济专业，想在以后再二转至金融工程。

生活的乐趣就在于，你永远意想不到未来会发生什么。就像能源经济与我，从此不再分割。

由于是新开设的专业，老师们都很投入，也引荐了外校的很多老师为我们上课。清洁能源和可持续发展是未来的发展主流，我可以预见到这个专业在未来的重要性，于是我决定就留在能源经济专业。这是我第二次作出在别人眼里所谓的小众选择(第一次是转经管)。尽管每次当别人问我本科学什么专业时，我都需要跟他们解释很久。哪怕这个专业的知名度不高，我也知道，它一定有未来。

还有一个大家比较担忧的是转专业后重新建立人脉的恐惧感。转系前，我已经有认识的经管的朋友，因此开始也彼此有个照应。恰逢经管举办“听我说家乡”班会，且刚好轮到我的家乡重庆，于是我也加入展示的行列。就是在那天，我很自信地展示出自己在演讲和表达上的才能，借此机会作为自我介绍，向经管的同学们“宣布”我的到来。那次活动之后，大部分人都记住了我并且成为好友。从那时起，我发现自己变得爱笑了，是那种发自内心的快乐。

经管，我来对了。

三、困难与调整

转专业是需要付出代价的，况且我还是平转。

我在大二一年需要同时上两个年级的课程，而且很多时候这两个年级课程上课的时间刚好冲突，所以我只能申请免听。申请过程中的各种艰难我就不再说了。所以整个大二，我基本没有了社团生活，没有了和以前一样刷美剧的时间。当然，这些时间本身还是有的，但是我告诉自己，既然转了专业觉得更适合自己，就得拿出魄力去证明。如果我转专业之后没有任何的实际效果，那我就是失败的。所以，我努力学习去赶上他们的进度，但还是因为科目太多，并且免听的课程常常没有平时成绩，再加上我可能还没适应经管的学习方式，导致我的分数很不理想，一度跌到年级50多名。我依然清晰地记得大二上的期末考试，有一天我需要考三门，而且这三门都是非常硬的专业课，需要大量的记忆。我那天压力真的太大了，我甚至有点想哭。但是，我还是咬牙坚持了下来。

结果也是可想而知，不太理想，大二一年下来，也只是年级三十多名。

我一点也没灰心，反倒有些高兴。8系的课程大多都需要小组作展示，这种考核模式比以前在17系只靠考试更能调动我的激情。我是一个喜欢表达的人，每一个展示，我都当作是一次类似职场的锻炼。我脱稿，我熟记PPT内容，我自然地用肢体和眼神与对方交流。我很快乐，哪怕最终笔试成绩或其他种种原因分数不理想，但我有种自己在逐渐散发着魅力的满足感。

从大三开始，我不用再补课了，我跟所有人一样，都是同样的课业压力。并且，以前在17系的课可作为通识课程转入经管，因此我只需要上专业课了，相对更轻松。我暗暗告诉自己，现在是我发光的时候了。

四、成长与蜕变

不再有额外的压力后，我明显变得轻松多了。不是因为课程更容易，恰恰相反，课程难度增大。我变得轻松，是因为我不用再被繁琐的补课所束缚，我有更多时间，去按照自己的想法和节奏去提升综合能力。

我知道表达和领导团队的重要性，于是我召集自己的朋友，参加了北航的青春创业训练营，并作为CEO，领导我们团队。在最后的路演，我凭借自己的表达能力，并以超出第二名两百万元的投资资金夺得7个团队的第一名（投资人的原话是：这才是我想看到的创业者，富有激情，让人想深入了解）。

我也知道作为一个经管人，英语表达的重要性。但是我发现跟其他学校经管专业同学相比，北航的同学普遍更偏科研，不太注重英语口语表达的培养，大多是为了出国的英语考试才准备英语。我从来都不怕成为第一个吃螃蟹的人。于是，即使是在大二双倍的课业压力下，我仍自己组建了一个的英语角，每周找一个topic进行交流，不能提前准备，全程即兴聊天，形式包括玩英语游戏、限时剧情表演、口语考试模拟等，让自己保持长时间的语感。我相信也是这种潜移默化的锻炼，让我在大三雅思考试中拿到7.5分的不错成绩。

同样，自由时间的增多让我更能深入地学习专业知识，不再像以前那样为了应试而草草复习。于是，大三上学期后，我冲到了专业第一名，并在大三一学年成为必修课平均分年级第一。虽然三年综合并不是第一，因为有大二的拖累，但是我已经对自己的成绩十分满意了。

我从来都不是第一。可是我一直都有着争取第一的自信和野心。

五、回顾与总结

现在，我大四了，已顺利保研到了清华大学核能与新能源技术研究院，继续做能源经济研究。半年保研旅程的曲折程度，丝毫不亚于我本科三年。但简单来说，就是你得知道自己擅长什么，在哪方面可以最大化发挥自己的优势。如果你不太确定，可以从不同的角度去尝试。比如，我觉得自己适合就业和社交，不太适合科研。但我并不知道，“不适合科研”只是我一直以来的偏见。于是我在大二申请了担任科研小助手，去探索这个答案，并经过近两年科研训练，发表了两篇自己的论文，还得过一些校级、国家级和美赛的奖项，这些奖项最终助力我去了清华。

臆想的不适合，是慵懒者给自己的逃避借口。

我也接触过一些想转专业但是没有转，最终依然在他们的领域实现自我价值的。所以，我并不是想让大家都做出一些所谓逆反的选择，不顾现实地随意转专业。而是，当你面对未来的迷茫时，不能让这种情绪吞噬你，而是应持开放的心态，勇敢地去尝试你所畏惧的东西，在过程中不断认清自我，找到属于你的那道光，然后，把前方的道路照亮。

当你认定后，不要被外界的蜚语左右。

不要轻易去认定所谓的大流。

你的选择，就是你的主流。

教师点评：

谢俊同学先后被清华、北大、复旦三所名校的研究生预录取；他在个人公众号“十亿光年的足迹”详细分享了自己的保研心路历程，真情流露，引发了很多同学的共鸣。

本文的文风已趋理性，系统地分享了自己从转专业到确定目前专业的过程，重点介绍了自己的思考与行动，对转专业、保研等具体做法也有比较详尽的说明。

大二从17系转来经管学院的谢俊同学并没有赶上1508大班的职业生涯规划课。不过，他很有规划意识：不论是他在上文中提到的转专业的思路与行动，还是去年暑期主动参与本人组织的生涯人物访谈，都表现出很强的规划意识。文中警句不断：“可这根本就不是凤尾的问题，是我根本就不适合做凤凰”；“臆想的不适合，是慵懒者给自己的逃避借口。”……之前公众号文中也曾指出：职业生涯规划课只是帮助同学们掌握一直能够更方便规划生涯的方法论，而非唯一路径。真正的核心是行动，是执行力；而谢俊同学“是一个执行力特别强的人。”

谢俊也非常自信：“我从来都不是第一。可是我一直都有着争取第一的自信和野心。”这种自信绝非盲目的自信，而是源自主动的思考和积极的行动。“你的选择，就是你的主流”。更重要的是，愿意为自己的选择全力投入，哪怕付出一定的代价。这其实也一直是本公众号向同学们传达的理念。

希望处于迷茫、对自己目前的专业不甚满意的同学，尽快通过积极的行动来确认自己的认知：或者接受或者调整，而非自怨自艾地虚度大好时光。

我的大学四年：从迷茫，到思考，到主动去寻找，再到做出选择

个人简介：刘志威，材料科学与工程学院 2014 级本科生，已获本校直博资格，将继续于材料科学与工程学院高分子及复合材料方向攻读博士学位。大学期间曾获国家奖学金、国家励志奖学金荣誉，获北京市优秀学生干部荣誉称号。现任北航士嘉书院 2017 级本科生辅导员。

回顾我的大学生涯，谈不上很优秀，仅仅是跟大家分享一下这四年来的心路历程；要是能给你一些启发，那就是我莫大的荣幸了。

第一年的关键词是迷茫和学习。

迷茫，大学第一年，新事物太多，自然眼花缭乱。学习，迷茫的时候生活很杂乱，不过庆幸的是没有把学习丢掉。迷茫这个得从当年填报志愿的时候说起，我现在还清晰地记着在高考志愿填报入口关闭之前的最后一个小时，我把北航换到了同济的前面，然后一个上海大学生就变成了一个北京大学生，是真真正正的“来北航只是因为分数刚好够”这种情况；至于一志愿填报材料学院，我本身对飞机火箭卫星没有很大兴趣，材料学科作为一个中性的基础学科没有特别特别强的航空航天特色，所以也就变成了我的第一志愿。当然，日后虽然我还是对航空航天不感兴趣，但是这种空天报国的情怀还是在激励、鼓舞着我，看音乐剧《罗阳》时依然会感动到落泪。当来到大学这个环境之后，周围的东西就变得多了起来，学生会、学生社团、各种文化活动、各种体育赛事。印象中我做了小班委，参加了学生会，进了羽毛球协会，为了好玩参加了辩论赛、排球赛、当志愿者等等。我等就是想把在高中没有体验过的看着还挺有意思的活动都搞一搞。至于什么未来，从来没有去考虑过，就这么忙过一天又一天，没有什么明确的方向。

不过在迷茫中，庆幸的是没有把学习丢掉，这也就是我要说的第二个关键词。我记得大一的时候的我保持着做课堂笔记的习惯，考试前会把书一遍又一遍地翻看记忆，这些习惯一直保持到现在；我也没有太多地去做额外的辅导书、补习班等的练习，基本学习习惯的保持也让我取得了挺不错的成绩。当然这些也归功于我们寝室的氛围，大一时我们寝室每晚 11 点准时熄灯，基本上不熬夜，熬夜打游戏这种事情基本不存在。我认为大一这一年的成绩基础是我之后做一切决定与选择的基础和前提。就这样，大一这一年其实跟很多同学们一样，没有什么特殊的地方。

大二这一年是我大学生活的分水岭。这一年我做了诸多的尝试,这些都成为我宝贵的财富。首先,这一年我加入了工商管理二学位,在这个集体中我认识到了不少其他院系的佼佼者,这让我对之前的生活进行了审视和调整。同时,工商管理专业的开放性、管理性思维让我受益匪浅,这是我之后大面积参与学生工作及之后的辅导员工作的有利推手。二学位课程的学习也曾经使我产生过转换专业的念头。有那么一段时间,我感觉到我的兴趣点在管理学比在工学上要多那么一些,于是就对转专业产生了想法。那段时间也正值我生活的低谷期,也正是刚开始思考未来的时候,感觉未来遥遥无期,毕业之后前途不明朗,等等,也就是真正的迷茫期。我去咨询过经济管理学院的一些专业情况,也开始查看各种各样跨专业考研啊之类的转专业案例,研究这方面的路子。但其实最终发现,当时的那个想法也仅仅是一种想法,一直都停留在原专业未来不明朗、新专业前途一定很辉煌的臆想之中。当然最后打破这种阶段的是跟我辅导员的一次交流,其实很简单,本身这种想法就不太真实,跟过来人交流很容易就会打破。之后,我就开启了漫长的专业认知的道路。我参观过我们材料专业几大方向的实验室,咨询过几位不同的老师某专业都是干什么的,未来会有什么就业方向,然后借大创的机会对金属方向进行了探知,借SAMPE竞赛的机会对高分子及复合材料方向有了了解,在几位不同方向的实验室老师那打过杂,最终找到了适合自己的方向。

大三一年其实就过得很有压力了。首先是身兼数职:大班学委,“北航职业生涯规划”微信公众号的小编,材料学院学生会学信部长,负责学习资料、学习活动及信息传媒工作,搬回学院路校区科研科创也开始起步,进入实验室参加科创竞赛,等等。其实纷杂的工作并不是压力的主要来源,主要是我想在各种各样的工作中真正体现自己的想法,追求创新和能力的提升,这样的话工作就不是很简单了。再加上大三年级学习压力加重,对未来的思考也逐渐提上日程,所以说,大三这一年的关键词,我认为就是选择。即使在压力大的时候,想想自己当初为什么要做这些事情,有了当时的那个选择,之后才能有更好的生活。大三选择专业方向时我选择了我们学院竞争最强烈的专业方向,但是这基于我大二一年对专业的认知;我在保研前夕选择了要直接攻读博士,这也是出于对未来的仔细考虑;当然在大三下学期选择去当辅导员,这是出于最初的那份情怀和对自己的一种考验和锻炼吧。总之虽然大三这一年压力很大,选择很多,但之前充分的考虑和自己明确的目标让我在做出选择时没有特别的纠结。所以,较多的经历和充分的思考是必不可少的。

上面的描述中，大二大三年级很少提到学习的事情，但其实学习并没有放下。前面讲过这归功于大一习惯的养成。在二、三年级，我认为能力的锻炼和眼界的提升也应提到同等重要的地位上来，所以，大一一年里学习习惯的养成就尤为重要。高年级看重的就是经历了，所以要多去看，多去听，多去尝试，这样我们的选择面才会更广。

大四的经历主要是给各位提供点借鉴吧，因为大四年级我的生活轨迹发生了变化，重心更多地放在了辅导员工作上。这个时候考验的更多是独立性和统筹性，没有了课程的压力，这个时候的我们有了更多自由的时间，所以怎么去规划好时间，不让这一年荒废，成了这一年的主题。

回首这四年的经历，从迷茫，到思考，到主动去寻找，再到作出选择，我自认为大概形成了一个闭环。当然这里面也有很多未曾涉及的领域，比如科研不深，这应该是之后博士生涯的一个主攻方向；没有出国经历，这也已经渐渐地提上了日程。我相信这两样东西对我日后的生活肯定会有极大的帮助。

回想大学这四年，后期的一切选择确实是归功于前期的思考和积累。四年不长，转瞬即逝，一定要作好准备，多积累，不荒废这四年宝贵的时光。

教师点评：

大学四年，每个人都有很多选择。刘志威同学属于最“常规”的那类北航学生：进入大学后一度迷茫，学习努力、成绩优秀但也不算拔尖，没有出国交流，本科毕业后直博。然而，贯穿其大学生涯的是不断的思考和积极的行动，尤其是他在专业认知上的行动，特别值得同学们借鉴！

四年里的三个路口
——记我在本科阶段的三次重要选择

作者简介：陈达，仪器科学与光电工程学院遥感科学与技术专业2014级本科生。曾获2017年北航“沈元奖章”提名奖，2016年“创青春”全国大学生创业实践挑战赛金奖。现保送至本校本专业攻读硕士学位。

这篇文章记录了我在本科阶段面临的三次重要选择，分别是针对转专业、当辅导员及去外校读研。不敢说我作出的选择一定正确，但每一次选择都是在当时自己的认知下作出的最优解，无论如何我都不会后悔。

一、与第三志愿的相知与妥协——我对转专业问题的思考

由于和自己最理想的两个专业擦肩而过，大一一年，我一直在思考要不要转到电子或者计算机学院去。但首先，我得先了解自己的专业。我认为对我了解专业帮助最大的是学院组织的实验室参观活动。参观遥感实验室时，我看到了一些非常有趣的东西：几道带着条纹的蓝光咔咔一闪，直接就算出了整个物体的三维点云；把植物叶片放到一个仪器里，屏幕上就画了根曲线，植物是不是缺氮磷钾直接就能分析出来。我之前从未见过这样神奇的仪器，听老师讲才知道：第一种技术叫结构光三维测量，第二种技术叫高光谱分析，都是遥感探测技术。当时就觉得遥感这门学科还是有点意思的，想再深入学学。如果有朝一日自己也能做出这样的仪器，那就太帅了！这次参观让我发现自己并不讨厌这个专业，甚至还有点好奇和喜欢了。

除了感性的认识，我也对仪器专业的课程设置、就业前景等问题做了一些调研。仪器行业在我国是一个相对冷门的行业，真正对口的公司不多，基本以航天院所和研究所为主。大部分师兄师姐还是去了 BATJ 和华为这些公司，和其他学院情况也差不多。所以，在就业上也没有什么可担心的了。

转专业还要考虑一个非常关键的因素，就是沉没成本问题。经过了慎重的思考，我决定不转专业了，就当一切都是命运最好的安排吧。大一结束选专业方向，我也如愿以偿地选到了遥感科学与技术方向。

二、谁说学生干部一定适合当辅导员——探索职业兴趣的一次尝试

大二一年过得相对比较平静，但是在大二将要结束时，我面临了大学的第二次选择：担任辅导员 or not。学院挑选辅导员助理作为未来选拔辅导员的储备力量，而我从小学到大学一直是学生干部，一直干得很开心，辅导员这么好的机会怎么能错过呢？几乎没有什么犹豫，我就报了名。不过后来的事实证明，学生干部也不一定适合做辅导员。

辅导员助理的工作，就是给辅导员们帮帮忙，也经常会与他们聊聊天，了解一下他们的生活状态。我发现想要当好辅导员的难度超越了我的想象，不是只管管学生，而是要搭建学校和学生之间的一座桥梁，不仅要关心同学的成长，还要执行学校的各项安排，经常会有大量的事务等待着你去做，真的很不容易。

除了工作的难度之外，我还发现，自己对这份工作越来越没动力了，因

为在工作中得不到我所期望的成就感。我喜欢工程项目之类的工作，一段时间的努力换来一个较大的成果，就像足球一样。而辅导员的工作更像是打篮球，事情都不难，进球更容易，有许多小的成就感累积，但这并不是我所期望的。只是觉得工作非常繁琐，动力也越来越不足。记得马琳老师在人力资源管理课上说过，即使是自己不喜欢的工作，也要至少坚持做半年，再决定去留。然而半年之后情况并没有什么好转，所以，我艰难而不舍地选择了退出。

我讲这段经历，不是说辅导员的工作不好，只是说它不适合我，“缘分”未到。真的非常感恩学院能给我这样的机会去体验，这是一笔非常宝贵的财富。所以，未来我在选择工作的时候，会有意识地避开这类行政工作，选择偏向于技术或者项目管理类的工作，这才是更适合我的选择。

从这段经历中，我想到一个问题：为什么我从小都喜欢做学生工作，但是到了真正要去做辅导员的时候，却打了退堂鼓呢？我认为是大学的经历“改变”了我们的兴趣所在。在刚上大学的时候我做过一次霍兰德职业兴趣测试，测出的结果是企业型＋社会型，与社会型相反的现实型的得分并不高。而我现在的测试结果是企业型＋现实型。从结果上看，貌似是大学的经历改变了我的兴趣，但我觉得更好的解释是我并没有改变太多，而是大学的经历让我不断地刷新对自己的认识。让我知道自己的手脚没有想象中那么笨，我对于行政工作也没有想象中那么感兴趣。大学一个很重要的意义，不就在于更接近真实的自己吗？

三、下一个三年，你想怎样度过——研究生学校与专业的选择

大三是我大学生涯最神奇的一年。在大二结束时我还在保研线边缘挣扎，然而大四时，我竟然被学院推荐去参加了沈元奖章评选。即使只拿了提名奖，我也挺心满意足了。这一切其实并不全是我的努力，更应该归功于我现在的研究生导师——赵慧洁老师。

我和老师的交集始于大三开始时。我想提前进入实验室做点工作，抱着试试看的心态找到了赵老师聊天。老师当时是学院的党委书记，工作非常繁忙，却和我聊了将近两个小时。详细地了解我的情况，也和我谈她的课题方向，聊遥感的未来。当时我也没什么亮眼的履历，成绩也一般，但是老师却对我非常信任和赏识，直接答应了我进入实验室的请求，并且亲自联系了一位师兄来带我，这让我非常感动。

之后，我在实验室顺利参加了科研项目，发表了论文。这期间，老师经

常关心我的情况，并对我报以非常高的期望。老师的鼓励和支持让我在学业和竞赛等各方面越来越自信，大三成绩有了新的突破，将三年的综合成绩提升到了专业第一，在创业及冯如杯竞赛中也多有斩获，最终有幸被推荐参评沈元奖章。这是当时高考压线进入北航的我无论如何都想不到的。

在研究生选择上我并没有考虑太多，就直接选择留在了北航仪器学院，天时和地利都不如人和重要。与学校和专业相比，好的导师和团队是更难得的，既然遇到了就不应该放弃：我的导师对我有知遇之恩，也非常信任；实验室的师兄师姐都很阳光，与我很能合得来；平时辅导我的郭琦老师也是一位非常年轻和优秀的老师，对我照顾有加。我知道能拥有这样的导师和团队非常难得，我也非常知足，所以最终选择了留下。

人们都说本科四年是人生中最灿烂的四年。即将告别这段日子，心里也充满了不舍和感叹。感叹青春易逝，感叹无忧无虑的年华已经过去，即将直面生活的残酷和压力。而我又十分庆幸，庆幸自己把最好的四年用来奋斗，没有虚度光阴，也取得了一些小小的成绩。相比于四年前的自己，现在的我更加自信和从容，我相信自己有能力面对未来的一切困难和挑战。所以，我很感恩这段时光。大学四年，我过得不后悔！

希望这篇文章能对你有所启发，祝你在人生每一个十字路口都能作出最正确的选择！

教师点评：

陈达是位阳光大男孩，性格外向、开朗。不过，从他四年来的思考和行动来看，“阳光”并非“头脑简单”的同义词：他对专业的思考，对是否做辅导员的思考，对本专业读研或者申请去清华读博的思考……都不是那么简单就作出的决策。

希望同学们也都能通过自己的思考和行动，获得陈达毕业时这样的自信与从容！

二学位、本科专业、学生干部、科研导师——我本科阶段的四次重要决策与实践

作者简介：白云，数学与系统科学学院统计学专业2014级本科生，大四保送至经济管理学院管理科学与工程专业攻读硕士学位。曾获国家励志奖学金、学科竞赛一等奖、学习优秀三等奖等，曾获北航三好学生、优秀学生干部、暑期实践先进个人，曾担任校团委宣传部副部长、北航青年报社社长，现

任北航学业与发展支持中心半脱产学生干部。

回首过去四年,我之所以成为现在的我,与本科期间所作的四个决策分不开:选择经管学院的工商管理二学位、大二结束选专业、大三之后决定行政保研和对导师的选择。希望能够从我平凡的经历当中挖掘出一些不一样的东西,以飨各位读者。

一、与二学位邂逅,适我愿兮

我是数学学院的学生,大一时比较活跃,总想着找一些新奇的事情去做。在学生公寓中看见了经管学院工商管理二学位的宣传通知,我就去报了名。随着在二学位班上的学习,我越来越庆幸当时的选择是正确的。

首先,在学习过程中,有不少同学因为课程冲突等原因选择了退出,我很高兴自己能和现在班上的同学们一样成为坚持到最后的人。坚持虽累,但坚持本身所带来的成就感是无可比拟的。

其次,二学位的学习让我对工商管理的大体架构有了具象的理解,周宁老师的《会计学》和王惠文老师的《商务统计》是我最喜欢的课程,这两门课程与数学的联系很紧密,我在其中找到了专业认同感,而王老师的课深深激发了我对统计学的兴趣,这也是我大二之后选择本系统计学专业的一大原因。

再次,班上的同学们优秀又可爱,我们班里有北航最高荣誉“沈元奖章”的获得者,有本科期间创业成功的小企业家,有保研到清北的大学霸,有考到五道口金融的未来商业巨佬,还有和我一起并肩战斗打美赛的小伙伴,能认识这么多优秀的同学们也很值得自豪。

最后,在职业生涯规划课上,我懂得了规划要趁早的道理,在后来我纠结于考研和行政保研之间时,苏老师也给予了我宝贵的参考意见。总之,工商管理二学位是我深入了解经管学院的平台,更是我大学期间最宝贵的经历。

二、与统计专业的纸短情长

我们数学学院的培养方案是在大一大二的时候进行通识培养,即先学习若干数学课程,如高等代数、数学分析等,在大二结束之后根据个人的兴趣选择专业方向。在选专业的时候我几乎没有犹豫就报了统计,因为前面也提到过,王惠文老师的课让我对统计充满兴趣,我渴望更深入地学习统计学相关的知识,弄懂其中的原理,而不仅局限于对统计软件的使用。再加上数学学院是在我们这届第一次开统计专业,我觉得这是冥冥之中上天注定给我的机会，而在后来的学习过程当中，我也逐渐发现了自己的兴趣所在，这为我研究生的专业选择奠定了基础。

三、保研之路——衣带渐宽终不悔

大二结束之后我就在考虑之后的发展方向，如果按照之前的成绩来看，我保研应该是没戏的，当时陷入了很深的矛盾和纠结，这种纠结比高考报志愿时还要更加深刻和持久。那个暑假无比漫长，为了不让自己淹没在迷茫和纠结的消极情绪中，我找了好多事情做：上了二学位的一门课程，带领报社去青海暑期实践，之后在一家教育机构实习了一个月，每天都很充实，但是晚上自己回到宿舍总是久久不能入眠。

期间我咨询过自己的辅导员、学长学姐，就连我实习单位的部门主管对我的事情也很上心，她对教育学很有研究，在跟主管促膝长谈之后，她的一些想法也给我开拓了一些新的思路。后来我的一位学长，也就是我现在的师兄建议我可以先去他们的实验室感受一下研究生的生活，有可能的话也尝试参与一些简单的项目。征得老师的同意之后，我开始进入实验室。而现在，这位老师就是我研究生阶段的导师贾老师，学长也变成了带我做项目的师兄。

大三下学期是我大学生涯的重要转折期，因为在这时，我在考研和行政保研之间选择了行政保研。我认真倾听和考虑所有人给我的建议，其中尤其感谢我们系副书记丁丁老师和《职业生涯规划》主讲苏文平老师，是她们为我指引了方向。我了解到北航学生处即将成立学业与发展支持中心，专门立足于帮助所有学生更好地进行专业学习以及未来规划，结合我自己在学业规划方面的切身体会，我认为在北航像我这样平凡的大多数学生，在处于迷茫和困惑时找到前进的方向是一件多么不容易的事。大三下学期，我报名了沙河校区学生发展服务中心的见习生，开始接触和了解学生处的工作，之后经过笔试面试，成功当选为学业与发展支持中心的半脱产学生干部。

四、管科路漫漫，吾将上下而求索

说了这么多，再谈一点我研究生专业的选择。在我读统计专业之后，老师们经常会布置一些需要动手编程的作业，里面涉及统计模型的应用、数据处理等等。说实话，我对这些作业的兴趣要远高于做数学证明题，因此格外用心，在相关科目的考试中也取得了还不错的成绩。可巧我所在贾老师的实验室里有很多数据科学的项目，给了我一片广阔的天地。我的研究生专业是管理科学与工程，而我在高考报志愿的时候也选过南开大学的管理科学与工程，最终，殊途同归。

现在的我，每天大部分的时间都在沙河校区打卡上班。学业与发展支持中心的工作还是很有意思的，比如中心会经常邀请一些青年牛人教授来做团体辅导课，还有中心的老师们倾力打造的“大学生通用学习能力”通识课程，主讲学习方法和学习习惯等，学弟学妹们可以来选课，对提升学习效率帮助还是很大的。对于自己学习方面的困惑也可以通过微信航语公众号与导师进行一对一预约、答疑解惑。行政保研需要在本科毕业之后停一年再进行研究生入学报到，就是我们常说的 Gap Year。为了不荒废时间，我在工作之余积极投身于实验室的项目，由于我本身 Python 基础较差，就在师兄的带领下，一边做项目一边锤炼自己的编程能力，在实战中学习是最高效的学习方法。

我的一路上得到了太多太多人的帮助，感激之情溢于言表。不管在平时工作还是科研当中，常怀感恩总会使我斗志昂扬。记得《演员的诞生》里有一句话：“老天爷赏饭吃，那就要把这碗饭端好。”既然我得到这么多机会，就更应该好好珍惜，同时也祝所有的同学们前程似锦，做人生道路上的勇士。

教师点评：

白云同学是本人主持的“北航职业生涯规划”微信公众号第一位志愿者小编，而且是主动提出担任编辑的。需要特别说明的是，他向老师提出当编辑时，课程已经完成并拿到了学分。这说明他并非功利性地担任志愿者，而且体现了一个非常重要的品质：主动性强。

从白云同学的分享可以看到：“主动”一词贯穿他本科四年；也正是得益于这个品质，学习成绩并不突出的他才能在大三结束时有各种选择，最终如愿成为半脱产学生干部，并成为经管学院的一名硕士研究生。

希望更多的同学们也能够充分发挥自己的主动性，为自己的未来创造更多的机会！

本科阶段在自我认知和行事方式上的两次转变
——一位北航工科学霸的大学生涯回顾

作者简介：马梁，可靠性与系统工程学院 2014 级本科生，现保研至本学院攻读硕士研究生，研究方向为故障预测与健康管理。本科期间连续三年大班排名第一，曾获国家奖学金、校优秀生等荣誉，获数学建模国赛北京市一等奖、美赛M奖等。2016年被评为学院“为民先锋”。生活中喜爱运动，作为主力自由人代表学院连续三年参加北航排球联赛，分获冠军一次、亚军两次。

大学本科，是一个人成年以后的第一个连续阶段，成长是这个阶段的关键词。所谓成长，就是在人生中与过去的自我进行纵向对比时，发生质变的那部分内容。对于我来说，我总结为分别体现在自我认知和行事方式上的两个重要转变。

一是自我认知从实践型到理论型的转变。从小到大，我对自己的定位和期许一直是成为一名动手能力强的工程师人才。我曾经渴望成为一名机械工程师，用自己的双手设计、制造、装配出灵巧的机械结构，来驱动世界的发展。或是研究材料，浸泡在实验室里尝试不同原料的组合与配比，创造高性能的新材料。然而，天总是不会在所有的方面都顺遂人愿，步入大学之后，三门机械设计相关的课程让我感到从未体会过的煎熬与无助，各种角度的视图我总要反复思考才能在脑海中浮现出清晰的画面，伸开双臂都无法展开的大图更是让我头疼了一个学期，最终勉强画完，但设计质量连我自己都看不大下去。反而，数学、力学相关的内容，能够引起我极大的兴趣，我发现相比起应付工程领域的各种“近似”，我更愿意与严谨的公式打交道，喜欢静静坐着深入思考一个问题，也喜欢坐在屏幕前一下午，用代码把自己的想法交给计算机去实现。所以慢慢地，我逐渐认识到，过去对自己的认识相当片面、相当武断，还未真正了解各专业领域所做的事情，就着急地给自己所擅长的方面下了定论。“博观而约取”，人的认知都是从窄到宽再到窄的过程。大学四年，给了我们足够的时间去探索和发现，参考兴趣和能力，发现真正适合自己的地方，然后再追求细致，努力在一个方面做到最好。

二是在行事方式上，从被动型到主动型的转变。“机会永远是留给那些有准备的人。”曾经的我对这句话嗤之以鼻，我始终认为只要自己做得足够优秀，机会就会主动找上门来，想错过都难。但是似乎这种情况只会在某些时期能够成立，例如高中之前，大多数人的目标是单一化的，最重要的目标无外乎升学。日常的学习和生活似乎也以被动为主，所以如果我能够在身边的人中表现得脱颖而出，老师、家长就会自动关注到我，各种机会也会摆在面前任我选择。然而到了大学，原本笔直的个人发展道路一下子出现了数不清的分岔路口，每条道路都很诱人，似乎选择它们都会大有可为。然而，失去了背后的推力，这时候我再也没办法只是做好自己手头的事情，然后被动地被推着向前走——因为连我自己也不知道哪条道路是最适合自己的。真正让我意识到，被动型行事已不再适合我大学阶段的成长的时候，是大一年级结束之后评奖评优的过程。

看看自己的履历，与其他同学相比，总显得不那么充实。竞赛、学生工作、社会活动方面我基本为空白——这些无一例外是需要自己主动报名参加的条目。当年暑假我便报名参加了全国大学生数学建模竞赛，放弃了近一个月的暑假时间，以一名一年级本科生的身份参加比赛。在暑期培训期间，我们队伍一行三人都要每天赶着早晚高峰乘地铁往返于沙河校区和学院路校区，这放在以前，我是绝不会让自己受这种罪的……也正是通过这次比赛，我发现自己对于运用数学知识解决实际问题还蛮有兴趣，这才有了后来的国赛、美赛中取得的成果，也一定程度上影响了我对于自己研究生阶段专业方向的选择。

从这以后，我会努力迫使自己跳出舒适圈，做自己想尝试但是没做过的事情。慢慢地，我发现当我变得主动之后，能够做成许多不同的事情，接触到不同的人，看到不同的风景。

最后，我站在一个即将本科毕业的学长的角度，给学弟学妹们提一些建议。

首先，我认为最重要的一点就是，大学生活不能过得太悠闲、太舒服。舒适是懒惰的温床，而懒惰是阻碍人发展的最大桎梏。天将降大任于斯人也，必先苦其心志，劳其筋骨，饿其体肤。就像神经网络一样，如果训练数据过于整洁，虽然损失会很快收敛，但面临实际情景下带有噪声和干扰的数据时，往往难以取得很好的性能，所以需要在训练阶段引入一定的噪声，让网络学习效果更好。人如果过得太舒服，很容易陷入“局部最优”，虽然感觉差不多，但终究是没有发挥出自己更大的潜能，距离真正的成长也就差那么一步。

其次，就是持续学习的态度。俗话说活到老，学到老，在科技发展日新月异的今天，我们更离不开终身学习。除了课堂、课本上的知识，我们平时也要注重自己技能树的发展，比如外语、比如计算机知识。虽然在真正需要技能发挥用途的时候，前期所学并不能够完全应付得了，但总归是事前对其有了大概的印象，再进行深入学习，面临的阻碍会小很多。而且，通过自学去掌握一项技能，并在意想不到的时候发现其能够发挥作用，不也是一件成就感爆棚的事情吗?

最后，就是乐观的心态和健康的身体。“为祖国健康工作五十年。”所谓健康，既包括心理健康，也包括身体健康。十多年前北京市团委的一份调研报告表明，在北京地区大学生中抑郁的比例超过20%，这是一个比较可怕的数字，可能在平时不会表现出来，但却在实实在在地折磨着患者的精神和身体。诚然，大学阶段由于环境的变化、课业压力、人际交往等问题，会让人感到沮丧和失意，所以就需要及时地自我干预与寻求外界干预，在萌芽阶段抑制这些问题的产生。另一方面，体育运动具有发泄情绪的作用，所以积极参加体育运动，培养起自己的一项业余体育爱好，不仅能够让自己心情愉悦，也能给你一个健康的体魄。这样，无论是在学习还是生活中，都能够做到更加游刃有余。

我向来不善于语言表达，很多时候需要琢磨良久才能憋出一句简单的话。在本科即将毕业之际，回顾自己做过的事情与面临的得失，我能够看到自己的成长，也能想清楚未来要走的路。希望各位同学都能够尽早接触职业生涯规划，快乐地、充实地度过有意义的大学生活。

教师点评：

马梁是2016年春季职业生涯规划选修课班上的同学；当时在最后一次课上，由于大都是经管学院学长学姐的案例，同学们提出的改进建议中有“希望增加理工科专业学长学姐的案例”，我当时的回答是“希望同学们两年后自己写出案例向学弟学妹们分享”。这里我们看到：马梁同学完成了一个非常棒的案例！

马梁性格沉稳、踏实勤奋，是非常典型的那类北航学子。然而，从两年多前职业生涯规划课的作业就可以看到：他当时就意识到“打破自己的认知限制”的重要性并结合自己的专业特点不断践行，最终取得了骄人的成绩。文中总结的“两个转变”，可能对很多同学都是适用的；尤其是“从被动型到主动型”的转变，应该是绝大部分同学快速地真正完成从高中生到大学生转变的“捷径”。

希望更多的同学主动地打破自己的认知限制，积极思考与行动，创造令自己更加满意的未来！

我的大学：迷茫中探求兴趣，笃行中选择方向

作者简介：石发强，计算机学院2014级本科生，2018年保送至本校本专业攻读硕士学位。

我这短短二十三年的生命历程，却是一波三折，好运与多舛相结合，坎坷与坦途相混杂，在人生的一个个岔路口上迷茫过、彷徨过，自是难以抉择，这个路口选对了方向，自是欢欢喜喜奔驰一段；下个岔道走错了路，不得已

而步履蹒跚、艰难前行。回首过往，寥寥数语，以飨诸君，自是为了更好地规划自己的未来，以期过好将来的数十载春秋，倘若能给诸位些许有益的帮助，则甚慰矣。

随着国家宏观层面上的扩招计划与就业压力，读研深造已成为了大多数本科毕业生的首选去向。我由于去台交换学习而少修了一门本系核心专业课，按照往年政策无法参加保研。因为大多数互联网公司秋招都开始很早，一般在每年六月下旬就已经开始。于是交换回来之后，在大三下学期开始准备工作，成为秋招求职大军中的一员。当时初出茅庐、心高气傲，带着北航人的骄傲，投简历都是一线互联网大厂，直到在简历初筛阶段就被阿里刷掉、华为公司折戟于技术初面的时候，才蓦然发现自己距离企业的要求天差地远。

两个月日日夜夜地改简历、刷面经，一次又一次陪面试官尬聊，虽然没有拿到 offer，却让我清晰明确地了解了企业的需求与自我能力之间的差距。也正是这一次残酷的秋招求职经历告诉我，最基础的技术能力才是工科学生立足社会的根本。

一眨眼忙忙碌碌的暑假就过去了，有意栽花花不开，无心插柳柳成荫，没找到码农的技术工作，却意外地拿到了京东的管培生 offer。幸运的是，大四上学期一开学，在确定保研名单前夕，随着学校学分制改革学院允许交换生用外校相似课程来代替该门专业课，只是在分数计算上要打折扣，因此我幸运地拿到了保研名额。当时，面对中科院计算所与北航本校的选择，我留在北航，是因为我更喜欢校园的味道，北航完整的教育科研体系也能带给我技术之外的思想碰撞与生活，而计算所则更多地像一个工作单位。

确定保研之后，大概是心态轻松了，再去各种面试，反而能侃侃而谈，拿到了几个不错的实习 offer。在商汤、今日头条、腾讯视频这样的大厂面前，我反而选择了一家开业不满一个月的创业公司。因为是实习而非正式工作，所以更想去体验企业初创之后成长的过程。而大企业则已经定型，即使你成为里面最优秀的一颗闪闪发光的螺丝钉，依然是一颗螺丝钉而已，没法看到整个机器的运转流程，而这是只有创业企业才能有的机会。

眨眼间大半年过去了，每当学生公寓里的墙皮又被重新粉刷过后，美丽的大学校园里又迎来了新一波朝气蓬勃的大学生们，开始书写他们的青春故事。所谓大学，乃是大师之谓也。而在这大师云集的校园里，我辈大学生，亦当是大部分时间用来学习的当代青年学生，而不应该大大咧咧地学一学就浑浑噩噩地度过了大学青春时光。或许大家在高中听惯了“拼搏三年苦，为了大学更轻松”的话，也有很多人说到了大学学习成绩再也没有那么重要了。但是事实是，大学里各种评奖评优或是出国保研，都是以学业成绩、GPA 为最主要的选择标准。而连续两年秋招求职面试的经历也告诉我，用人单位最看重的首要条件仍然是毕业生们的专业技术能力与学业成绩，因为这充分反映了大学生们的学习能力与发展潜力。古人云，一屋不扫何以扫天下，如果作为学生连学业成绩都搞不好，那么你的能力又如何体现呢？

以我之拙见，大一时期基本都在学习本专业的基本知识，大多课程是培养方案规定的内容。我们也应当借此时光了解、认识自己的专业，找准自己的兴趣点，逐步决定自己未来所从事的职业。有些人，像我一样比较迷茫，这个时间或许延长到大二，但到了大三，我们总要作出决定了。大三或许是你最佳的蓄力期，开始深入钻研你所选择的专业方向，培养自己无法被别人所替代的高超专业能力。到大四的寒假，大多数人的去向都已尘埃落定。

这其中，挖掘自己的职业兴趣、选择未来的职业方向是极其重要的，因为这在很大程度上就能决定你未来几十年的生活，而这也是你认识世界、了解社会的过程。这个工作，宜早不宜迟。马克思说："哲学家们只是在解释世界，而我们需要的是改造世界"。抛开部分佛系青年不谈，我们大多数人向来都是带着改造世界的梦想来到大学求取知识的，而欲改造世界，则必先了解世界。因此我觉得在人生的规划中应该有那么一段时间用来观察社会、了解世界。为此我在大学期间、学业之余，做了很多社会实践工作。

如果在大学阶段，你就开始对自己未来的职业生涯发展有着明确的规划安排，找工作的时候在 HR 眼中就是个特别的加分项，因为这不仅仅关乎于职业，更能体现你的思维能力、立足长远的大局观。更重要的是，这样的生涯规划能够给你一个奋斗的目标，保证你人生的稳定与可持续发展。如同建筑图纸一样，指导、督促你更好地完成它，幸福快乐地走过这一生。

有了人生的规划，还需要你自律、认真地去完成它。一个人在学校里是自由散漫，还是认真自律，这是一种长年累月对生活的态度积累而成的精神状态，是很难在毕业以后改变或是掩盖的。只有自律认真的人生，才能沿着你自己绘制的人生蓝图阔步向前。

高考过后，我跟着本地很多没有上高中的初中同学去了建筑工地搬砖拧钢筋，体验了这种农民工的生活。三个月的体力劳动，瘦小的我反而壮实了很多，也正是那段苦不堪言的劳累日子，让我更充分地了解了中国社会底层农民的生存状态。在工商管理二学位学习经济学的时候，我还曾组织本系党员实践队到山西中阳这个国家级贫困县实地调研当地社会文化与经济状况，了解了占中国 80％以上国土面积的县域经济发展状况。大四暑假，曾在北京市某欠发达区政府实习，再一次以官方的视角观察了中国经济发展的缩影。而作为计算机专业的学生，我也曾到某初创科技企业实习，四个月的时间经历了一家现代高科技企业从工商注册开始到融资上亿元人民币的发展历程，这段经历告诉我什么样的毕业生，才是企业真正需要的人才资源。

大学毕业后的我们，必将成为经济发展中的一颗颗螺丝钉融入这个社会的发展中。而这些丰富的社会实践经历，让我从宏观与微观两个角度双向逼近了解了真实的社会经济运行状况。所谓经济，经世济民，一旦你所选择的职业方向高度契合了这个国家与民族的发展，必将焕发出无尽的活力。

而作为一个非典型性工科男的计算机专业学生，我觉得在大学的学习生涯中，一定要在大一大二打好最牢固的数学基础知识与编程语言技能。无论你之后选择了什么样的专业方向，这些工具性、基础性的知识都是你构建专业能力体系的基石。强化自己专业知识的同时，也应当广泛地涉猎一些专业之外的书籍。理工科的同学很有必要多读一读文学、社科、历史、哲学、艺术等类的书籍。具体的专业能力会让你在短期内收获满满，而这些看似无用的书籍，会极大地开阔你的思维视角，更长期地甚至是终生地影响你的思想、人生。

当然，我们的青春不该如此单调到只有学习，只是为了学业、未来的职业而活着，那叫生存，而我们，应该学会生活。虽然不建议大家把宿舍、学校搞成文体活动现场，但是培养一点儿自己的爱好，比如某项体育运动、艺术能力、公益活动，都是痛苦并快乐着的大学生活中的一道亮丽的色带。更重要的是，你会逐渐发现随着年龄的增长，这些小兴趣在你日常生活中的比重会逐渐提高，或许在你四五十岁以后，在你对所从事了半生的职业逐渐感到厌倦的时候，这种兴趣就会逐渐发展成你的第二职业，直到退休后成为你生活的主要部分，当然，那是很久以后的故事了。

教师点评：

石发强同学的大学感悟实际上也是笔者一直以来想要分享给广大青年学子的，即职业生涯规划是一个很内在很自我的东西，一个人只有自己能够清楚地认识自己、说服自己，才能够为自己制定切实可行的规划，才能够激发内生动力与实现人生价值，任何外在强加的规划都无法实现这一目的。因此，有两点理念请同学们务必要谨记：一是要自主地接触职业生涯规划相关知识与内容，尽早实现自我规划，激发内生动力；二是如果还是暂时迷茫，请务必坚持好好学习、踏实积累，无论你最终的规划是什么，良好的知识储备与学习能力锻炼是任何规划最后成功都不可或缺的必要因素。与大家共勉。

高考踩线进北航，毕业直博到清华

作者简介：王昱森，能源与动力工程学院2014级本科生，工商管理二学位学生，本科成绩全学院/专业第一。曾获北航“沈元奖章”提名奖、国家奖学金、吴大观英才班特等奖学金等。目前于清华大学能源与动力工程系直接攻读博士学位。

在写这篇文章时，我已获得清华大学能源与动力工程系直博生的录取通知。从沙航到学院路再到清华园；从18岁到22岁，转眼间已经到了离别的时刻。回想起第一次走进北航校门的那个夏末的下午，那时我还是一个踩线考进北航的新手小白，带着两个行李箱和满心的迷茫，急匆匆地踏上了自己的大学之旅。

或许是因为出发时没有做好准备，从那个下午开始，我就一直在问自己三个问题：我现在在哪里？我想要去哪里？我怎么去那里？并且不停地寻找和践行着自己的答案。四年的时间匆匆过去，尽管仍然有说不尽的遗憾，但是很庆幸给自己交了一份还算合格的答卷。而今，站在新的起点上，回望身后的脚印，我已经没有出发时那么迷茫。下面的文字，既是写给自己的一个旅途小结，也是临别前给学弟学妹们的一点赠言，希望能在学弟学妹们觉得迷茫的时候稍稍发挥一些作用。

一、我在哪里？

我在哪里？我要去哪里？这看似是两个独立，实则无法分割的问题。毕竟，在不同的维度下审视自己的位置，会得到完全不同的坐标值。

2014年，北航4系在四川省的招生分数线为635分，而我以636分的成绩踩线走进了北航4系，连参加吴大观英才班选拔考试的资格都没有。当大家去考试的时候，我一个人在寝室里呆坐，心里的滋味真是不知道该怎么言说。刚被泼了一盆冷水，紧接着还有第二盆和第三盆。大班里选拔大班委，我去参选，结果直接被刷掉；系里举办“动力杯”科技实践竞赛，周围很多同学都报名参赛，我却发现自己对科研和科技实践一窍不通；参加了学生会组织干事的工作，我发现自己连基本的软件都不怎么会用，而周围的大神却早就出色地完成了工作。

值得庆幸的是，这样的焦虑感让我比身边一些同学更早、也更清晰地开始了全面的自我审视。发现自己处在全面的劣势，我作了两个决定：

（1）以本专业学习为核心，积蓄实力。通过与学长学姐的交流，我了解到，不管是本系/外校专业内升学，还是校内转专业，本专业学业成绩和排名都是考察的关键要素。一位学长的建议，我至今记忆犹新："在你不知道你要去哪里的时候，学好手头的专业不见得是一个很好的选择，但是一定不会是一个让你后悔的选择"。后来的事实也确实证明了这一点。

（2）广泛参与各类活动，了解不同的专业方向，分析自己的性格适合哪一种专业方向的学习。大一和大二期间，为了找明自己究竟适合怎样的发展方向，我参与了不少的学生活动，与周围院系的同学，尤其是各院系的学长学姐进行了很多的交流，对各个院系在"研究什么"以及毕业后会"做什么"有了一些粗浅的了解。

由于大一阶段的努力学习，第一学年结束时我非常荣幸地成了大班第一名，并成功进入了吴大观英才班。这大大地提振了我的自信，看到自己的努力是有回报的。尽管起点较低，但是我发现：只要努力进取、抓住机会，自己是可以有所作为的，这进一步加深了我对找清自己适合方向的紧迫感。

大一结束时，通过对本专业和其他各专业的初步了解，我意识到自己主要对两个专业方向比较感兴趣，一是自己的本专业，二是工商管理。我个人一直对工商管理专业方向抱有一定的兴趣，同时我认为，作为一个工科学生，如果我以后要在本专业内发展的话，掌握一些管理相关的知识一定是有益的。为了较为系统地学习工商管理相关的专业知识，我参加了北航经管学院开办的工商管理二学位班。

在工商管理二学位课程上的学习，特别是职业生涯规划课的学习，让我真正地认清了自身的专业兴趣。在这门课的学习中，我积极地思考如何发现和选择自己的专业方向，并用科学的方法对自身的职业性格进行分析。经过课程的学习，我确定自己的性格更加适合参与与研究和技术相关的工作。基于此，我基本确定了自身的定位应该是一个工科专业的学术型技术人员。

二、我要去哪里？

确定了自身定位为一个工科专业的学术型技术人员后，由于我认为自己对本专业确实有着浓厚的兴趣，我认为自己应该继续在本专业深入学习。这就要求我需要快速地确定一个属于自己的发展目标并全力向这个目标前进。就这样，接下来的一个学期的时间，我开始深入地思考第二个问题——

我要去哪里。

经过初步的考量，我认识到，既然我希望成为一个学术性的技术人员，仅仅本科的学习绝对不足以让我具有足够的知识量以从事相关的研究和工作。因此我确定自己一定要进行研究生阶段的学习。

在本专业的框架内，我可以选择的道路主要有三个大的方向：① 本系保研；② 校外保研；③ 出国留学。我意识到上述三条道路对我来说都是可行的选择。这要得益于大一时我做出的积蓄实力的决定，让我在走到路口时有了更多的自主选择权。

通过分析，我最终选择了第二个方向，以进入清华大学直博作为努力的目标。主要考量的因素有两个。首先，我发现自己比较偏向基础理论的学习和研究。北航在我的专业方向的工程应用方面具有无与伦比的优势，但我认为在基础理论的研究上，清华大学水平相对较高，同时觉得出国读研也是不错的选择。通过与周围老师的交流以及自己的再三权衡，最终选择在研究生阶段暂不出国，以清华作为努力目标对我来说更为合适。

一般来说，目标定到这个层面应该就差不多了，但是我发现并非如此简单。选择了专业大方向和想要努力的目标院校，进一步确定自己感兴趣的具体研究方向，在这个基础上选择保研导师是十分紧迫的问题，甚至这比选择院校还要重要，选择一个感兴趣的好方向和德高望重的好导师，不仅能让自己在研究生阶段的学习更加顺心和顺利，甚至于事半功倍，更关乎自己未来的职业发展方向。通过自己在北航实验室的工作经历，加上自己的一些科技实践竞赛中的体验，我最终在大专业下确定了自己想要投身的小方向，也就是我现在所在的清华大学实验室的研究方向。紧接着，由于非常有幸通过各种方式认识了清华实验室里的一些学长，通过交流，我选定了现在的导师作为保研的具体目标。至此，我基本基于自身的定位找到了自己的具体目标，回答了“我要去哪里”的问题。我发现如果想从事基础理论研究，仅仅接受硕士阶段的培养肯定是不够的，因此我很快选择了以直博作为目标。

三、我怎么去那里？

虽然自身的定位和方向已经确定，但是这时我才清晰地认识到，自己离目标还有很大的距离。“我怎么去那里”这个问题，想要交上一份好的答卷确非易事。

为了准备面试，我主要从三个方向进行了准备工作，提升自己的实力。一是继续保持成绩在最优水平，二是针对直博面试的问题进行准备，三是提高自己的英语能力。日复一日的坚持努力让这些准备发挥了令人满意的作用。大四上学期，终于到了收获努力果实的时刻。或许也是沾着一点好运，我非常荣幸地被清华大学能源与动力工程系预录取为直博生。至此，我本科之路的第三问“我怎么去那”算是得到了比较圆满的解决。

我最后能成功实现自己的目标，确实是得益于大一时定下的积蓄实力以图进取的方针，让我在面临选择当口的决定时刻有了更多的余裕。其实很多同学或许也有与我相似的经历，在寻找自身定位和发展方向的问题上长时间举棋不定，甚至有些同学在分析了自己的职业性格之后由于种种原因仍然不能很好地确定自己的方向。但我觉得这其实并没有关系，深入地思考自己的定位和目标，作出让自己满意的决定，总比匆忙下决定事后悔不及好十倍。在举棋不定的时刻，重要的是不要让迷茫拖住了行动的脚步，不要用前路未明作为懒惰和不努力的借口。毕竟，“在你不知道你要去哪里的时候，学好手头的专业不见得是一个很好的选择，但是一定不会是一个让你后悔的选择”。

而今，站在新的起点，我已准备好在新的前进之路上继续寻找我的方向，找到自己的定位，确定自己的方向，向着目标努力，这或许是人生中永不停歇的一个循环。希望我在未来能继续为自己交上合格的答卷，走好自己的路，也希望看了这篇文章的学弟学妹们能找到一些闪光点，更好地走向自己的未来。

教师点评：

昱森是标准北航学霸：典型的北航工科专业、典型学霸路径——本科毕业到清华直博。

然而，大一初始，昱森是还在迷茫和焦虑，踩着高考线进的北航。接下来，“我现在在哪里？想要去哪里？怎么去那里？”就成了昱森思考和行动的主线。

接下来，昱森迎来了没有资格参加吴大观英才班选拔考试、参选大班委直接被刷、对科研竞赛一无所知等一系列的“打击”。然而，昱森没有因为“打击”而自怨自艾，而是积极行动、潜心学习，一年级末取得了大班第一名的好成绩。

不过，昱森并没有满足于自己已经取得的成绩，而是继续进行专业探索，借助职业生涯规划课上学到的理论方法，在大一上学期结束时确定了自己未来的努力方向——成为工科专业的学术型技术人员。

接下来的一年半，昱森的努力聚焦在选择达成目标的路径并为之采取相应的行动方面，并在大四开学之初收获了成果。

昱森通过自己的思考和行动达成了从“小白”到“学霸”的逆袭，尤其是他几年来的思考和行动对很多北航同学而言是有参考性甚至是可复制的！这才是区别于“鸡汤”的榜样力量！

从数学到金工：学会将自己不擅长的事情做好

个人简介：李雨婕，数学与系统科学学院2014级数学华罗庚班本科生。本科期间参加多种比赛，在学生组织中也收获丰盛。大四推免至清华大学经济管理学院攻读金融硕士项目。

一、大学生涯回顾

回顾大学生涯，其实在进入北航数学学院的第一年，我就已经有了很强的不适应。周围的同学们非常优秀，自己高中时候数学基础又非常薄弱。有时候做一道数分题可能思考三四个小时都没有思路，我是几近崩溃的。记得大一时我频繁联系班主任请求帮助，几次哭着和家长打电话，动过很多次转专业的念头。在数学上不开窍的我却又偏偏很喜欢很有逻辑很严谨的东西。现在回头想，幸亏当时不敢转专业的“懦弱”才让我如今掌握了这么多宝贵的知识财富和思维方法。

大二的职业生涯规划课中，职业生涯思考和职业性格测试给当时迷茫又苦恼的我一剂良药。课程结束后，职业生涯报告表明我是一个偏向于团体合作，善于发现问题，能够快速学习和有沟通能力、领导能力的人，职业建议一律是商科，尤其适合咨询行业和数据分析行业。从这时开始，我严肃地考虑起自己的未来。

接下来，我首先通过冯如杯科研经历和上网查找资料形成初步的行业认知。其次，自己确实对这种项目制工作形式和探索新奇事物的工作节奏所吸引。同时，我发现很多大牌的公司都特别青睐清北复交的学生，且需要前期有足够优秀的实习经历。

根据以上这三点，我给自己选择了一条我能想到的最优化的方法，努力保研到清北复交，转入商科，同时趁读研究生的缓冲期丰富自己的经历。在此过程中，我先后参加两届美赛，并获得M奖，也获得了各类奖学金，优干和院级荣誉。在社会活动方面，我先后担任过校长学生事务特别助理、系学生会公关部部长、数海领航主要负责人、蓝海智投公司投资研究员等。

经过不断努力，我最终获得了清华经管学院金融硕士（金融工程方向），人大汉青研究院金融硕士，北大汇丰商学院及新加坡国立大学双学位项目（北大经济/管理学+新加坡国立金融工程)，北大汇丰商学院金融硕士(数量金融方向)，中国科学院数学与系统科学研究院应用数学所等院校夏令营及推免面试资格，也收到了绝大部分 offer，最终确定进入清华大学经管学院。

现阶段我正在一个 Fintech 公司实习，以后想多去不同类型的职位进行尝试，寻找最契合自己的职业。

二、保研历程

首先，拿到保研资格最重要的是成绩，其次是各种比赛获奖，最后是社会实践和社会工作经历。

上面所罗列的指标决定能不能获得对方学校的面试资格，获得面试资格后能够获得 offer 的指标只有一个，即综合素质。

我的综合 GPA 为 3.704/4.0，平均分为 90.4，年级排名为 9/114，在所有竞争对手中不算突出，真的是出校门之后才能看到别人比自己优秀多少，但是这并没有影响到我获得入营的资格，所以想告诉大家，看清自己的目标以后，对照我上面的指标，没有的争取去弥补，只要在大四的 9 月前一切都来得及。我当时决定转金融后，面对自己没过线 550 的六级成绩和一片空白的实习经历，用了一个月时间准备了雅思，得到了口语分(虽然不高但是较六级没有口语成绩而言要好很多)，得到了一份实习经历，满足了入选的竞争要求。

当取得入营资格以后，剩下的就变成检验你 20 多年成长成果的过程。总结我经历过的近十次面试，姑且也给个指标的排序：软实力(包括临场反应和思维能力)、专业素质、英语口语能力。其他的两项都可以集中时间培养，但是软实力这一点，不管你如何聪明如何优秀，面试时紧张不知道怎么展示自己，都是白搭。所以其实建议大家能够在课堂上回答老师的问题，做大作业展示的时候自告奋勇地上去讲，这些潜移默化的影响还是很大的。

除此之外，要注意扬长避短，给学校进行风格分类是个很好的方式。比如我当时就想将申请的院校进行如下分类：

- 主要考查经济金融基础知识的：人大汉青、北大经院、上交安泰
- 英文水平要求很高的：北大汇丰、上交高金
- 主要考查面试的：北大汇丰、清华经管

这样的分类能让你在有限时间内充分准备，进行取舍，最大化自己的命中率。

下面是关于网申的一些注意事项：

(1) 建议能根据填写的第一个网申遇到的信息制作一个网申个人信息

表，这样在填写后续的网申时能够直接复制修改，节省大量时间；

(2) 建议能够做一个网申 excel 表格，里面包含你所要申请的所有学院的材料截止时间、面试时间、材料要求、是否需要邮寄、推荐信推荐者资质要求等信息，避免重复查看简章带来的时间损耗以及不小心看走眼带来的致命损失。

三、本科学习方法建议及个人感悟

1. 搭建自己的知识系统

拥有自己的知识系统是一件能让你工作变得游刃有余的非常高效的方式。从小到大学习的这么多知识，不一定你每个公式、每个定义、每个细枝末节都能记清楚，但是形成知识脉络和对知识的自我认知是很有必要的，这决定了当你遇到问题时，你很快会知道什么知识有可能会解决它，这个知识上哪里去找。

这部分我推荐两种方式，一个是印象笔记等电子笔记系统，一个是思维导图。

我用印象笔记不是去在里面记笔记。基本上存在里面的东西只有一个知识集的思维导图以及自己对相关知识的理解。思维导图能够帮助你形成系统认知。给每个知识都书写自己的理解，才能真正把知识内化为自己的财富，记忆深刻。

另外推荐一本叫《刻意练习》的书。我读了两遍，受益匪浅：做每件事，都要建立反馈机制，反思，改错，再试，这样才能有所提高。

2. 自律是最强大的武器。

不管是坚持每周运动超过 4 小时，还是坚持每天学英语 1 小时，坚持每天设置目标和计划，今日事今日毕，决不拖延，都是自律在我身上刻下的烙印。因为我不是那种上天钦定的聪明小孩，深知自己要更努力。当坚持是一种习惯的时候，放松反而会产生负罪感。我想，能一步步走到现在，这可能是我最宝贵的品质。

一直都觉得自己是一个幸运儿，才让天分不高的我每每被命运垂怜。

希望坚持看到这里的所有人，都能如愿以偿地把握住每一次机会，过好自己心目中的幸福人生。

教师点评：

近年来，随着我们市场经济的推进和金融业的发展，高校的数学专业已经从冷门到热门，因为很多考生和家长都听信了一种说法：可以先在本科阶段先学好数学，研究生阶段转金融，毕业后从事金融行业赚大钱。不过数学专业转金融并非简单的"顺理成章",而需要同学们认真地思考和勤奋地投入。本文作者李雨婕分享的恰恰是自己深入思考和努力实践的过程。

希望在校的同学们从雨婕的分享中看到自己可以把握和投入的内容,而非"学霸"的高不可攀。

不追忆、不刻意、不奢求、不挽留——毕业之际说给学弟学妹们的话

作者简介:张庆庆,宇航学院2014级飞行器动力工程(航天)专业本科生。本科期间本着"兴趣引导,全面发展"的准则,在各方面活动均有所涉猎。大四推免到北航宇航学院航空宇航推进理论与工程方向读研,同时兼任宇航学院2015级半脱产辅导员。

相比二学位班上的很多同学,本科期间的我既没有大牛成功的创业经历,也没有大神狂发SCI的科研成就,更没有大锤难以企及的3.9^{+}的高GPA,一切好像都是按部就班地展开。因此,这里我选取了自我认知转变最大的三点与各位分享,还望大家结合自身实际情况,批判性吸收。

一、逆商教育

有人说:"一个人的成功,智商占20%",情商占80%;还有人说:"人生不如意事常八九",仅靠智商和情商是难闯困境的。所以如何对待这些挫折,化不利为有利,尽快从困境中摆脱出来,就需要进行逆商(逆境商数,Adversity Quotient,简称AQ,指人们面对挫折、摆脱困境和超越困难的能力)教育。我的大学经历可能就是很多挫折的集合,是小不幸,更是大幸运。

初入大学,我对大学生活的印象停留在高中老师嘴里的轻松和无拘无束,而身边同学的状态各有不同:有的还像高中一样早出晚归背包拼命学习,有的精力无限地参加各种社团活动,有的每天点着外卖不离床铺地打游戏……我则像刚走出涵洞,被阳光眩晕,却不知下一步要以怎样的姿态迈向何方。我想找回过高考独木桥时方向明确的感觉,却发现大学里有开往天南海北的列车,不知道该踏上哪一列、去往何方。

大一,我参加了大班团支书竞选,认真准备竞选材料、向学长学姐咨询经验,信心满满地去争取团支书岗位,却得到了一个差强人意的岗位:生活委员。那时的我年轻气盛、很不服气,觉得自己很失败,跑去和辅导员谈话后大哭一场。后来反思,当初之所以哭,可能是因为自我定位过高、玻璃心

作祟。现在看来，曾经的偏执在乎，好像也变得云淡风轻。我性格大大咧咧，成为生活委员后和大家打成一片，每晚负责晚点名和关心女生生活，工作得到了同学认可，开始找回了快乐。在这之后我开始审视自己，凡事不要一味地争高低，要学会去发现自己的闪光点和不足，找到当下适合自己的岗位。第二年我如愿当上了大班团支书，除了向之前的团支书学习经验方法，还自发地举办了心理健康普查、爱心献血、航天知识竞赛和定向越野等主题的团日活动，同时也锻炼了自己组织活动的能力。其实，只要不忘为同学服务的初心，工作的形式和职位并不受限制。

2017 年春天，我参加了 2017 级新生辅导员竞选。尽管结果不如人意，但我没再抱怨和过分自责。经过三年的历练，我看待事物的角度变得多样化：落选可能代表着我与工作需求的匹配度不高，也可能表明我各方面的实力与上榜同学有差距，仍需向他们学习。

后来有一个契机，学院补招 2015 级辅导员，我提交申请后顺利入选。就像永远不知道下一步会发生什么，我们能做的只有活好当下，学会让努力等待机遇，当机遇来敲门时，不要因为毫无准备而狼狈不堪。我慢慢发现开往远方的列车有很多趟，希望朋友们不要再像曾经的我一样因错过一趟车而苦恼、懊悔，因为下一趟列车可能马上就会来到。我希望大家能把握在大学中受挫的机会，并尽快从困境中走出来，勇往直前，找到自己的专属列车。

二、学习≈考高分？

开学第一课，戚院长说道："大学生就是大部分时间用来学习的学生"。临近大学毕业，我才对老教授这一朴实无华的教诲深刻领会。相信有不少人跟我一样在高考选完专业后，对所学专业及能力需求并不十分了解，也不知道以后能从事怎样的工作。面对很多不解，我觉得画地为牢是无用的，于是，开始按照学校的课程安排学习，我发现只要投入更多的时间和精力到学习中，期末会取得不错的成绩。我选择了那条最熟悉的走过无数次的学习道路"上课—刷题—高分"，不错的成绩让我变得安逸，不思进取，享受安全感。就像温水煮青蛙，我忘了为什么学习，只是高分？或者我到底学到了什么，是与社会需求匹配度不高的些许的技能？那时的我意识不到基础课的重要性，可能是因为自己的工程经验太少。

于是，我只为了考试而学习，期末能以较高分通过还很开心。我转身投入到学生工作中，认识了很多志同道合的朋友，扩大了自己的交友圈。利用这个优势，在去年冯如杯竞赛组队时，作为 leader 的我成功拉到各方面有特长的朋友加入团队，我们不舍昼夜地为了项目功能而奋斗。在此过程中，我主要负责制定任务、调配资源等管理工作,不负责技术方面的工作,这也有利于我充分发挥自己在学生工作中获得的能力。但同时我已经意识到自身专业知识可能有些欠缺。

然而,后来给我当头棒喝的是保研面试。那时我丝毫不紧张,不是因为我综测成绩靠前,而是因为我已深感自己对专业知识的无知。一无所知和胜券在握都一样让人坦然。每次考试都选了后者的我,这次只能是前者:我虽然能考高分,但是由于投入不够,我的专业素养很弱。面对未知的专业知识问答,我无从复习。结果也可想而知,排在面试的最后一名。紧接着我长期积累的问题也终于在做毕设时暴露出来,毕设是一个综合知识调用、软件使用和英语表达的过程,我发现哪里的知识点我都提不起,看家本领的几门课程基本是零基础。

如果当初我不只是刷高分,而是打好基础,可能就不会在使用时没有工具而后悔莫及;如果我没有投入过多时间到工作中,而是合理安排时间,认识到学习的重要性,我可能……可惜没如果,我现在认识到了自己基础薄弱。现在学习的渠道有很多,我相信只要自己不放弃,一定还有弥补的机会。

希望学弟学妹引以为戒,把自己的专业基础课学扎实,而不仅仅是能考高分。

三、工商管理二学位——最幸福的选择

在大学期间,我做出最幸福的决定就是报名学习工商管理二学位,这是一个机遇,更是一个平台。自己很幸运,在大学里面能有机会认识班里面这么多优秀的老师和同学。我收获的不仅仅是知识,还有一份份友情——你们是我的独家记忆。

最开始报二学位是希望对工商管理有一个基本的认知和系统的学习,这也是在探索自己到底想做什么的一个实践,其次就是把自己的周末时间利用起来。上课过程中来自各个系的优秀同学会对同一个问题有不同的解读,这让课堂特别活跃,也让我对北航各个系有所了解。至今对我影响很大的是积极心理学培训,从刚开始以为是心灵鸡汤,所以对其比较抵触。现在,我仍将那两天的体会运用到生活琐事中去,时刻提醒着不让自己成为案例中的怒者,控制自己的情绪,合理地分配时间,而且尝试着开导周围有困惑的同学。有些体会和知识,你从来都不能估计它的价值,这种力量潜移默化地改善着你,这是人生修行的感触。一直铭记于心的一句话:感谢一个人最好的方式就是带着他最好的品质走下去。从优秀的人身上,学习他优秀

的品质。

四、迷惑与 Tips

一直在思考自己以后想从事什么岗位？我现在既不像坚定读自己专业并想在该领域内做出成绩的同学，一门心思投入到专业的学习，也不像对本专业特别失望，完全学不下去的同学，他们可能已经发现了自己的真正兴趣所在，会努力在现有条件下转专业。但我渐渐发现自己不想要什么，开始做排除法，多去尝试感兴趣的职位。当我们漫无目的时，千万不要空想，多去尝试，付诸实践。投入足够的热情和专注，一定会有所提高。重要的是选方向，多涉猎领域，不断地探索，才会找到适合自己的工作。我打算多做一些"实习"，了解自己真正的兴趣点。

最想提醒学弟学妹的还有两点：首先是所有的兴趣只是切入点，最主要的还是要付诸实践、投入时间和精力去学习，千万不能事事都从入门到放弃。此外最想说的是：作息规律，少熬夜。你的坏习惯总有一天会"回报"你，抗造不是使劲造的理由。

平行世界，多元生活，我会在这里，等你来讲你的岁月故事。

教师点评：

庆庆是非常典型的北航女生：沉静、内秀、踏实、务实。一直记得她在大二职业生涯规划课上给班上同学准备的极有特色的小礼物。

在这篇本科毕业前给学弟学妹们的分享中，庆庆坦率地反省了自己大一"心高气傲"的失败经历和单纯求高分而忽视学习的实质内涵的教训。其实，对考入北航的同学们而言，考试相对而言是最简单的事情；我们真正要学习的是考试以外的很多东西。庆庆正是难得地深刻地领悟到了这一点。

希望庆庆学姐的肺腑之言讲到了同学们的心里。

积极适应环境、主动创造机会——一位艺术生的北航求学之路

作者简介：徐梦露，新媒体艺术与设计学院2014级本科生。本科成绩年级第一，曾获沈元奖章提名奖、新媒体艺术与设计年展一等奖、全国"学院奖"平面设计优秀奖、国家奖学金、北京市三好学生等。大学期间创作作品三百余件，获得本校虚拟现实艺术设计专业保研资格。大四下学期到意大利威尼斯美术学院交换学习。

面对即将到来的毕业，回顾我的大学四年，说实话我只能用“平凡”这一词来概括，没有什么特别大的事，但也算是不负时光，不负自己。所以在这里我仅分享几点我用四年时光换来的生活感悟，希望亲爱的学弟学妹们看了有所启发。个人主观色彩偏多，如有偏颇，欢迎指正。

我是一个在北航的艺术生。很多不了解的人都会有疑问北航怎么会有这个专业？为什么会选择在北航学艺术？好在大学四年的学习生活证明了我的选择带给我的是更多的成长。

说起选择，其实我是一个极其纠结的人，纠结到点外卖选了 2 个小时错过了饭点还不知道吃哪个。刚上大学，就在想在北航这样理工科氛围浓厚的环境里怎么学艺术？慢慢地，我找到了答案：如果你改变不了大的环境，那就自己去创造啊。

北京有着优越的地理环境，有很多优秀的展览。正是这些平时走走看看的积累，让我的视野开阔起来，为我今后的创作提供了思路；也正是在北航这种综合性大学的环境下，我接触到了不同专业的人，听到并接受了更多不同的观点，让我多一种维度看问题，使我成长得更快。关于毕业去向，真的要结合自身情况来作选择，不要随波逐流，也不要太过于偏激。虽说选择会决定你今后的生活，但也不是决定一切，关键还是要看你以什么样的方式走你选择的这条路。结合我自身情况来看，其实起初是想出国读研的；不巧在开始准备作品集的时候，因为身体原因，放弃了出国而选择保研。身体好转以后，像我这种不安分的人怎么可能不给自己找点挑战？所以我在选择研究生方向的时候从绘画转到了虚拟现实；正是因为选择保研，有了空余时间让我可以参与“威尼斯美术学院”的交换项目。

其实选择本身并不可怕，因为每一个选择的路上都有不一样的风景。我认为“活在当下”不应该成为放纵自己的一个理由，而应该是生活得充实这个结果的副产品，就像旅游不是为了让世界看见我，不是为了去某个国家打个卡，而是为了迎接和看见新的挑战，然后惊叹于它带给我们新的体验一样。所以应该是把握当下时光，尽可能赋予它更多的意义。人生也是一种选择，所有的选择都是双面的，不论你选择了什么，都会带给你一定的回馈价值，年青时多一种经验和历练，说不定在今后就会变成你抗衡社会历练的资本。

经常听到说“自由空闲的时间好少啊”，其实根据自我经验来看：自律会使你自由；并且当你学会控制自己的时候，自信也会随之而来。还记得刚入学的时候，思想还没从高中转变过来，上课只是为了完成作业，下课就看剧，每天的生活没有了数学物理化学熬夜背书的日子，刚开始的时候觉得这种生活特别爽！但是慢慢地我会感到身体在享受这种放纵的同时，心里有一个不安的声音。我突然发现写日记成了自己的一种负担，生活都无聊到写日记都不知道要写些什么。正是这种落差促使着我反观自己从而自知，让我头脑清醒从而思考，让我明白让自己内心不安的从来不是外在的事物，而是我们自己。我开始充盈并计划我的闲余时间，开始健身、跑步、阅读，一直到现在。每当不再想坚持的时候，就对自己说“这样的艰辛总甜过懊悔的苦恼”。正是有了计划，学会利用吃饭睡前走路这些暗的时间去思考，使得我的学习效率大大提高，有了更多的时间，让我更加自由；也正是这些好的生活习惯让我更加自信。

而关于学习方法，我想既然我没有办法改变生活学习的本质，那就去改变我对它们的态度。当我试着不把一次次作业当成一种负担，把它想成是一个计划在一段规定时间里需要完成的创作的时候，我发现这样我可以更好地的去聆听自己的声音，知道自己到底想用什么样的表现形式去表现。四年里我尝试了几乎所有的绘画语言，让我今后的创作更加游刃有余。而不去想用这种形式可能会比别人多花出一倍的时间去完成。所以每次熬夜画画的时候都有朋友对我说：“为什么要这样对待自己?”因为我希望每一幅作业我今后都可以收录到我的作品集里，每一幅画都是我的能力的表现。有时候延迟你的满足感，会带给你更大的满足。

刚刚结束的威尼斯艺术学院的交换学习经历亦是如此。因为是第一届交换生的原因，很多问题需要自己去解决；但我不后悔，因为我知道：这个选择最后的结果是我想要的(威尼斯生活、宝贵的历练、在美院学习等等)，这都将是我大学生活中多彩的一笔。生活中，努力的人并不少见，但是我们更要知道自己为什么而努力，要学会为了更有价值的长远收益放弃短期内的满足感。学习如此，生活亦如此。

谁的青春不迷茫？重要的是，迷茫的时候不要一味地自怨自艾，而是走出去，把迷茫当作一个契机，一个去观察世界的契机。这样，迷茫将会成为你人生的价值点。并且我们不要一味地去总结失败，往往有时候总结成功才是你所需要的。

我觉得自己并不是一个特别的人，但是我会对未来充满期待，会因为好奇心参加许多体验课，也会参加组织志愿活动，让更多的孩子热爱艺术，让自己的生活更加充实，只为遇见更好的自己。

最后，我想说愿学弟学妹们保持对生活的热情，因为一切的美好都有可能发生；愿你们不忘初心，行稳致远，不负韶华！

教师点评：

新媒体艺术学院是北航非常特殊的一个学院，似乎与北航传统理工科的形象相去甚远。不过，学习了职业生涯规划课的同学可能都知道：根据在霍兰德职业兴趣六角型模型中，艺术/创意型的职业兴趣其实与研究型的职业兴趣是相邻的；科学发明离不开创意，很多艺术大师也都有着对人生非常理性的思考。所以，艺术范十足的徐梦露同学的分享，通篇都是理性的思考与总结就并不奇怪了。

梦露在大二下学期选修了职业生涯规划课。结课论文中，梦露写道：

“通过 MBTI 人格类型测试，我发现了自己的性格特点，慢慢地去倾听自己的声音；我感觉我在和自己对话，在和她协商，和她探讨，一起发现自己的潜能优势和劣势，这样的过程很奇特，它让我对自己未来的工作目标确定方向，认识到自己的不足并且思考怎样去克服它。一个人的兴趣很重要，没有兴趣的工作是机械化的，是没有价值的，他会抹去你对生活的热情，所以性格和职业的匹配非常重要。”

通过与小组同学一起制作介绍某一种职业的 PPT，“让我感触颇深的是：一个工作，一份职业，不管它是多么的不起眼，都会有它的困难和挑战，都会有其可发展之处；你不仅仅是单纯地发挥专业水平，单纯地做任务，更重要的是要学会和团队沟通，和领导和顾客协调。”

我在北航艺术馆欣赏新媒体艺术学院 2018 届本科生毕业作品展时巧遇梦露，也看到了她的大作：以威尼斯风光为主题的系列画作。显然，过去两年来，梦露按照自己的规划稳步前行，达成了本科期间的目标。

祝愿梦露为了能够实现更多的梦想，成为自己希望成为的那个人！

从经管学院到计算机学院：横冲直撞的本科四年

作者简介：冯昶，经济管理学院 2014 级本科生，专业为信息管理与信息系统。大四考研进入计算机学院。

回忆本科四年，经历了许多不同的阶段。一一细想，每一年都过得不太一样，心境也有变化。现在想想，四年前的我一定想不到今天自己是这个样子，走上了一条四年前笃定不会走的非典型程序员之路。四年之中要感谢的人太多了，但首先，我还是想感谢一下自己，没有停止过天马行空的想象，没有停止向向往的生活前进。

一、大一是释放天性、好奇探索的一年

还记得刚进校时，我对学生活动有着无限憧憬。我参加了三个社团和一个学生组织，担任了一个大班的班委干部，还加入了系学生会。事实证明，人的精力确实是有限的，你无法同时顾及学习和这么多学生工作。经过一个月的尝试，我也最终只保留了两个学生活动：一个学生社团联合会及担任大班宣传委员。但我并不反对多多尝试，尝试总是有必要的，它有助于你洞察最适合你的工作。

整体而言，大一学年学生工作与学习的占比大约是六比四，在此也不得不承认学习成绩尤其是大一的学习成绩在北航的重要性，因为如果这一年对学习不重视，就算后两年非常努力，也不能弥补这一年的差距，最终保研差了一点。虽然我不后悔当时对学生工作付出这么多的热情，但也明白了一个道理：及时了解当下决定对于未来的影响；虽然这很困难，没有人能预知未来会发生什么，但是像考试成绩影响保研这样简单的信息却是可以很容易获取到的。

对于大一在沙航的回忆，现在只觉得可以用“纯粹”来形容：对于喜欢的事物就毫不犹豫地去追求，不计后果与得失，现在也许已经不能做到当时那样地勇敢与简单了。不过，那段回忆确实是我本科四年中极为珍贵的一段记忆。

二、大二是犹豫徘徊的一年

准确地说，大二应该分为了两个阶段，上半学期分专业后逐渐认识到学习的重要性，也开始认真对待专业课程，学生工作也继续精简到只剩社联，这时仍然是比较无忧无虑甚至是迷糊的状态。我是个慢热的人，花了一年的时间才适应大学的节奏，大二才开始拥有了大学学习和工作的概念，上半学期都是循规蹈矩按部就班地进行着。

发生改变是在大二下学期。一个寒假，忽然之间，身边的人们都开始考虑出国、读研的事情，并都积极地开始准备各种英语考试，也让我开始思考未来问题去向。大一就有就业打算的我开始动摇。本科后直接就业是否真的适合我？现在想想，本科就业的想法还是比较单纯，当时以为自己不太适合作学问，没有甘坐十年冷板凳的研究精神，但有很多精力，更想早日走出校园，但后来也发现对自己了解也不太够。尽管没有想清楚，我也开始考虑出国的事情，去考了 TOEFL，差一点走上申请留学的路。这半年可以说是四年中最为纠结的一段时间。究其原因，一是我获取到关于未来各个方向

的信息不够多，二是我还没足够了解到自己的兴趣所在。总之，这一年就在各种摇摆中慢慢度过了。

三、大三是从探索到坚定的一年

来到学院路主校区，突然之间有了一种要对自己未来负责的态度，想着不能再继续模糊不定，于是开始了我的尝试与挑战之路。这一年虽然我继续留在社联当了副主席，可并没有付出特别多的精力，重心进一步转移到学习和科研上。正是在这个学期，我逐渐发现了自己的真正兴趣所在。这个过程其实不太明显，应该和我之前太多的尝试有关：在尝试过多种与人沟通的工作、服务性质的工作、社团活动、学习研究以及各种各样的实践经历后，自然而然地，我能够明显地从一件事情上获得了其他事情所不能带来的成就感，那就是编程。大三刚开学，我便联系老师开始进实验室做项目，非常感谢老师在我什么还不懂的时候能给我许多实际锻炼的机会，也想告诉身边的人不要害怕尝试，哪怕你觉得自己一无是处，多多尝试，迈出第一步才有第二步。也是在这样的基础上，我明显地感受到从编程过程中获取的乐趣和成就感，是其他东西所不能带给我的，之后的路也逐渐清晰起来。但其实很长一个状态里，我是不确定自己真正想要什么的，其实到现在也还不够清楚，那就只有一个方法：就是选定一条路，先走下去。

考虑到当前自身的 GPA 条件、项目经历以及各项指标，申请出国到目标大学学习 CS 几乎是不可能的，最后也就锁定了考研这条路，开始慢慢地准备了。其实我的性格一直不急躁，就算在最迷茫的大二时期，也没有因为急躁而影响到之后的决定，这种心态在我之后的考研路上起了很大作用。这一年对我个人而言可以说是收获与改变最多的一年：在参与的项目中均是主要负责人，实验室的学习肯定了自己的兴趣与能力，在学习上也取得了超越目标的成绩。在喧闹的学院路，我反而静下心来，踏踏实实一步一步地完成了每一件事，虽然忙碌却有不可多得的充实感，我希望这种感觉能伴随自己一生。

四、大四是勇敢追逐坚定的一年

这一年我考研成功，留在北航，进入了自己期待的计算机学院。考研是一段很宝贵的经历，不像以前的学习，期间会受到很多干扰。九、十月份只能看着同学们申请秋招的秋招，申请保研的保研，出国的也大都准备开始申请了，于是就有一种大家已经开始收割三年前播下的种子结的果实，而我则刚刚开始的感觉。但事实不是这样的，我就这样告诉自己：你只是开启了一个新阶段。但这段经历也让我更加沉静，能够静下心来去思考，这是很难得的。随后进入了匆忙的毕业季，和同学、好友匆匆告别，临近毕业前的一个月，找了一份暑期实习工作。还没来得及好好告别上一旅程，又开始了我的新旅程。

最后，回忆四年，我大都是在一片迷茫中四处奔走，最后才逐渐找到一条目前来说适合自己的路。横冲直撞了四年，尽管走过很多曲折的路，但每一次为了目标而吃过的苦，每一件过往的事情都是有存在的意义的，而我现在回忆起来，也不觉得有一件让我后悔过。现在仍然很喜欢一句话：种下一棵树最好的日期是十年前，其次是现在。对我而言，希望自己能一直勇敢地坚持想做的事情，任何时候开始改变都不算太晚。

教师点评：

从偏商科、在北航"非主流"的经管学院考研进入北航"王牌"的计算机学院，冯昶同学在不少同学眼里成就了一个传奇。如果你看到冯昶的照片，更会惊讶于这位清秀、苗条的女生如何能与"码农"联系在一起。

然而，读了冯昶同学对自己本科四年学习生涯的回顾，了解了她的思考与实践，你能理解她那些真切的体会与深入的思考，还有痛切的感悟以及接下来坚定的行动。最终，她得到了自己期待的收获。其中很多感悟、"警句"，对新入学的同学是很有借鉴意义的："没有人能预知未来会发生什么，但是像考试成绩影响保研这样简单的信息却是可以很容易获取到的""我是不确定自己真正想要什么，其实到现在也还不够清楚，那就只有一个方法：就是选定一条路，先走下去""种下一棵树最好的日期是十年前，其次是现在。"

希望同学们都尽快种下自己心目中的那棵树！毕竟，保持行动最重要！

10年以后，我会在哪里？
——大学时期的思考，兼谈考研调剂

作者简介：李帅，经济管理学院2011级本科生。2016年9月进入南京师范大学攻读汉语国际教育硕士，2017年7月至2018年7月赴新西兰任汉语教师志愿者。本文写于2017年3月份。

我个人本科阶段的职业规划做得不好，与本《案例集》里提到的大多数人生赢家们相比，算是"另类"。我们这些考研调剂的同学，应该更像是规划"失败"的例子。不过，人生赢家的例子可能相似，但是"失败"的孩子各有各的不同，我觉得还是可以跟学弟学妹们做些分享，所以在这里就跟大家讲一讲我的一些故事。作为一种参考，希望对大家拓展思路有些益处。

我们大一上学期就上了职业生涯规划课。对于当时萌萌哒、懵懵哒的我们来说，职业生涯似乎还是一个很遥远的词。不过，毫无疑问的是，正是职业生涯规划激活了我很多的思考：我学这个专业能做什么？将来我必须做跟专业相关的工作吗？职业和工作是一回事吗？我想要做什么？我对自己有什么样的期待？当然，其实这都是在问同一个问题：10 年之后的你，会在哪里？20 年之后呢？

不知道，我不知道大学毕业 10 年后我会在哪里。我想没有人会知道，没有人会知道 10 年后会是什么样子，就跟我们在 2007 年的时候不知道 2017 年会是什么样子一样。2007 年，诺基亚手机还如日中天，而 2017 年，手机市场早就江山易主、物是人非；2007 年，中国 GDP 总量全球第四，2017 年还没用 10 年就成了全球第二大经济体……我常常在这样巨大的变化面前感慨自己的渺小，当生活的一切朝你重重地砸来的时候，也许就来不及思考很多事情了。所以，既然还有机会思考和选择，我为什么不去思考思考、选择选择呢？

我到底适合做什么？我到底想做什么？本科时也和王妈妈不止一次的交流过这个问题。为什么迷茫成了大学生的常态？我后来有个粗浅的认识：迷茫是因为可选择的太多了，同时担心：这样的选择对自己的人生造成了巨大的影响，怎么办？更令人担心的是：这样的影响要是倾向于不好的怎么办？未知的总是容易让人害怕的，所以，迷茫是一件正常的事情（或者从另一个角度看，迷茫还是一件好的事情，毕竟，迷茫说明是在一直思考着事情）。高中阶段似乎是不迷茫的，因为那时大部分同学眼前只有一条路，那就是好好参加高考。如果上山的路只剩下一条，那么不外乎往上攀登就是。然而，如果给你很多座山呢？

事实可能是这样的：大学给了你很多座山，很多座都不是那么容易攀登的山，一座座上山下山都不容易的山，你来不及一座座地去攀登，来不及登上这些山去试试一览众山小的感觉，于是你只能选择一座。所以你在选择时会犹豫：看不见山的顶峰在哪里，看不见山路在哪里，看不到山顶上的景色是不是自己喜欢的。所以，犹豫了：我要不要登这座山？

很难，我至今也没有找到答案。渐渐地，我觉得世界上的事情就真的是这样：娶了红玫瑰，久而久之，红玫瑰就变成了墙上的一抹蚊子血，白玫瑰还是“床前明月光”；娶了白玫瑰，白玫瑰就是衣服上的一粒饭渣子，红玫瑰还是心口上的一颗朱砂痣。只是白玫瑰和红玫瑰，你至少得选择一个，逡巡不前，白玫瑰也好，红玫瑰也罢，如果你不去拥有它的绽放，也就只能见证它的凋谢了。

我第一次考研考的是本校本专业。那段时间脑子里有太多的想法了。毕业，工作 or 考研？研究生还学工业工程？确实，我至今依旧保持着对人因工程、用户体验的兴趣，但是，我心中有个纠结了很多年的遗憾。高中文理分科时，我文理科成绩差不多，最终选择了理科，但还是对于语文或者说对汉语有着很浓厚的兴趣。高考之后，抱着不浪费分数的态度，到了北航。幸运的是，我对于北航本科四年的生活是很满意的；本科四年在经管学院的经历，我深信自己必将终身受益。可问题始终没有解决，高考的纠结无非又推迟了四年：我，是否还要保留着这样的遗憾？2015 年第一次考研时，可能我的勇气还不够，觉得考本校本专业更容易一些吧，觉得中文这个东西自学也没什么问题吧，所以，还是报考了本专业。然而现实告诉我：如果你没有真想做一件什么事的话，那件事情也不会真给你一个积极的反馈。

所以，第一次考研失利让我在这忙碌的时代里有时间按下暂停键去想清楚这些事情，有时间去和老师和朋友沟通一下自己到底擅长做什么、自己想要做什么。于是，我渐渐想明白了我确实还是想弥补这个遗憾，渐渐坚定了自己换一个自己喜欢的专业重新考一次研究生的想法，无论结果怎样，至少对自己有了个交代。在这里可能又会出现另一个问题，我和一个清华的精英主义的小伙伴讨论过这个问题，她说她其实蛮累的。我说，你过“别人家孩子”的生活，自然就是这样的啊。她说，她觉得现在的样子不好，人生不应该是这样的。我说，可能吧，或者应该吧：当全社会都告诉你“你这样做才是对的”的时候，你确实很难有勇气去思考这样到底对不对。另外，其实很多时候，缘分的力量就是巨大的，别苛求太多。要把很多事情看得淡一点，当生活的潮水层层涌来的时候，才能轻轻地放下。

第二次考研就轻松很多了，既然已经想明白了，准备就是：选择专业、选择学校。由于是跨专业且是跨度这么大的专业，从工业工程到汉语言相关的专业，所以对自己也没有太自信，没有想说考 TOP 2，难度还是高了点。于是挑了一个跨专业跨起来也不是那么难的某学校的汉语国际教育，一个教外国人说中文的专业，一个既能认识新朋友又能学习汉语的专业，一个能满足兴趣的专业。然而，第二次考研还是差了几分进复试，瞬间有种 loser 到底的感觉。

这时，我又要思考很多东西了，我想要的是什么？我想我应该往哪里去？因为这次考研，不调剂的话，再考一年吗？再考是想要什么？为了学校的名气？再花费一年时间有什么意义？如果调剂的话，可以选择的学校少很多,很多好一些的学校是基本不收调剂的,去一个相对而言名气和实力不那么好的学校,自己甘心吗?或者学校之间产生的落差太大怎么办?当身边的小伙伴们都在向上走的时候,自己是不是越来越向下走了?是不是越看自己越像一个失败者?很多很多的问题都在不断地反复问自己。

那段时间里,我与很多调剂的小伙伴们交流过,也听说了很多神奇的事情:有清北调剂到普通一本院校的,有调剂失败干脆出国的,有调剂到科研院所的,甚至还有调剂到比本来考的学校还要好的学校去的!中国真的好大,处处都上演着神奇的故事。在这些交流中,我渐渐明白我所想的是什么:对我而言,我对专业本身的兴趣要远大过于对学校的兴趣的,于是调剂对我而言也是件没有多大影响的事情,因为我仅仅是要学习这个专业而已。于是在心理上也就接受了这样的事情。当然,想到一个能安慰自己的理由,其实就是我慢慢明白对一件事情:能够证明你自己的,不是学历,而是拿到这些学历的你自己本身。所以归根到底,无论你拿到的是什么样的学历,证明你自己的,还是你自己。所以好学校的差学生和差学校的好学生,本就是一种必然。

关于如何调剂,这里也分享一些心得。调剂中最重要的是两件事,一件事情是心态,另一件事情就是信息,调剂在某种意义上说,就是一场信息战,了解哪些学校有调剂信息是最重要的。通常来说,你可以去研究生招生信息网查找开设本专业的院校、科研院所,在这个招生单位当中寻找有调剂名额的单位,然后打电话、发邮件询问学校招生的老师是否有调剂名额、自己是否有机会到调剂的目标院校学习。不要怕麻烦,或许惊喜就在其中;要有礼貌,就算别人没有帮助到你也要表示感谢。虽然很多情况下调剂的院校都不如一志愿报考的院校,但其实还是有很多不错的调剂的选择的,要根据专业的不同来看。

联系招生单位的目的,是希望得到一个复试的机会。一般来说,能得到调剂学校的复试机会,基本上半只脚已经踏入这所学校了,所以,也不用太过于担心自己不怎么熟悉调剂学校的复试科目。调剂系统里填写的目标院校,当然性质更像是表白一样,是胜利时吹响的号角,而不是进攻时吹的冲锋号,调剂系统是程序上的事情,调剂更多的工作还是在系统之外的。一般来说,如果时间上安排来得及的话,可以参加 2~3 所学校的复试,但是你只能接受一所学校的待录取通知,一旦接受了,你就被该学校录取了,调剂也就结束了。

调剂到南师大后的生活还是蛮开心的:从男女比例 7 比 1 的学校到一个男女比例 1 比 7 的学校,当然更得意的是,我们这个专业今年中国男生只有一个，另外还有三十多个女生……从事这个行业的同学本来就不多，男生就更少了，听起来似乎是一件蛮美好的事情，哈哈哈。

对于未来职业生涯的期待，我仍旧是想不到10年之后我会在哪里，但是我能想到的是，至少我现在前进的每一步，都是在这座山上，再向上的一步。

所以对于调剂而言，或者说考研而言，其实个人觉得都是让我们有机会去思考，有机会去选择，有机会去改变，至少不会让我们等到不能思考、不能选择、不会改变的时候，再去后悔。所以对于学弟学妹们而言，调剂也好，二战三战也好，也都是自己的选择，只要这个选择是自己经过思考后得出的，那又何必去想别人怎么想。

最后再借此机会感谢一下本科四年的各位老师：自己在这几年里，慢慢从萌萌哒、懵懵哒的高中小孩变成一个奔三的准老师，离不开老师们的启迪和帮助。希望我的分享对同学们有所借鉴。

教师点评：

本文作者李帅是考研"二战"后调剂到目前学校的，而且二次考研是跨专业且跨度非常大！

李帅同学的基本情况令我感到很亲切：高中文理分科时，明明文科很好还是颇为纠结地选择了理科；高考后又进入了北航的偏工科的专业，可内心一直对文学有着向往。这与30多年前的本人何其相似！

然而，读了李帅的故事，不禁感慨"后生可畏"：且不说其"二战跨考"的勇气，单是文中警句比比皆是，也绝非30年前的本人可以望其项背了！

有关大学期间职业生涯规划及考研调剂，文中已经介绍得非常详细了。这里仅仅多啰嗦一句：我们处于一个科技进步一日千里、社会环境瞬息万变的时代，没有人能够预言自己10年后在做什么，更遑论还在校园内、对职场几乎一无所知的同学们！因此，挖掘自己内心真正的兴趣点，借此寻找适合自己的职业领域，才是"以不变应万变"的良策。

没有明确目标前，行动是最好的选择！
——考研失利、春招成功的感悟

作者简介：黄剑铭，机械工程及自动化学院2011级本科生，2012年转入经济管理学院。2016年春招成为国内著名互联网企业管理培训生。

写在前面：大学期间我做过许多选择：转专业、做项目、找实习、考研、找工作等等。之所以能够无悔无畏，就是在每一次选择的时刻，我始终都忠于自己的内心。不论获得的是失败或成功，我都可以告诉自己，这就是我要走的路。再给我一次选择的机会，我依然会这么做。

2016 年 2 月 17 日，得知考研失败的晚上我就开始制作了求职日程表，搜集公司和岗位信息并着手更新简历，直到 6 月 3 日接到 AT 的 offer call，我的求职历时 3.5 个月，可谓是一场持久战。不论是持之以恒的简历修改和投递，还是一次次面试成功和失败后的总结，都使我能更接近理想的工作。以下详细描述一下我的个人情况和求职历程。

一、个人情况

每个人都有自己独特的优势，在求职季之前，甚至是在低年级时就要多去探寻和发现这些优势，或者弥补自己的劣势。参加学生组织、参加一些商业比赛、做一些商业实践尝试都是很好的自我提升方式。找实习是认识自己的一种很好的方式，企业的筛选是一种社会评价，能够映照到你对自己的评价，社会评价与自我评价二者是否契合，在这之间你能够更好地认识自己、调整自己、实现自己。

作为本科生，我的经历还算丰富，先后经历过转专业、校园贸易、创业和腾讯的实习，这些经历帮助我在今年春夏求职时能够给出一份有一定竞争力的简历，在面试中尤其是群面中很好地分析问题和陈述观点。

然而，直到 2014 年秋我才确定了自己理想的职业，2015 年初才为之准备。这导致了自己未能成功进入理想的咨询公司。这次失败的经历与我现在获得比较理想的工作机会并不冲突，失败有其原因，我认为应该正视。

1. 转专业与跨专业求职

我原是 1107 大班的，之所以转专业到 1208，主要是我想到自己未来都在一个工作间里画大图的生活使我感受不到激情和乐趣，我更期望能够与外部的商业世界多多接触。不过，我选择金融专业时的想法颇为幼稚，与我的家乡成为国家金融改革试验区有关。因此，我最后求职的过程里很少投递金融相关的行业。我与大家分享的是跨专业求职，尤其是互联网行业、销售及市场职能。

2. 商业实践与实习经历

大学期间，我进行了比较多的商业实践活动，例如在沙河校区期间曾经发现商机并多次组织团队，进货并销售二手教材与搬迁用品，获得一定的利润；曾在 2013 年春夏组建团队运营 1 公寓楼下的联通厅，在负责联通日常业务之外还拓展了打印、饮料零售和包场看球等业务，在 2013 年秋天承接了联通2013级新生入学的迎新活动，经手了50万的业务流水；曾经在2014年春天扫寝代理驾校，在半个月的课余时间内拿下了近万的提成；在2014年暑假创建传媒公司，筹划和建立了航学长工作室，曾经策划了“北航红人堂”等原创内容在1个月内获得了1000+的关注量，最终通过“航学长外卖”实现了盈利。在2015年春天，在简历筛选没有通过的情况下，我霸面腾讯，通过异常残酷的淘汰拿到了社交与效果广告部的实习机会，自5月至9月进行了为期3个多月的市场推广与策划岗位的实习。

3. 职业规划

三年的沙航生活，我虽然进行了非常多的商业实践，然而对于自己的未来发展并没有很清晰的规划。

① 创业：有些同学以为我会在毕业之后立即创业，然而我一直没有找到合适的认为自己可以做到1年以上的项目。2014年的航学长项目是我的一次尝试，在这个项目中我认识到了校园创业的局限性，也感受到能获得的成长已经到了瓶颈，因此先到大公司进行系统的学习是非常必要的，而未来我是否创业，还是依托我是否有合适的项目、能否在团队和资源上取得必要的支持而定——创业是一项系统工程，创业者将会面临巨大的不确定性和持续性的巨大压力，创业者不论是心态还是能力上都需要面临巨大的考验。在我看来，为了创业而创业是一种毒药，对于大部分人来说并不适用。

② 咨询行业：在2013年秋天我到学院路校区参加了德勤咨询的宣讲会，那是我第一次听到咨询这个词汇。此后便深深地向往这个行业，然而在2013年秋—2014年夏我应对转专业后的额外课程以及参加冯如杯与凌峰社登山队，没有意识到咨询行业的惯例是，在大三的暑假之前就有了big name的咨询行业或金融行业的实习作铺垫，在大三的暑假争取top firms的实习机会，然后力争转正或者秋季招聘。因此，虽然我有比较丰富的商业实践乃至创业经历，这些经历并不被咨询行业所认可，我的简历在2015年春天连暑期实习的简历筛选关都没有过。此后，我认为自己依然爱好咨询也并非能力缺陷而是缺乏相关实习，因此决定考研。

③ 考研：我是2015年9月开始考研的，目标是Top 2，期间全心投入，然而最后结果并不如意。考研失败后，考虑到自己在求职方面的竞争力较好，就奔着春季招聘找工作的思路走。都说考Top要用半年以上的时间，但每个人的应试天赋不同，且最后的发挥确实是不可控的。当然，我考研失败的经历能告诉大家就是：考研有风险，充分考虑，提前准备。

④ 互联网：进入互联网行业实习乃至工作，并非我本来就明确的。基本的逻辑是：我做了校园贸易，希望通过微信公众号进行持续的盈利，于是有

了航学长工作室的创业；我做了自媒体和O2O的创业，有了推广和策划的经验，在多个项目的全方位锻炼使我在实习面试中有了比较突出的表现，于是拿下了腾讯的实习；校园项目的经验和腾讯的实习又使我在春季招聘中有了比较好的竞争力。这一步步都是机缘使然，就像乔布斯说的"connecting the dots"，并不是我在做第一件事的时候就知道它未来能够给我带来什么的。遵从自己内心的愿望：我当时做校园贸易的心态，就是希望自己能够有比较强的实践能力，也去证明自己在成绩之外还能找到其他能够认同自己的方面。

二、求职经历分享

求职过程中做的工作其实很简单：找岗位，改简历，投简历，准备面试，面试。由于篇幅所限，本文不对求职历程做过多的赘述，只分享一下自己的心得。

找岗位其实就是一个对自己职业目标的判断与选择。选择的维度包括行业、公司与岗位。对于这三者的优先级而言，一直存在不同的说法。

我选了一条优先选择公司的路。就我自身而言，在3月份的时候我非常乐观，我认为依据自己大学几年持续的积累一定可以拿下一个相对优质的岗位，当然从策略上来说也应该是优先争取优质的目标，所以我最先锁定的目标还算比较高，比如那些行业领先的公司。由于我一开始的理想工作是咨询公司，我认为不论进入哪个行业，只要我在这个行业中成为专家，我就能建立一条理想的职业发展路径。这个想法我现在也不知道是对是错，但是从春季开始找工作的同学来说，我不建议这么做，以下我陈述一下原因。对于行业我没有太多地进行选择，导致我投递的行业非常多元，有西门子、欧莱雅、一汽大众、万科、新浪等等公司，覆盖了汽车、快销、地产、互联网等多个行业。这种广覆盖自然能带来一种"广撒网多捕鱼"的安全感，然而弊端也是明显的，这将导致无法集中地去做求职准备，例如具体地了解一个行业，带来的结果可能是你将花费时间和机会成本去面试一个你最终并不想进入的行业。行业选择应该说是必然存在的。

我曾与一汽大众失之交臂，这期间我经历了笔试、群面和单面。单面中HR提到让我到长春（一汽大众的总部所在地）去做汽车金融方面的执行工作。然而我一开始面试的是汽车业务方面的市场岗位，我认为HR让我去做金融方面的执行是忽视了我之前所做的商业实践和在广点通做市场实习的经历，单纯从我的专业方向来给我定性，这是对我的价值的忽视，因此我坚持要做原来的汽车业务的市场岗位。我失去了一汽大众的工作机会，然而我并不后悔，因为我拒绝了一个我不喜欢的工作内容。

万科营销管培生的 offer 成了我的保底，当时的我处于一个非常纠结的路口，我不敢拒绝万科，因为担心没有退路；我不想接受万科，因为这不是我理想的工作。纠结是否去万科，一直贯穿了我整个求职的历程。

随后在 4 月底我碰到了一个挫折，先后在申请优酷土豆广告销售经理和三星的管培生岗位中失利。尤其是我与三星的错过是以一种并不愉快的方式发生的。之后我想起这两次面试经历时或多或少地会产生一点心理压力。

转机是从我把目标重新锁定在互联网广告行业，我想这个决定是比较正确的，实习工作所在的行业经验价值只有在投递同行业的时候才更被认可。我投递了品友互动和新浪等公司，都很有收获，对于最终获得 AT 的 offer 很有帮助。

AT 的面试历程比较曲折。AT 没有在北京的高校设置宣讲会，因此我是到西安交大去面试的。期间受到一个哈工大师姐的信息支援，知道了宣讲会当场会面试且隔天还有面试，因此及时地更改了行程。一面是无领导小组面试，我充当了 Leader 的角色，推进得很好，8 个组员里有 5 个投我，可以说我表现最好，然而我还是被刷了。我认为是其中一个面试官对我有偏见，那天晚上我是很煎熬的，我打电话去沟通 HR，然而被告知这个决定是不可更改的。我一时间曾经想过赌气第二天直接离开西安。然而在那位哈工大师姐和女友的鼓励下第二天还是决定去面试了，第二天我到达现场后碰到了电话沟通的 HR，她告诉我不会有机会。这时有另一个她的上司过来询问情况，拿了我的简历查看之后，拉着那位 HR 去沟通了一下，出来告诉我："你填个表，来面试吧。"结局相对美好，我向一位我后来才知道是某分公司大 BOSS 的面试官充分地展现了自己。我通过了二面并最终通过了终面。面试 AT 这件事情给我的感触还是比较大的，尽管实力是基础，但是坚持真的非常非常重要。

坚持真的非常非常重要，在这个基础上，尽可能做出正确的选择，要勇于舍弃才能勇于选择。这就是我求职的故事，希望大家能有所收获。

教师点评：

剑铭是我咨询指导过的本科生中比较特别的一位：他长着一张娃娃脸，可交谈后很快就能觉出他与年龄不相称的成熟，对自己认定的事情很拼、很能吃苦。这可能与他的家庭环境有关，也与我印象中的泉州人的形象比较吻合。每次来咨询，他都会拿着一个小本子，上面有他要陈述的问题及想法的大纲，我提出的意见与建议他也都会简单记下来，结束前再简述一遍，与我确认。这使他表现出大部分在校生都缺乏的职业化。

剑铭的行动力很强。这篇文章提到他2月17日得知自己考研失败的当晚就"开始制作了求职日程表,搜集公司和岗位信息并着手更新简历、参加各种面试"。在此过程中,他一度求职不顺利,2个月后只拿到两个我们都不太看好的行业的offer。于是他又约了一次咨询。当时正处于公司要求他尽快决定是否接受offer的关键点;我们一起从行业到企业到职位本身进行分析,最终他还是顶住了压力、继续求职,终于拿到了AT管培生的offer。

收到剑铭的邮件,我由衷地为他高兴:并非单纯地为这个offer本身,更是为他在整个过程中的表现。希望他积极行动、主动争取机会的做法对大家有启发!

读研 or 工作,选择最适合自己的道路
——一位北航工科女的本科生涯回顾

作者简介:康瀚文,交通科学与工程学院飞行器适航技术专业2013级本科生,第一届工商管理精品二学位班的一员。目前就职于Ameco工程部,从事结构客舱相关工作。

人生很多时候会因为你的某个决定而走向完全不同的方向,或许当时你并没有思考那么多。提笔之前我的脑海里充斥了无数的信息碎片,关于自己的大学生活,关于自己当初做决定的内心想法,关于求职的经历,关于现在的工作。如果你在考研与工作之间有一些犹豫,或者你仅仅是为了考研而考研,那你可以听听我的经历与想法。

我的大学并没有经历过什么轰轰烈烈的事情,我大概就是最普通的那种学生。如果大一的我来做决定,我会选择考研,就像高中之后高考上大学一样,考研似乎是一个必然的选择。我并没有对于某个专业的坚持,也找不到自己特别感兴趣并要为之奋斗的行业。因为上了北航,我觉得应该要学一个和飞机相关的专业才更值得,所以我转到飞行器适航技术专业。

大二职业生涯规划课是我真正独立思考的起始。我更加清楚地了解了自己,开始寻找更加适合自己的道路,工作的选择开始摆在面前,但选择它并不是那么容易。

在周围的学长学姐和同学大都选择了继续深造、家人都认为读研是个更好的选择的情况下,决定做一个"异类"并不容易。同专业没有可以参考的学长学姐和一起找工作的同学,孤身作战是需要勇气的。

大学的学习让我清楚地认识到自己不适合搞研究，我知道自己不会从事自己相关专业的研究工作，那么读研对以后的工作除了研究生的学历，似乎帮助不大；更重要的是，我觉得自己大学的学习状态并不好，为了考试而学习，没有什么动力，到研究生阶段也不过这样碌碌无为的延续；而工作能够让我换个状态。

站在研究生毕业的时间节点，对我来说，选择研究生这条路的自己大概率比不上直接参加工作拥有工作经验的自己。

思路一清晰，决定就不难下。或许对于有些优秀的人来说，读书为了找更好的工作，既然本科毕业就找到了心仪的工作那就没有必要再继续读研；那对于我这样的普通人来说，不想从事自己的专业，学习状态不够好，那么研究生读完的自己很可能比不上拥有工作经验的自己，那为什么还要读研呢？

不足够优秀比拼研究生是很有难度的，秋招我并没有参加。我最初的想法是不做技术岗，计划在大家复习考研的时候找一份实习工作。

因为一个机会来到团中央。在这里我遇见了一个非常优秀的领导，从她身上学到了很多东西，比如态度；也看到了很多需要时间积累才能学得来的东西，比如处理问题、解决矛盾的技巧；同时也看到了自己身上的很多问题，那些只有在工作中才能看得出来的问题。虽然这段实习经历并没有对我的求职产生太大的帮助，但它让我更快地进入了工作状态，并且对我的整个职业生涯都有很大的影响。

如果你对自己的简历不太满意，或者想要在这段时间尽可能提升自己，找一份实习工作是一个不错的选择。当然，一定要弄清楚你的实习是否有转正的可能。

到了求职的阶段才发现对于求职，我并没有太多可以分享的东西。结果比较出乎自己的意料，但过程比较顺利。我没有经历太多的面试就拿到了比较满意的 offer。

我之前不想做技术岗，是因为自己不想做研究，但研究仅仅是一个方向罢了。管理岗的竞争相对更加激烈，毕竟无论什么专业的学生都可以竞争这个岗位，而管理岗的面试通常也是难度更大的无领导小组讨论的方式。我投过的技术岗笔试都是行测，而面试都是一对一问答的方式，会有涉及专业的问题，不过都非常基础，不用过于担心，其他的会有类似你大学做过什么项目、大学最有成就的一件事、选择本公司的原因等问题，不会太为难人。这些都是可以准备的东西，最后能不能通过，那就看缘分吧。

我现在在 Ameco 从事结构客舱工程文件的评估和颁发的相关工作，早八晚五按点打卡。一切从头开始，半年过来都是学习的过程，并且还将继续学习下去，为了成为一名工程师不断努力与积累。

我能清楚地看到自己未来的道路，能够看到自己踩下的一步一步的脚印，不会因为未知而焦虑与迷茫，甚至想要在前进道路还有空闲的两旁填充些什么。我热爱这样走上了自己的人生轨道并且充满了希望与活力的生活。

最后想要说，很多时候选择并没有对错之分，因为你无法得知你所放弃的那个选择最后会有怎样的结果。但你一定知道对于这个选择你是满意还是后悔。因为没有如果，所以不要后悔。每个决定都深思熟虑，读研也好工作也好，不要草率，那么你才能更加坚定。

往前走，不停留。

教师点评：

近年来，北航本科应届毕业生中直接就业的比例不到15%，工科专业就业比例尤其低。本文作者、北航交通科学与工程学院飞行器适航技术专业2013级本科生康瀚文同学是这少数者中的一员。事实上，并非本科毕业就业机会少，更多的是因为读研者众、求职者中硕士生就显得多了。工作半年多后，瀚文学姐回顾了自己是本科生涯及对考研、就业等决策的思考和实践过程，希望对在读的学弟学妹们有所借鉴。

北航生物医学工程本科如何进入四大会计师事务所

作者简介：汤雯，生物与医学工程学院2014级本科生，经管学院工商管理二学位，自学17个月通过ACCA 9门科目。曾在普华永道实习，经过秋招进入德勤。

我于2017年12月与德勤签约，暂时告别了学生时代。临近毕业，想把自己的经历写下来，供学弟学妹们参考。

只有极小部分极其优秀的学生们才有能力在自己人生比较早的阶段就想清楚自己想要什么，并且所有的努力都朝着那一个方向做。绝大部分人都会有迷茫期，在迷茫的日子里，我们能做的唯一事情就是：多尝试。在自己比较迷茫的大一大二，我主要做了几件事：参加社团、学生会、工商管理二学位和雅思考试。那确实是一段忙碌的日子，但我庆幸自己经过很多尝试发现了自己的所长：会计。

商科和工科还是有很大不同的。商科看重实习经历和考取的相关证书，工科在意你参与的科研项目和发过的 paper。我是一个很会考试，但仅限于通过考试，而非能考高分的人，于是决定选择考证＋实习，之后出国留学这条道路。接下来就开始了解会计相关证书，由于我倾向于学财务会计且希望去英国留学，又想选择含金量较高的证书，最终决定考 ACCA。经过不断努力，最终考下了 F 阶段。

所谓“四大”，就是国际上四所顶尖会计师事务所的简称，包括普华永道（PwC）、德勤（DTT）、安永（EY）和毕马威（KPMG）。我在四家的官网上查找有关实习生的项目已是十月下旬，四家中只有普华永道还在开放实习生通道，就抱着试一试的心态提交了网申，并顺利得到 offer。实习生做的工作相当简单，最多是做个表格、整理一下会议纪要、把扫描文件打印成 Word 之类的。实习生只需要做到“听话”就可以了：要听明白别人交给了你什么任务，然后仔仔细细高质量地完成，最好不要出现返工。四大最打动我的地方就在于大家是作为一个团队在工作；无论你是合伙人、经理或是才入职没多久的小朋友，每个人都非常地努力。不同级别的人有自己所处阶段需要完成的工作，一份底稿需要每个人做完自己的部分才能传递给下一个人；如果一个人拖延了进度，那一阶段的工作就没办法按时完成，从而造成恶性循环，这是极可怕的。所以大家都很乐意相互帮助、共同进步，使得工作可以顺利且高质量地向前推进。在这样的环境中工作真的能带给人很大的动力和满足感。

四大秋招面试流程通常是固定的，在线网申、在线笔试题、群面、经理面、合伙人面试，五轮面试通过就可以拿到最终的 offer。对于实习生来说有一个快速通道：实习结束后，每个人会得到一个实习评分，最高为 1 分、最低为 5 分。打分为 1 分和 2 分的实习生，可以直接获得一个合伙人面试的机会；如果有幸能够顺利通过，毕业后即可直接入职。

秋招期间我参加了安永和德勤的宣讲会，都顺利进入到了群面。德勤和安永的面试都是一次群面一次合伙人面；安永在 case 讨论结束之后会有一个 10 分钟左右的经理面。德勤的讨论很有意思，不需要你给出任何结论，面试官就通过你们讨论的表现来打分。安永的 case 是让你解决一个问题，最后小组内要形成一个有效的解决方案，每个人用英文做一个 5 分钟左右的 presentation。

对于群面而言，有些人天生就是当 leader 的，如果能在小组里把 leader 当好，有效的引导大家把讨论的内容引到正确的方向，并做到很好的时间管控，原则上通过这轮面试是没问题的。对于稍微内向一点的人，要仔细地听大家在说什么、思考有没有什么漏洞，能在关键时候提出一个新颖的想法绝对是加分的。如果你和我一样没什么商科背景，思维也不如其他人敏捷，很难迅速反应并提出新观点，比较容易的方法就是做一个提问者：关注一下题目中哪些信息未在大家发表的观点中体现，若是有的类似被遗漏的信息，就用提问的方式把讨论的方向往那边引。

Case 分析讨论过程是能否通过群面的一个决定性因素，大家一定要平时多训练自己的思维能力，尽量培养自己针对一件事情发表独到观点的能力，要先做到全局性，把握案例整体框架，再用不同的观点把框架填满。尝试着做一个有逻辑的思考者是非常重要的事情。

四大对我来说最大的好处就是面试内容是很随意的，并不会给你提一些非常尖锐的问题。虽然偶尔也会遇到所谓的压力面，据我所知，这类面试通常针对专业背景很强的同学，面试官可能看你毕业于名校的会计专业，就会问你一些会计准则政策之类的影响。相反对于我们这些和商科毫无关系的专业同学倒是友好了许多。我觉得一定要准备的几个基本问题，如果能在私下把这些问题很全面且有逻辑地论证清楚，其他多余的东西都不用准备了。一是精炼出彩的自我介绍，二是为什么选择这个公司这个岗位，三是清晰的职业生涯规划。

最后，我觉得四大面试真的也要靠运气：你的性格、为人处世的方式，是否符合合伙人的心意，很大程度上决定了你面试是否成功。

回头看看，一路走来真的很不容易：从大三一开学确立最终的努力方向，到大四上半学期终于尘埃落定，靠着很多人的帮助、指点和非常非常多的幸运，摸爬滚打还算获得了满意的结果。能在德勤进入中国的第一百周年成为这里面的员工，我感觉十分幸运和荣幸。

最后送给大家一句很鸡汤的话："人还是要有梦想的，万一哪天就实现了呢。"

教师点评：

近年来，北航本科毕业后直接读研及留学比例甚至超过 70%，"二战"比例约 15%；不过，还是有一些同学在全面分析了自己的兴趣和能力之后，选择先直接就业。这其中，还有一些同学跨专业求职。通过汤雯跨专业求职的经验分享，希望对目前尚在进行职业生涯规划的在校生们有所启发。汤雯同学在分享了自己实习、求职经历的基础上，总结了很多对职场新人很有帮助的"金句"；文中详细分享了实习与校园秋招求职与面试的过程与方法，相信对尚在参加春招的同学会有帮助。

放弃保研，直接进入职场——我只是选择了一条更适合自己的路

作者介绍：马新程，中法工程师学院2014级本科生。曾赴比利时布鲁塞尔自由大学交换，曾任北航希望桥梁公益协会等三个校级社团负责人，先后在华为、美团等公司实习。2018年6月入职京东，从事marketing方面的工作。

一、选 择

几番思索后，我做出了放弃保研直接就业的决定。在研究生升学率高达70%的北航，我属于少数群体；在中法工程师学院，我可能更是属于“异类”。

当我跟同学说要放弃保研时，他们都以为我在开玩笑；父亲听了我的决定后极力反对，很多师长亲友知道了也叮嘱我要三思。然而，在感谢了对方的关心之后，我还是坚持了这个自己经过认真思考之后的决定。

写下这篇文章，一方面是记录一下我的心路历程，对我本科前三年做一个总结，希望能给后来者一些启发；另一方面是假如将来有一天后悔了，我也能够回头看看自己当初为什么做了这个决定。

五月的北京，夜晚很清爽。很多时候，我一个人抱着电脑坐在校园的角落里思考，晚上回到宿舍也会琢磨很久，难以入睡。摆在面前的有三条路，争取直博、保研读硕和直接就业。想清楚这几项选择，并非是很容易的事……

二、决 定

进入北航之后，我就不时会想自己硕士阶段要读什么专业，作为一个理工男，我信仰真理和科学，对于科研和技术我充满向往。大二时，我跑到计算机学院荣老师那里，希望参与一些简单的科研工作。

起初我对AI充满热忱，认为它注定是要改变时代的；我希望自己能够抓住时代发展的潮流，成为一个出色的学者。我也曾一度产生了要直博读CS的想法，跟学院的安老师交流之后，我发现其实我喜欢的只是AI的炫酷而并不是枯燥的研究过程。没有极大的科研兴趣读博会承受很大的风险和痛苦，安老师的一番话让我更加清醒。

如果我非要去强迫自己像身边绝大多数优秀的人一样做学术，甚至自己编造一些“为人类开拓认知的新疆域”之类的话自我欺骗，那我或许能拿下博士学位，但未来我很可能只会成为一个很平庸的科研民工。

因为我没有出色的数学天赋，更因为我所谓的“爱科学”不是热爱科研的过程而是爱它所能带来的光环。

然而说服自己也不是那么容易。有时候我是一个执拗的人，做任何事情总是要给自己找一个“冠冕堂皇”的理由，让自己相信自己所从事的是一项“了不起”的事情。作为一个理工男，或多或少有一些思维上的偏见：我曾认为从事科学研究是探索世界的本质，是追求真理的过程，而从事商业和管理只是在处理一些人与人的关系，与前者相比在境界上实在是低了很多。

然而后来我想明白了：无论从事什么行业，最重要的是让自己的长处得以发挥并且对社会有所贡献，一个优秀的组织者能创造的价值并不比一个优秀的学者创造的价值少。

回顾我大学三年，从社团到学生工作到公益实践再到科技创新，可以说是丰富多彩的，也正是在这些实践中我发现自己是有一点组织和管理的能力的。我成为一个优秀的职业经理人的可能性或许要远大于成为一个出色的专家学者的可能性，所以最终做出了要从事非技术类职业的决定。

三、机　遇

大三下学期，随着保研面试的临近，我要尽快决定自己是否要读研了。在咨询了很多师长之后，这个问题就变得简单很多了。既然我不打算成为一个学者或者技术专家，那么读研对我来说只是帮助我更好地得到目标的工作 offer 而已。

如果说我本科毕业就能得到这个 offer 那就没有必要继续读研，即使未来职业发展需要，我也可以再去申请一个硕士项目。就像苏老师说的，工作是为了更好的生活，而学习是为了更好的工作。

然而，这个决定还是做得有些迟。本科毕业直接就业是一个我在半年前从未想过的问题，因为从踏入中法工程师学院的那一天，我一直认为就业将是我硕士毕业之后的事情，所以自己并未做好充分的准备。

没有任何实习经历，没有鲜明的专业背景。当我真正决定要寻找工作的时候，几乎所有企业的暑期实习生招聘已经结束了，而我只报了华为的暑期实习生（也只是因为碰巧遇到华为来北航宣讲），所以前途是十分渺茫的。我一直觉得自己是幸运的，最终华为给了我机会，让我能从千余名竞争者中拿到实习 offer，在实习结束之后也顺利拿到了正式的校招 offer，也正是这个

offer让我有了底气放弃保研。

四、沟　通

当我跟父母提出自己要放弃保研时，他们很反对。作为家族唯一一个考入大学的第三代，家里人对我期望很高，姑姑每次见面都要叮嘱我“读完硕士读博士，读完博士做博后……”

亲人的担心和反对，有些盲目和单纯，因为他们认为更高的学历就意味着更高的收入和社会地位，甚至父亲曾说过我一个让我哭笑不得的类比“本科不如硕士，就像高中毕业生比不上大学生一样”。

我的父母是没有多少文化的农民，但他们一直以来都给了我极大的自由和信任。无论是我高一的暑假自己跑到一个私人旅行社当导游，还是高三暑假要办一个辅导班，甚至高考报志愿这样的重大决定，他们都尊重我的决定，这也让我养成了独立的品质。纵然在放弃保研的问题上父亲极力反对，然而在我把事情的原委说清楚后，他还是选择了默许。

五、感　激

三年前入学时，曾经看到了网上的一篇黑学院的帖子，读了之后冷汗涔涔；知乎上也有一个探讨中法学院的话题，很多中法人都在上面留下了自己的看法观点。在中法度过三年之后，这里想谈谈自己的看法。

中法工程师学院是北航一个特别又普通的学院，优点很多，缺点也不少，作为一个“试验班”自然让社会抱着极高的期望，但是TA注定不可能适合每一个人。

对于这样一个“理科试验班”，我们不能用太过苛责的目光去审视TA，比如非要去跟计算机学院等比就业。作为一个采用法国教育模式的中国学院，必然会有一些水土不服，但中法最大的优点就是给了学生非常多的机会和可能性，比如说甚至都能让我这种“水货”有机会出国交换，有机会去“矫情”是否保研。

所以中法是否是一个理想的学院，要看TA是否适合你，我们不能因为学院不符合自己期望就去粗暴地给出一个差评。对我来说，过去三年，尽管某些数学类课程让人无语，然而我学了法语，也读了曾经想读的物理本科，遇见了“希望桥梁”和“创研”，得到了非常非常多的学长学姐的帮助。我一直认为我是幸运的，我对中法和北航充满感激。

六、写在最后

无悔:啰啰嗦嗦几千字,可能会有人骂我"矫情"——总结起来很简单嘛:发现自己不适合做学术,拿到了工作 offer,于是放弃了保研机会。再简洁一点就是"我选择了一条更适合自己的路"。然而,这只是因为站在了上帝的视角去听别人讲了一个故事,当一个人身处其中站在人生的十字路口,迷惘和踟蹰在所难免。

记得刚入学不久,学长学姐就曾告诉过我们:要尽早想清楚自己到底想要做什么并付诸行动,可这并不是一件简单的事情。但鸡汤一点:在没有想清楚自己要做什么时,最好的选择就是做好手里的事情——学习。很多时候,痛苦的根源在于想要的太多而付出的努力太少,尤其是当到了找工作或者申请项目的时候。相信在这方面,很多同学都做得比我好。

不过,在"脚踏实地"的同时,还是要多抬头看看路。任何时候,对自己的未来负责、积极主动地规划人生都是无可指责的。既然没想好自己要做什么,不如就都去了解尝试一下。不要把自己封闭在一个小的圈子里,有机会就走出学院走出北航,因为无论是别人所说的还是知乎微信所呈现的,都只能是故事而不是事物本来的模样。封闭往往会导致偏见甚至狂妄,井底之蛙就是一个极端的例子,只有走出去多看多想,才会知道天空到底是什么颜色。

我觉得自己会成为什么样的人,是时间的机遇和自己的选择两个因素造就的。"时间的机遇"我们不能改变,而"个人选择"有时候也是不能改变的,因为它取决于我们的性格喜好。所以即使重新来过或者我当初去了其他高校,可能三年后我还会是这个样子,所以一切都是最好的安排,我对一切充满感激。

教师点评:

在研究生升学率高达 70%的北航,马新程属于少数群体;在中法工程师学院,他可能更是属于"异类",因为他是 2014 级唯一一位放弃保研的同学;毕业时,他仍被评为了优秀毕业生。

我们不是倡导做"异类",而是倡导独立思考、认真实践的行为。马新程同学放弃保研、直接就业并非为了显示"与众不同",而是根据自己的实际情况作出的理性的决策。

希望更多的同学作出真正属于自己的决策,而非为了"保险"或者"省事"盲目地读研、留学,走出属于自己的生涯之路。

一位“建模”大咖的成长之路

作者简介：殷子樵，数学与系统科学学院2012级本科生，2016年保送至本校本专业直接攻读博士学位，北航第十三届“五四奖章”获得者。北航数学建模社创始人兼第一任社长，曾获美国大学生数学建模竞赛一等奖，全国大学生数学建模竞赛北京市一等奖，首都挑战杯一等奖等荣誉。

数学建模这个词，是我在上大学前后认识差异最大的一个词。上大学前，我对于模型的认识还停留在各类飞机模型、高达模型上；上了大学之后，才了解到，原来模型也可以是这种对于实际问题的抽象数学描述。

我相信，很多同学和我一样，进入大学之后也或多或少都听说过数学建模这个词，或是亲身参加过建模竞赛，或是在各类课程中听过老师们将针对某某问题的某某经典模型。而建模之于我这样一个参加了四年美赛、两年国赛、拿遍一二三等奖、创办了数学建模社、多次担任建模竞赛领队的人来讲，确实会更加重要一些。

有很多人问我，建模带给我的最重要的东西是什么？我总是会打趣地回答说：“最重要的东西，大概就是最近这枚沉甸甸的五四奖章了吧。”不过静下心来想一想，我想建模带给我的最重要的东西大概有两样：对于完整科研过程的训练、针对不同问题的灵活的思维方式。

第一，就是对于完整科研过程的训练。在建模竞赛的过程中，同学们所要面临的，经常是之前从未涉猎过的领域中的问题，这就需要同学们从零开始，从查找文献、总结文献，到分析、总结问题本质，再到建立模型、查找数据，再到最终的解决问题、书写论文，这一系列的流程都要在短短的几天比赛时间内完成。

由于很难在短短几天时间内真正对一个领域有很深入的了解，所以也总有同学在建模后，会戏谑地说道，自己建模的过程实在是“一把辛酸泪、满纸荒唐言”。也曾经有不少同学抱怨，感觉自己在建模竞赛中很难真正学习到什么，而只是通过“东拼西凑、强行解释”来强行书写出了一篇论文。的确，任何人都很难在四天的时间内掌握一个全新领域问题的解决方法，但是，通过这几天的建模过程，完整地向同学们展示的是在面对一个全新的、有实际价值的问题时，我们所应当采取的办法——从查阅文献、概览现有方法，到提出自己的见解与看法、建立自己认为合适可行的模型解决问题，再到在实际操作中发现问题、改进方法、解决问题，最后将自己的全部想法书写为论文、向其他人说明自己的方法并分析优劣，这一切共同构成了一套完整的科研过程体系。多年的参赛经历，让我多次充分地训练了这一过程的每一个环节，这些对于我现在的科研也是大有益处的。

第二，就是针对不同问题的灵活的思维方式。建模竞赛中我们所要面临的问题多种多样，从蛋糕烤盘的设计，到马航飞机的搜索；从体育教练的评价，到登月车扫描月球表面线路的设计，这些都曾经作为题目出现。虽然现实中他们的差距巨大，但很多问题的数学本质却是相似的。建模竞赛的过程，就训练了我们透过问题看本质的能力。本质不同的问题，解决的方法不同；本质相同的问题，也往往有不止一种解决办法，到底选用什么样的方法来解决问题，是建模过程中我们需要思考的。

同时，在建模的过程中，我们还需要思考我们如何可以做到和其他人不同，如何可以做得比其他人更好——这就是我们所说的创新。我经常在各种建模培训过程中，跟同学们分享我对于建模竞赛创新的理解：一方面是思考是否可能采取与传统方法不同的方法，并且思考新方法与传统方法的优劣对比；另一方面是是否可能做得比其他人更加深入，做别人没想到要做的事情。我想，这与我们实际科研过程中的创新是很相近的，而建模过程恰好能够训练我们的创新思维。

上文提到的这两个方面，我想是所有人或多或少都能够从建模的过程中收获到的。但是除此之外，我想每个人也一定都会有属于自己的收获，比如在共同奋战中收获的友谊，在多彩的题目中收获的兴趣甚至前进方向，在活跃的思维中收获的灵感等等。这些，都终将成为参与建模的同学们“后建模”时代的一笔财富。

第三，作为一名多年参加建模的学长，北航第一任建模社社长以及现任的建模领队，我在这里再次欢迎大家加入建模的大家庭，与我们一起共同挑战难题，共同享受成长！

下面向大家简要介绍一下在大学学习期间影响力比较大的两项数学建模赛事：

全国大学生数学建模竞赛是全国高校规模最大的课外科技活动之一。该竞赛每年 9 月(一般在上旬某个周末的星期五至第二周的星期一，共 3 天，72 小时)举行，竞赛面向全国大专院校的学生，不分专业(但竞赛分本科、专科两组，本科组竞赛所有大学生均可参加，专科组竞赛只有专科生(包括高职、高专生)可以参加)。同学可以向该校教务部门咨询，如有必要也可直接与全国竞赛组委会或各省(直辖市、自治区)赛区组委会联系。

全国大学生数学建模竞赛创办于 1992 年，每年一届，目前已成为全国高校规模最大的基础性学科竞赛，也是世界上规模最大的数学建模竞赛。2014年，来自全国33个省/直辖市/自治区（包括香港和澳门特别行政区）及新加坡、美国的1338所院校、25347支队伍（其中本科组22233支队伍、专科组3114支队伍），共7万多名大学生报名参加本项竞赛。

美国大学生数学建模竞赛（MCM/ICM）由美国数学及其应用联合会主办，是唯一的国际性数学建模竞赛，也是世界范围内最具影响力的数学建模竞赛。赛题内容涉及经济、管理、环境、资源、生态、医学、安全、未来科技等众多领域。竞赛要求三人（本科生）为一组，在四天时间内，就指定的问题完成从建立模型、求解、验证到论文撰写的全部工作，体现了参赛选手研究问题、解决问题的能力及团队合作精神。美赛也是现今各类数学建模竞赛之鼻祖。

MCM/ICM是Mathematical Contest In Modeling和Interdisciplinary Contest In Modeling的缩写，即“数学建模竞赛”和“交叉学科建模竞赛”。MCM始于1985年，ICM始于2000年，由COMAP（the Consortium for Mathematics and Its Application，美国数学及其应用联合会）主办，得到了SIAM，NSA，INFORMS等多个组织的赞助。MCM/ICM着重强调研究问题、解决方案的原创性、团队合作、交流以及结果的合理性。

2017年，北航学生参加以上两项数学建模竞赛的人数达到历年最高值，累计有616支队伍计1800余人参与了相关数学建模赛事，其中294支队伍代表北航参加了2017年美国大学生建模竞赛、全国大学生建模竞赛和全国研究生建模竞赛，参赛队伍数量同比2016年增加120%，获奖队伍同比2016年增加200%。在2017年全国大学生建模竞赛中，北航的4支队伍获全国一等奖，4支队伍获全国二等奖，12支队伍获北京市一等奖，21支队伍获北京市二等奖，获奖率位列全国第一梯队。根据当年赛事的安排，在每年的5月和11月左右举办全国大学生数学建模竞赛和美国大学生数学建模竞赛（MCM/ICM）的赛前培训和选拔热身赛事，欢迎北航的同学们来一起挑战和享受与数学建模的一场“虐恋”，当时参加比赛获取大奖不是重点，在解决难题中成长自我才是关键！

教师点评：

读了殷子樵同学这篇关于数学建模学习实践的主题分享，相信大家一定能感同身受到子樵同学对于数学建模的那份由衷的热爱与真诚的执着。其实子樵同学不仅是在数学建模中这样的投入，他在专业科研、课程助教、摄像摄影、打羽毛球甚至是歌唱时，都是充满了火一般的热情去投入全身心的专注。他身边的同学经常说“数学学院有子樵，好像北航哪儿都有子樵”，我认为这样的一种“爱商”是子樵同学最闪光的地方，而这样一种“爱商”是不受现有的条件（智商水平、能力水平等）所限制的，是每一位北航同学都可以拥有并值得拥有的品质与智慧。但是，在提升我们“爱商”的过程，特别需要选择一项有意思并且有挑战的事情去投入，去磨炼，去体会。比如你们的子樵学长在本科和研究生学习期间，参加过的大大小小的建模赛事恐怕两只手都数不过来了。我想数学建模活动无疑给优秀的北航学子提供了这样一个团队合作的、可以实现短期专注投入的训练平台。

参加比赛获取各种大奖不是重点，学会在解决难题中成长自我才是关键！结合子樵同学的分享和体会，我们再聊一聊数学建模：通过数学建模的过程，同学们把以前学习到的数学知识和体系（不管是初等数学还是高等数学）以及大脑中潜在的数学思维能力充分应用于解决我们生产生活的具体问题中。更加值得一提的是，数学建模是一个团队学习和工作的过程，数学建模过程中资料与数据的收集、观点的提炼与模型的使用、模型的算法与实现、实验的图像与论文的写作等，所有这些信息的输入与输出，都靠这个三人组成的神秘的“黑匣子”来共同实现。因此，数学建模里面的“门道”可不是仅用知识和技术就能完全hold得住的，更是一种团队学习力量的体现，里面充满了各种有趣的、好奇的、未知的因素。我想这也是为什么同学们痛并快乐着参加一次次通宵达旦的建模赛事。最后送上数学学院国家级名师李尚志爷爷的一首诗，与北航学子们共勉：“数学精微何处寻，纷纭世界有模型。描摹万象得神韵，识破玄机算古今。岂是空文无实效，能生妙策济苍生。经天纬地展身手，七十二行任纵横。”

本科四年：我和科技竞赛的那些故事

作者简介：王章陶，自动化科学与电气工程学院2014级本科生，主修自动化专业，辅修工商管理二学位。曾获优秀学生企业奖，冯如杯一等奖。主要研究移动机器人及机电系统控制方向，同时也对可穿戴健康管理设备的研发及信号处理算法感兴趣。2018年9月赴意大利攻读北航米兰理工硕士双学位。

从自己最开始参加科技比赛至今已经过去了十年，回望自己走过的路程，由衷地感到自己的幸运与坚持，这篇文章记录了从开始参加比赛活动至今的一些想法，包括和父母的沟通以及一些有关科技活动的经验建议，用各种荣誉来描述比赛活动所带给我的不免功利，我更愿意看到这其中所表现出来的一个少年追逐自己科技梦想的历程，永远在路上。

进入大学之前的学生时代，我的经历轨迹可能和别人就不一样。我的童年在各类科技活动中度过，因为从小爱好的原因，纵使有爸妈从一开始的打压到后来的支持，我始终坚持了对科技的兴趣和爱好，小学时出于对电子技术的喜爱，自己在家里搭建了一个小型实验室，一把电烙铁、一台万用表、杂七杂八的电子元器件、废品店里买来的电路板就是我的全部家当。那时候父母非常担心这会影响我的学习，但在我考了年级第一名后他们就默许了，此后我偶尔也能从爸妈手里拿到一点点经费买我喜欢的器材。自从看了电视直播的神舟五号发射之后，对航天以及航空产生了兴趣，于是开始自己尝试制作飞机模型。当时买了两本教材，叫《航空航天模型制作（上、中、下）》，从中了解到原来还有航空航天模型的比赛。

2008 年我上小学六年级。我们区第一次办了一个比赛，名称叫“飞向2008——航空模型大赛”。我拉上了班里的两个好朋友，组成了我们学校唯一一支只有三个人的参赛队。比赛项目是电动自由飞，我们几个人在操场上试飞我们组装好的飞机的时候总是引得好多人围观。很不幸的是，那次我们没能取得好成绩。

初一时，老师告诉我们学校在组织青少年科技创新大赛，于是我找了位队友一起加入了这个比赛。我们的作品名称是“自动环保集水器”，从此我与自动控制结下了不解之缘。这是我的第一个自动控制相关的机电作品，通过一个浮球开关检测积水箱的水位然后通过继电器启动抽水机把水抽到储水箱里，可以与家用全自动洗衣机配合回收洗衣废水再利用。我小学时候看了很多电子技术方面的书籍，我的电子技术入门来自人民邮电出版社的《电子技术易读通》以及我姐姐的物理课本。我上小学时她的物理、化学课本已被我翻了好几遍了。

我们很幸运地拿了区一等奖，并被推荐到市里参加比赛。那是我第一次参加正规的比赛，有张照片我保留至今。

进入高中后，因为初中自学了编程，我加入了机器人队，有幸遇到了我的教练。那之后我参加了好多比赛，从各类市级的青少年科技创新大赛到全国的青少年机器人竞赛，明天小小科学家奖励活动，甚至走出国门参加 robocup 青少年足球机器人竞赛，并获得了世界冠军。那是我第一次走出国门参加比赛，穿行在欧洲的小国家，穿行在荷兰的小镇里，见识了很多国外的 Geek。

通过参赛我认识了好多志同道合的好友，其中有后来成了好朋友的南开中学 Z 同学，还一起参加了明天小小科学家奖励活动以及清华大学的拔尖计划自主招生。参加全国青少年机器人竞赛的时候有幸认识了 W 同学，后来俩人一起报了北航并进了同一个系。这些都是非常幸运的事情。

高考的那一年，所有有关竞赛的加分以及保送都被取消了，不过幸运的是得益于父母的严格要求，我的成绩一直都还不错。个人觉得平衡好科技竞赛的时间、精力和本专业内的课程学习很重要，因为在目前的竞争环境下，不走寻常路是要付出很多的代价的。我的老师跟我说，享受比赛的过程很重要，但比赛的结果也很重要，它能让你到达更高的平台上，所以要平衡好比赛的过程和成绩两者的关系。

进入大学参加的第一个比赛是冯如杯科技竞赛，第一个作品就是一个与自动控制有关的两轮自平衡跳跃机器人，当时自己参加冯如杯的目的还是比较功利的，主要是想去掉自己身上的成绩压力。准备比赛期间，偶然的机会在实验室里见到了一位让人眼前一亮的 Z 学姐，后来有幸跟学姐一起准备她的冯如杯，比赛前一起在实验室刷夜，在这个过程中学到了很多，后来学姐获得了冯如杯一等奖。

大二时继续参加冯如杯科技竞赛，这时候正赶上国家号召大学生创业，于是加入了工商管理二学位班学习，在这个二学位班里，遇上了很多有追求的同学，从他们身上也学到了很多，同时也遇到了跟我一起创业的 L 同学。从职业兴趣来说我是一个适合从事科研工程工作的人，但我也是一个有挑战人格的人，从挑战人格引发的职业道路可能就是企业家。于是大二我开始了三个项目的并行工作，当时的一个作品咖啡拉花机觉得有不错的商业价值，于是就拉上了 L 同学一起注册了公司，开始了商业化，结果我们拿到了优秀学生企业奖。同时我的另一个作品球形机器人拿到了“冯如杯”科技竞赛的一等奖，这个获奖经历让我在接下来的时间里摆脱了成绩上的压力，能够专注于我的研究领域，给了我很多做科研的时间和机会。当自己真的开始创办一家公司并且把自己的技术以及产品商业化的时候，才感觉到了自己在工商管理二学位里面学习到的知识的价值。

系统地来说“冯如杯”创意、科技、创业大赛是一环扣一环、层层递进的。要做一个好的作品，一个好的 idea 是必需的。甚至在你定下一个目标 idea 时，就已决定了项目的 90%了；当你定下了目标 idea 时，就已决定了你可能会遇到什么困难、需要哪些方面的资源、你的技术路径、所需解决问题的能力、资金投入的多少、需要的队友的能力配置、研发时间的长短及最后的展示效果，甚至决定了评委可能会提到的问题。所以每当看到很多同学一拍脑袋就开始做一个项目的时候，深深地感到可惜。一个好的作品，选题至少会占到总的时间三分之一以上。

如何选题呢？首先要考虑选题的可行性。不同比赛对可行性的要求不同：创意大赛要求最低，创业大赛要求最高。只要有想法，有基本的理论，那么就可以形成完整的创意，这时候就可以参加创意大赛了；如果动手能力、工程能力是够强，能够实现它的话，就可以参加科技竞赛了；如果能够做到商业化、产业化，那就能够参加创业大赛了。周围不少小伙伴一开始的选题都比较天马行空，这是好事，思维一定要开放，但是要是想要把它落地，还是需要考虑可行性的。

可行性一是指原理的可行性：一个作品背后一定是有它基本的理论支撑的，如果连基本的原理都找不到或者违背他，那么这个作品是基本不可能做出来的，当然也有一开始没有明确理论支撑的作品。另一个是资源的可行性，我们每个人能够调动的资源都是有限的；有些项目所需的投入明显超出能力范围，这时候就要考虑资源的可行性，这里的资源包括了人力的、财力的，还有一些社会的，有的项目虽然原理简单可行，但是却需要大量的人力投入、大量的试验，显然超出了一个普通学生团队的能力范围。项目和团队的匹配程度评估也很重要。从能力维度来看，每个项目都有它自己的特征，每个团队都有它自己的特征，如果简单地将它分为理论和工程两个维度，那么一个擅长理论分析的团队就最好不要去做一个工程化的项目，让合适的人干合适的事情总是资源的最优配置。考虑完选题的可行性，接下来最重要的是选题的创新性。对于科技类比赛来讲，创新性是核心的方面，但很多时候这方面和可行性是矛盾的，需要我们在这之间做好平衡：过分追求创新则会变得盲目，过分追求实用则会变得保守。一个既具有可行性又具有创新性的 idea 才是一个优秀的 idea；如果一个 idea 创意让你觉得有种想去实现它的冲动，同时又具有实现它的信心，那么它就是一个优秀的 idea 了。

选题完毕之后重要的就是计划安排了。一个项目，特别是多人团队项目，就一定会涉及管理和计划安排的问题，选题完毕之后的第一件事就是规划技术路线，考虑怎么用现有的或未知的技术方法去实现它。技术路线的选择要从现实和未知两方面去考虑，最终要得出一份详细的项目时间计划表，其中包括了项目的技术路线、时间节点、各个环节的执行顺序、异常处理流程、执行负责人、验收指标等信息。

得到了上面这张表，整个项目离大功告成就不远了。我们只需要严格地按照计划执行下去就可以了，项目计划执行过程中牢牢把握好最初的目标，灵活应对，严格按照计划执行，不断地修正时间进度，就一定能顺利完成整个项目了。

当你顺利完成项目、准备答辩时，最激动人心的环节就到了：你将有机会和众多同学分享你的项目，你的想法和老师们发生思维碰撞的火花。在这里最重要的一点就是心态的认知，有不少同学潜意识里觉得评委老师就是故意来为难自己，故意给自己提问题的，但事实上不是这样，如果抱着一个评委老师是来跟自己交流的心态，那么在回答的时候就能多些诚恳，多些谦虚，多些理解。抱着一个学习、交流的心态去面对答辩，收获就不止比赛的结果这么简单。有些时候一些语言上的小技巧能解决不少问题，当评委老师表达了对项目的不理解时，如果换一种讲述方式并合理运用逻辑关联词，就能收获意想不到的效果，比如在 PPT 的一开始就鲜明地亮出创新点，并在结尾再次强调创新点，能让老师们印象更深刻。很多时候表述形式的不同也能带来表述效果的不同，例如一个作品相比同类作品的优点，如果用语言来表达那将是冗长的，难以让人产生直观的印象，如果用表格来表达，通过横纵对比就能一眼直观地看出差异，如果用维度图、直方图就更加形象了。针对所需要传达的不同的信息内容合理选择表达方式，也是答辩需要注意的一个方面。

如果你的科技作品收获了评委们的好评，同时自己觉得有不错的潜在商业应用价值的话，就可以进入下一个最难的关卡——商业化了。一个科技作品，只有当它真的走进人们的生活才能给社会创造价值，商业化就是这其中关键的一步。

商业化和科研的区别在哪里呢？我认为本质在于目的不同，科研的本质是验证原理、探索未知，他面对的对象是行业内的从业者，各类基金管理者，需要用专业的语言去阐述结果，但是商业化不一样，商业化面对的对象是广义上的消费者。一个好的科研项目并不见得就是好的商业项目。作为一个商业项目，首先需要有一个 BP(商业计划)，包括了你的产品介绍、团队介绍、市场调查、公司目标、优势威胁分析、公司战略策略、商业模式、预计投资回报率等。其中商业模式是最重要的，公司的商业模式发源于公司的产品本身，进一步决定了公司的资源的调配，整个公司的所有资源都是围绕着商业模式运作的，商业模式的核心在于资金流的可持续运作，一个没有现金流回流的企业是无法存在下去的，只有源源不断的有新的资金注入才能不断发展下去，这个资金可以来源于新的投资以及盈利，围绕着这两种诞生了截然不同的企业，一种是自带充沛现金流高利润率的企业，诸如苹果、微软、Intel 等，一种则是像亚马逊这样的，虽然还未开始盈利，由于投资者看好发展前景，一直有资金进入。

一个实验室的科技产品要转化为商业产品，需要经历一个商业化的过程。科研实验往往是不计成本投入的，商业首先要面临的就是生产的问题，只有选择合理的生产路线，兼顾生产成本以及生产效率，才能做出一个合格的商业产品来。很多时候还要考虑其它诸如供应链的稳定性，诸如设计的可靠性、仓储等。例如，有时候科研为了性能的优势，选用了某些冷门的器件，对于商业生产来讲却是不可以的，因为冷门的器件随时有停产的可能，公司议价能力不高，对于大批量生产的供货稳定性以及成本控制能力是灾难性的。科学研究以实现功能为第一需求，而商业产品以满足消费者需求为第一目标，两者还是有很大差别的。

分享了这么多关于科技比赛的经历及经验，我觉得兴趣与追求还是最重要的，如果需要加分或保研，可选的路不止科技竞赛这一条，自己喜欢才最重要。我至今能想起看到自己造的第一艘电动船在水里跑起来的那个遥远的下午：当时那条河还清澈见底，一个小孩赤脚站在浅水岸边，看着一艘白色的泡沫小船正划开一片银色的波浪驶向阳光里，那应该是他科技之路开始的地方。

教师点评：

章陶是另一类典型的北航学子：瘦弱沉静的“聪明孩子”，看上去比实际年龄要小！

对章陶第一次有较深刻印象是两年前的暑期：当时经管学院与美国WPI有一次学生交流活动，主题是科研实践项目；作为二学位班主任，我将这个信息发给了同学们，章陶积极报名，在活动中也特别活跃，与一贯内向的形象颇为不同。

2017年5月份，在央视《开讲啦》戚发轫院士做嘉宾的那期节目中，章陶又出现了。面对镜头，他落落大方地念出了在北航航空航天专业同学们中流传的一首“诗”，给观众们留下了深刻的印象。

我陆陆续续地了解到了章陶对科研竞赛的兴趣，得知他是北航自控协会的活跃分子、甚至是萌新们心目中的“大佬”。

从章陶的分享中可以看到：他对科研的爱好是从小就开始了。这并不是说“兴趣不重要”，而是更说明了探索兴趣的重要性。章陶对自己未来的事业方向也有深入的思考：他希望从事机器人研究相关的工作，具体到与教育培训领域相结合。

希望更多的同学能够尽早确认自己的职业兴趣，积极投入实践，做出自己满意的成果来！

对自己和未来都迷茫的人，如何过好大学四年

作者简介：施政彤，软件学院 2014 级本科生，本科期间担任大班长 4 年，曾在微软学生俱乐部担任副主席，多次组织校内 300＋人次大型活动；大二于苏州一家政府管理咨询公司实习后，赴全球顶尖广告公司奥美担任对接 IBM 的客户实习生，加入北航经济二学位项目，暑期赴美 UIUC 参加 Summer School；大三进入北京大学国家重点工程实验室科研实习，写出论文一篇（已接受，待发表）；大四末赴国内自动驾驶初创公司 Momenta 市场部实习，并于首月公派美国 CVPR 会议出差一周，负责协助公司展台的组建与公司 Reception 的筹办；以学院 Top 10％的成绩毕业，获得北京市优秀毕业生称号；放弃保研机会申请出国，获得 USC、NYU、UCI、WUSTL 等大学 offer，目前在 USC 攻读 CS 硕士。

不知道大家有没有观察过周围的同学：有些人从小便会对某一类事物极度痴迷，有些人则对自己未来要从事的职业一清二楚。这两种人都没有职业生涯规划的烦恼。而更多人属于迷茫的大多数——觉得自己好像什么都不讨厌，什么都可以做，最后，没有任何一样去真正尝试过，反而被自己折腾地原地团团转，几年后发现自己只是一直碌碌无为。

这篇文章，也许最适合的就是这些“迷茫的大多数”。

对个人职业生涯答案的追寻，就好像要独自穿越一片充满迷雾的森林，内心不免充斥着迷茫和焦虑。在这个伴随每个人成长的问题面前，由于性格、特长、爱好和基础都不尽相同，各人都将面临不太相同的困惑。不过，已经经历了那些困惑，并最终逐渐找到解决方案的先行者们，总还是有一些可以总结以供借鉴的方法论。

我想和大家分享的是自己作为一个很容易迷茫的人，在大学四年中走出这片职业困惑迷雾的方法——不断尝试。

一、一脸懵圈的开局

“考入离家 800 公里远的第三志愿大学里第六志愿的码农专业，和我本来想的进入某 Top 3 商学院→成为高富帅→走向人生巅峰的剧本完全不一样啊！QAQ”

上面这个吐槽几乎霸占了大半个我的军训时光，也成为我迷茫的大学

生涯的开端。开学后，各路高中竞赛大神刷题如切瓜，零基础的同学们一个个又对代码世界充满了好奇和向往而天天抱着书啃，一脸懵圈的我一边思考着自己要不要转专业转学，一边吃力地从头跟着学。由于自身对与人打交道以及组织活动十分有热情，便与此同时通过一场激烈的竞选担任上了系大班长。最终，大一在办了一堆活动，成绩保持在 Top 30%的水平下迷茫地结束了。

二、TryOn 计划

大二开始，我开始无比认真地思考起了自己的职业规划问题——“首先，我不讨厌也不喜欢我现在的专业；其次，我可能有商科/市场/公关相关天赋；再次，我未来比较想出国，提升阅历、开拓新的可能性。那么我到底是好好学现在的专业，还是转专业到经管系？或者现在就准备直接转学出国？

每一个选择看起来都没有什么后路，都很难让人下决心，而且靠自己脑补和 YY 永远得不到一个确切的答案。于是一个很自然的想法出现了，何不让我先试试自己适不适合其他专业/出国呢？

为了让这个“TryOn 计划更稳一点，我选修了职业生涯规划课。在这个课上，我系统地学到了如何通过自我认知和职业/职场探索来确认自己适合什么行业，以及如何写简历、如何准备面试等无比有用的知识。“TryOn”计划是：通过管理咨询公司/公关公司/广告公司等等试试自己有没有此方面天赋，以及是否喜欢此方面工作，从而确定未来职业大方向；通过出国交流/交换一次来确定自己是否适应国外的学习生活环境，是否喜欢，从而确定未来是否要出国。

三、最苦涩和最有效的都是实践

有了计划，下面就是实施了。我利用寒假短期在一家管理咨询公司获得了一个滚雪球式的起步实习，并在之后于 Top 3 广告公司奥美获得了与 IBM 对接的客户部实习。

经过这两次实习，我确定自己拥有这个领域的工作能力和学习潜力，同时感觉到这一类工作需要的能力更侧重沟通能力、分析能力与快速反应能力，均属于暂时搁置也不会消失且进步缓慢的能力。于是得出结论：倘若我现在放弃工科转此类方向，我会丢失工科的壁垒，而这一方面也不会有太大的进步；加之计算机行业前景明朗，因此不如先学好本专业，未来以此为切入点进入顶级科技公司，随后再利用自己其他综合能力来实现向管理层的快速跃迁/自己创业。此外，暑假中我参与了我校赴 UIUC 的 Summer

School 项目,经过三周的交流学习,确定了本科毕业后要出国留学的目标。

至此,我的职业规划逐渐明确为:本科后出国攻读本专业计算机方向研究生,未来从科技行业切入,几年后转向管理/创业。

接下来的一切,就是知乎一下"计算机专业如何准备赴美留学"可以得到的内容了——找到一个清/北/航的实验室努力科研争取写文章 or 找几个大公司的技术实习,准备好托福和 GRE 考试,找老师/领导写推荐信,精修自己的简历和文书,最终申请。

四、最后皮一下

今年 5 月,最终出国申请尘埃落定之后,毕业论文也告一段落,大多数同学开始了自己的毕业庆祝之旅。8 月初就要去国外开学的我,讲道理应该好好休息一下,安慰一下折腾四年的自己,但是考虑到读研之后,自己必然只会寻找本专业实习,难以再有机会体验其他行业,但是未来若要创业的话,了解其他行业的知识也十分重要。于是我进入了新兴自动驾驶独角兽公司 Momenta 的市场部实习。

十分幸运的是,我在市场部如鱼得水,受到了市场总监的欣赏,得以接触到和负责到很多超过实习生层次的事项,也获得了公司公派计算机视觉领域顶级会议 CVPR 大会的出差机会,得以与公司 CEO 和顶级技术人员同行共事。最后在这一次实习中,成功了解到了科技公司市场部的一种运营模式,也了解到了很多初创公司内部会遇到的问题,同时也体验了作为非技术部门成员与技术人员的合作。相信这些经历对我未来从事技术岗位/管理岗位/带领自己的团队都会有很大的帮助。

我一直觉得:自己掉过的坑的最大价值,就是帮助更多人躲过坑。真心希望自己的经历和总结可以帮助到更多的同学尽快结束迷茫,找到属于自己的路。Fight on!

教师点评:

本文作者很忙,有多忙呢?读者从"作者简介"中就可以知道了:大四即将结束以来这半年,政彤忙了多少事情("大四末赴国内自动驾驶初创公司 Momenta 市场部实习,并于首月公派美国 CVPR 会议出差一周,负责协助公司展台的组建与公司 Reception 的筹办")。相对而言,目前在美国校园内紧张攻读硕士学位的他,时间反而相对宽松,因而终于挤出了时间完成了上文。

认识政彤是在 2015 年初春的职业生涯规划课上,而上课前,已经收到了他针对课程的咨询邮件,对其主动思考、积极行动的行为习惯有了印象。他大二暑期就到奥美实习，理工科大二学生能进入全球顶尖的广告公司实习，的确是难得的经历。此后，政彤最主要的精力用于了专业学习，最终以学院TOP 10％的专业成绩毕业，并拿到了美国多所知名高校的硕士课程录取通知书。

然而，这一切并非是政彤“目标明确”的行动成果，反而一直身处迷茫中。这倒真不全是政彤的自谦：大四阶段，他还就未来的职业发展方向找笔者做过咨询。

因此，今天这篇文章重点是送给大一大二的同学们，尤其是刚入学不久的萌新们：你们中的大多数即将迎来或长或短的“迷茫期”；不必焦虑，四年间几乎一直处于迷茫的施政彤学长的经历告诉大家，迷茫不可怕，只要你能够积极地保持行动，最终一定可以走出迷茫，走向自己想去的地方！

跨专业申请到康奈尔大学攻读数据挖掘
——一位北航经管女生的独特经历

作者简介：潘琛，经管学院工业工程专业2011级本科生，在校期间与同学一同创办了图像识别与应用开发公司。2016年入读美国康奈尔大学信息科学专业研究生。2018年入职亚马逊总部担任数据科学家，主攻基于用户行为数据的全球市场金融产品风险预测模型。

我已经在康奈尔大学开始新的学习生活两个多月了。每天焦头烂额地学习数据分析课程，匆匆赶去上课的路上会有松鼠轻快掠过，午饭是各国美食和沙拉，周末会坐几小时车跑去看美加边境的大瀑布。

回想去年自己正全副身心地准备GRE的这个时候，有一种时光的错乱感。这一年的变化如此之大，让我时时产生一种微妙的庆幸：正是去年此时，自己作了出国留学并转专业的决定，最终幸运地来到了这所美好的学校。

转专业并不是我突然间的奇思妙想。在这个想法隐隐浮现之前，生活中就已经给了诸多的暗示；这些细小的线索一点点累积，最后我不得不正视它，告诉自己：去学数据分析吧，免得将来后悔。最大的触动来自我的本科密友殊凡。她是我在大学遇见的脾气相投、相当有才的一位好友。可惜非常不巧，她的才华和所学专业几乎不相关——她对色彩、造型、信息交互这些领域的灵感简直是天才，然而却学着最“枯燥”“严谨”的会计学。这种严重的分裂让她对专业兴趣寥寥，甚至感到痛苦。大四最后的毕设难度不高，完成对她来说不是太大的问题，但是她坚决地说："不，我不要再把时间花在我不喜欢的事情上，我要做一个原画师，一分一秒都不要浪费。"最后我也被她所感染，开始不断逼问自己：抛开世俗的那些标准，我真正感兴趣的是什么。

这个想法就像一粒种子，日后一切的经历都像是在松土施肥。大四暑假前，我找了一份非常体面的实习，坐落在王府井 CBD 的高楼大厦，世界 500 强的外企，精干的同事，是同类实习两倍还多的高额薪资。然而仅仅两天我就放弃了，我发现外界的光环终究是外界的，如果我对这份工作内心并不充满热爱，那么我的内心无法感到愉悦，这种虚幻的光环能赋予的成就感，满足不了一个内心有别的渴望的我，成为不了我自己的光环。

都说人往往不知道自己喜欢什么，但对于不喜欢的东西则十分明确。我开始利用排除法，把我可能的几个职业走向进行了分析。人力资源的工作大都细致又常规，可能还会和人有大量的职场社交，而我喜欢挑战，性格变化大：时而喜欢独处，时而人来疯，貌似这份工作和我并不契合。销售市场类的工作，更是对社交和人情方面有着极高的要求；创办公司的经历告诉我，这是一份十分心累但回报不确定的工作，而且时间一长产生的疲乏感对我是致命的。

终于，我发现自己更喜欢把精力投入到技术类创新的工作中。长期理工科生教育让我的逻辑性和数学功底非常扎实，足够重新捡起来再继续深化，更由于我的创业经历，我对如何与技术人员打交道、如何理解现实问题并转化为数学问题、如何快速地了解一个行业有了初步的训练。我发现自己适合这种一半现实、一半技术相互混杂的工作，一方面我可以和各种专业的人快速交流，获取问题的关键点，另一方面我能有技术解决思路，并且利用我的"脑洞"来挑战传统的思维。而且数据的问题最可爱，优化结果可测量，几乎是立竿见影，非常容易使我获得成就感。加上数据大爆发带来的商业需求，是我们这个年代的人最宝贵的机会。

第一步，尽一切可能去收集相关的资料。数据分析的趋势如何？对转专业的友好度如何？哪些学校是其中的王牌标杆？哪些公司有哪些职位？职位内容都涉及什么？先有一个初步的概念，会进一步确定自己是不是适合这个方向，需要增添什么技能，能在哪些方面做出尝试，未来的道路和预想的是否一致，以及竞争激烈度等。

第二步，开始准备语言考试和 GRE。由于决定出国已是 7 月底，我几乎是兵荒马乱地开始复习英语。之前大二考过一次雅思，有一点经验，查资料发现很多美国大学也接受雅思成绩，我就打算重新准备雅思。另外开始准备GRE。中间没有报复习班,完全靠刷题和背单词。11月底,我拿到了雅思7分和GRE317分的成绩。

第三步,研究报名的学校和专业。数据分析是一个新专业,在不同学校有不同的名称,有的属于商学院、叫商业分析,有的在工程学院,与运筹、统计接近,还有的在信息和计算机学院,是CS的一个细分方向。这个过程非常繁杂,每个学校会有对应专业的官方网址,上面放着录取基本要求、往届学生就职数据、在读学生个人简历,都非常有用!

第四步,付诸行动,提出申请。最后录取我的是Cornell大学Information Science专业,接受雅思7分报名的专业,同时有非常强的包容度,主要有人机交互、数据分析、UX等方向,学生的专业背景都是心理学、机械、通信、工业工程、计算机、新闻、艺术。

从收集资料到申请成功,我的每一步都是在心里下定决心后顺其自然的一系列步骤,只要决心去做,总是会有方法的。留学并不是实现人生目标的唯一途径,要在眺望远方时,多看看一些别的风景,只要有心,方法总是比问题多,成功也没有范式。

最后,感谢我在申请过程中遇到的良师益友们,也祝大家能够在这个信息大爆炸的时代找到自己的最爱。在这个新的职业不断被创造的美好时代,转专业可能是一个自然而然的选择,而所有的选择,都是为了更好地实现自我。

教师点评:

潘琛也是我五年多前就认识的一位北航经管学院2011级本科女生,是高通公司SnapDragon全国大学生创想大赛冠军"佼佼者"团队的leader。

在她们令人瞩目地获高通金奖接下来的三年多,我先后成为这个团队参加北航及北京市大学生创业竞赛的指导教师,教学之余不时与她有交流。2014年国庆前,潘琛给我打电话,询问是否可以请我当她的硕士导师。这令我颇为惊喜:觉得潘琛一直将大量时间用于创新、创业相关的活动,还能将学习成绩保持至保研水平,再次令我刮目相看。

2015年底,潘琛很正式地约我谈话,提出想去美国留学,在数据挖掘、分析领域深造。我首先关心的是她的学习能力:毕竟学习数据挖掘对一个人的能力倾向还是有很严格的选择性的,潘琛之前表现出的更多的是对技术解决思路的"脑洞",而非解决技术问题本身的能力。潘琛解释说自己进入研究生学习阶段,已经选修了两门相关的课程,感觉还好。既然如此,我当然支持学生追求自己的梦想,接下来要讨论的就是实施的可行性了。

从本文可知,潘琛早在2015年7月底就认真考虑出国留学并开始付诸行动了。对于大多数同学而言,放弃北航硕士研究生学习的机会,还是需要很大的决心和勇气的。然而,对潘琛而言,这远没有几个月前自己的好友马殊凡放弃本科学位的决定更"惊世骇俗"。所以,似乎整个申请过程才显得更为艰难。

我认为这篇文章最值得推荐的是潘琛做出终止北航研究生学习、申请去美国名校转专业读研的决策思路及一旦目标确定后自己全力以赴的努力过程。

潘琛是位思维品质极高的女生,有着对信息的高度敏感性,也颇能体会周围人的情绪反应。她的能力不仅体现在其"脑洞",更体现在周围资源的积极整合上。四年前,我组织学生去奥森秋游,潘琛参加了,偶遇四位大学毕业、工作不久的年轻人卖风筝模型,她有些玩笑地买了一个送给别人当礼物,并借此与几位腼腆的"生意人"互留了联系方式;其中一位是学法律的,后来在她们注册公司等过程中帮了不少忙。当然,整合资源的前提是自己也能够且愿意成为别人的资源;在我印象中,潘琛不仅仅是自己遇事善于求助,同时也乐意向别人提供帮助。在互联网+的大背景下,这种资源整合的能力才是最值得同学们自我挖掘与培养的。

海外深造,另辟蹊径
——经管学姐留学德国经验分享

作者简介:王雨希,经济管理学院工业工程专业2013级本科生,目前于德国达姆施塔特工业大学(Technische Universität Darmstadt)攻读硕士学位,专业是经济工程机械(Wirtschaftsingenieurwesen Technischer Fachrichtung Maschinenbau)。

一、留学:去 or 不去?先了解,再决定

国外到底好不好,适不适合自己,未来发展的前景怎样?这些问题除了可以参考他人的经验以外,自己亲自去看去体验也是一个很好的途径。为了更多地了解德国的大学,我早在大二暑假就参加了德国慕尼黑大学(LMU München)的暑期学校,去真切地体会了当地的生活和学习氛围,和那里的同学和老师们交流了自己留德的想法。这些经历最终帮助我作出了前往德国留学的决定。借助我在德国得到的信息,回来以后我对自己接下来的两年生活作了一个粗略的打算:列出了需要参加的语言考试时间;查找自己心仪

的大学专业以及相关的要求；制定了一个 todolist，并对任务的重要程度进行划分。最后列出一个两年的时间规划。

二、留德读硕的优与劣

首先开门见山地和大家谈谈赴德留学的优与劣。优势当然是很明显的。在技术上，德国作为老牌工业国家，有着完善的工业体系、管理制度以及先进的制造设备。在费用上，德国高等教育实行全免费，留学生在这里只用负担生活费和其他一些学杂费，德国的消费物价在整个欧洲也属于相对低廉。在生活上，除了大家可以想到嗨翻天的啤酒和足球以外，坐拥欧陆中心位置的德国可以很便利地通往申根地区的任何一个国家旅行，因此可以有机会学习和了解欧洲悠久的历史和文化。

当然也需要说说德国留学的劣势。首先是语言。如果要在德国学习与工程机械相关的课程，一般来说都需要学生在入学前德语达到 B2 水平，这是不容易达到的。其次是需要的时间长。德国大学的硕士一般需要花费两到三年的时间甚至更久。最后是在以英美为主流的教育背景下，德国高校的知名度可能不那么高，这个也是需要考虑的。

三、努力：有目标，也要有取舍

很多同学可能都面临这样一个问题，那就是制订计划时安排得很理想，实施起来非常头痛，最后坚持不下来只好放弃。这时一定一定要有所取舍。大三开学的我面对着工业工程的专业课、课程设计以及科研小助手的工作等，发现学习德语的时间已所剩无几。在坚持了一段时间以后，我用了几天时间静下来思考，权衡利弊，最终决定在一定程度上减少德语的学习时间。因为在我看来，语言它是一个工具，而我在北航有那么多好的老师、同学以及资源帮助我学习专业知识，我应该抓住机会先提升自己。好的本科成绩是高校录取重要的考量标准，有的学校专业会因为成绩达到一定标准而放松对于课程匹配度的要求。课外，我也是北航阿卡贝拉清唱社的一员，留一点时间照顾下自己的兴趣爱好，也让我在北航的大小舞台上留下了宝贵的回忆。

四、语言：重要的是拼搏过，有所获

相信许多出国留学的同学都和语言考试有过相爱相杀的往事，我也一样。由于减少了德语学习时间，我和德福考试之间可谓情路坎坷。从 2016 年 6 月到 2017 年 3 月快一年的时间里，我分别参加了 5 次德福和 1 次雅思，其中包括在韩国首尔和马来西亚吉隆坡举行的两场海外德福。最后，只有雅思比较顺利，而德福却一直没有拿到最理想的成绩。然而正是这段经历改变我很多。在一次次的失败中我放弃了之前投机取巧式的学习方法，去仰望星空，却也脚踏实地。我也在一次次的考试中更加夯实了自己的基础，尤其是提高了自己的听力，这些都对来到德国后的生活大有裨益。

出国以后继续系统地学习语言在我看来也是很有必要的，因为在语言学习上花费的精力能够帮助我们事半功倍。好的语言能力能够帮助我们在听课、考试、团队合作及论文撰写等学习活动中将自己的能力以及所学展示出来，也能够让我们获得更强的自信心，在交友、参加活动（如 networking dinner、workshop 等）以及未来的面试中更好地沟通与交流，与周围的世界建立起更深的联系，接收到更多有价值的信息。当然啦，也可以拓宽自己的交际圈，了解不同的文化，丰富自己学习之外的生活。

五、实习：尝试新事物，发现不一样的自己

为了更好地规划职业生涯，也为了提前感受一下德企的环境，大四下学期，我申请了奥迪中国物流部的实习。奥迪的工作环境是开放且平等的，实习生和正式员工坐在一起，有独立的工作内容，同时可以在公司享受一定的福利并参加员工活动。每个实习生都会分配一位同事作为导师，指导其完成工作。这些都鼓励了我在完成基本工作的基础上，尝试去思考和优化团队的工作流程。为了构建一个"学习型组织"，我们的实习生团队也将日常工作中遇到的疑难问题和我们探索到的解决方案编写成册，希望把所积累到的经验转化为财富。六个月的实习让我感触良多。除专业知识外，在日常工作中我积累了很多 MS Office 软件的使用技巧，在与人交流的过程中我了解了许多基本的礼仪和沟通方法，在跟进项目的过程中我学会了怎样更好地规划时间。另外，我也在不断尝试着学以致用，和老板同事交流，并且向他们说出我的想法和对部门的建议。通过这些，我更深入地挖掘了自己，锻炼了自己。

六、留德初体验：多的是我不知道的事

入学的第一个学期是很重要的，是最容易交到朋友，也是为自己的学习阶段奠定基调的一个学期。因此每个学校都会有很多活动，如在新生入学都有适应周（Orientierungswoche），在这一周里学院的学长学姐带着新生一起玩耍，介绍经验，制定学习计划等。由于学校没有班级的概念，因此在这里认识的朋友也就相当于同班同学，未来可以一起学习与分享信息。除此

之外，各个学校也会有很多 Mentor 计划来帮助学生更好地学习，作为经管学院(老)梦拓的我深知其中的价值。因此这学期我作为 Mentee 分别参加了校立和州立的两个专门针对 MINT 女大学生的项目，分别匹配了一位校内和企业的女性 Mentor 交流和指导，从中受益良多。当然啦，北航的小伙伴们可别忘了我们都是有组织的人，还有北航德国校友会的学长学姐带我们飞呢！

如果有同学想在课余时间赚一点小钱贴补家用，在德国也是有很多机会的。比较流行的做法是在企业做每周工作两天左右的学生工(Werkstudent)，积累工作经验的同时基本可以做到收支平衡。另一种是在学校做助教(Hiwi)，和学业相关程度较高，申请的机会也较多。另外，申请奖学金也是一个获得资金来源的方式。比较常见的有类似国奖的德意志奖学金(Deutschland Stipendium)，由私人提供的奖学金如黑森州的 Anna-Ruths-Stiftung，这些奖学金都接受外国学生申请，具体的可以查找网页或者咨询学校的相关负责人。

不过，我相信这些都只是我了解到的冰山一角而已。身处完全不同的文化之中，和不同的人交流，总能让人收获神奇的体验。留学不易，困难和孤独在所难免，除了每天的学习之外，我也偶尔想跳出舒适圈去看一看，鼓励自己："先试一试再决定，说不定很好呢"。开始的一段时间里，我听不懂，总说错，对自己很埋怨。渐渐地，我开始越来越多的尝试，发现结果并没有自己想象的那么坏，反倒收获了二三机遇，一些经验，十分感动。也因此多了对他人的理解，学会了和自己和解。未来还有很多未知等待着我们去发现，我希望和大家一起怀着好奇心继续探索，砥砺前行。与各位共勉。

教师点评：

近年来，北航每年出国留学深造的本科毕业生比例已经超过 20%。前往留学的国家/地区，人数最多当属美国。不过，欧洲国家的不少高校，以其深厚的文化积淀和专业基础，越来越受到同学们的青睐。其中，以英、德、法三国最为典型，瑞典、比利时、荷兰、意大利也有特别吸引大家的高校。

去德、法、意留学需要除英语外再掌握一门外语，时间投入是非常多的，因此做出这样的决策还是要全面权衡。

本文中，北航经管学院王雨希同学毫无保留地分享了自己申请留学德国的决策过程及申请过程，相信能够为在校生们提供借鉴。祝愿同学们都能通过自己的努力，获得适合自己的留学机会！

Gap Year 的一种模式——港科大 RA 经历及职业规划浅谈

作者简介：王珂瑶，经济管理学院金融工程专业 2013 级本科生。2017 年毕业后在香港科技大学数学系任全职研究助理，为期一年。2018 年进入香港科技大学金融数学专业攻读硕士学位。

回想自己的大学四年，我做到了不后悔，但不能说是问心无愧。

由于自己将大量精力与兴趣都放在了除学习之外的方面，导致我的成绩只能止步于中游。但正是这些杂七杂八的经历，让我有了无数次犯错和反思的机会，让我非常清楚自己想要什么，不想要什么。正如每一个微观世界都可以映射宏观世界的运行规律一般，在我参加的大大小小的各类组织、群体中，我以自己的视角重新解构并认识了这个世界。四次实习、三项学生工作、三次创业比赛、两次数学建模比赛，以及无数次的失败，这就是我的大学四年。没有耀眼的成绩，也没有突出的特长，只有丰富的社会体验与没什么实际用处的思考。

我可能属于鼓励型选手，就算是境况糟糕透顶，周围所有人都在否定我，我也能生出一种迷之自信，硬给自己找出来一两个优点支撑自己爬出谷底。所以在正式入编三无待业青年后，我决定对自己做一个全面的审视。我把一张纸对折，一半写自己的劣势，一半写自己的优势。显然劣势很明显了，毫不费力就写满了。轮到写优势了，我憋了半天，深思熟虑之后，写了一句话：很有自知之明。我一看这不行啊，左重右轻啊，强迫症表示无法忍受，所以我开始给每一个劣势后面都对应一条优势。比如我虽然成绩差，但我课设做得好啊，对自己感兴趣的事很专注嘛。再比如我托福考得不行，但我胆子大啊，大不了换雅思，重头学起就是了。虽然我现在跌到了谷底，但触底反弹啊，朋友们，正是入场的好机会。就这样恬不知耻、牵强附会地给自己写了大半页的优点后，很开心地发现还多出一个优点来：相当乐观。讲这个小插曲，不是为了让大家遇事找借口去逃避现实，而是要正视自己，有清楚的自我认知，对于无法改变的既定事实，要想办法有一个好的心态去面对去解决。情绪是可以有的，但情绪过后一定得是反思和行动。忠告就是，任何年龄都要好好学习，要肯花功夫在成绩上，而且任何时候开始都不晚。

在这种极其厚皮脸式的乐观心态下，之后的半年里，我共做了三次舍弃与三次转变，而这三次决定的共性就是都要从零开始，都只能依靠自己，毫无同伴并行，毫无捷径可登。事实证明，正是这些决定，推动着我走到了现在，让我拥有更强大的内心去面对一切困难。之后的人生，无论把我扔到哪个陌生的城市、绝望的境地，我都可以乐颠颠地说：我能活得贼好。

1. 第一次决定：放弃美硕，转申香港

直到大四毕业前，我心里其实一直都想去美国留学。从大运村搬出去的那一周，我一边收拾东西一边想着三个问题：我有什么，我想要什么，我能做什么。一周后，我决定转申香港和英国，主申专业是金融数学，目标是港科大的金融数学硕士。当时周围的朋友大多数都已经有学上或是找到了好工作。我心态还算好，只不过现在回想起来当时就像一条濒死的鱼，需要时刻大口呼吸才能勉强度日。因为对自己的极度否认，托福考了两次都不理想，对自己产生了很大的怀疑。所以还是找了中介，7 月签完合同就回家开始从零开始备考雅思。

那段时间跟父母师长以及自己的内心谈了很多，之前坚持的很多所谓的梦想在现实面前变得不堪一击。综合各方面的因素，我问了自己三个问题：我目前自身的条件和能力是否可以去理想的美国院校？让父母为我担忧并支付高额学费是否值得？我未来在哪里发展能将身边可用的资源实现最大化效用？经过慎重而迅速的考虑，我得出了结论：如果一意孤行继续考托很有可能依然拿不到好成绩，而且我的各方面条件中 GPA 是硬伤，因此在四个月内无法申请到理想学校的概率几乎是九成以上了。另外，考虑到父母，虽然他们一直全力支持我的一切决定和梦想，但如果把出国留学看作是一种投资的话，身为独生子女的我不能不管不顾到把所有风险和担忧都让他们来承担，我必须要做切合实际负责任的决定。最后考虑到自己未来就业地区的倾向性还是偏向国内，因此选择了申请香港的学校。

人有越多选择固然越好，但对于当时的我而言，有效的明确的选择才能帮我节约不必要的资源浪费。就像逆风局的牌场上，当自己手中并没有什么好牌应对各种情况时，就要精减战术，不要盲目炫技，而引导着局面向自己希望的样子去发展，全打出去才是正解。所以我给自己的选择只有一个，只申香港的学校，主要申金融数学专业，理想院校就是港科大。这样选择的好处在于，不论局面发生怎样的变化，我的内心都会非常坚定。

2. 第二次决定：放弃家里的安逸，选择赴港做 RA

毕业后我在家待了近两个月，每天的生活很规律，吃饭健身学雅思，乖巧地等爸妈下班回家吃饭，认真履行待业青年的各项基本准则。那段时间感觉像回到了小时候，不同的是，我成了家里唯一一个无所事事的人。视角不一样后，反而更看到了爸妈的辛苦，感受到了在家等待的煎熬。那两个月，除了每天下楼锻炼，几乎没迈出过小区，也踏踏实实地学了点东西。

但是我却越待越焦虑，安逸的环境让我觉得很压抑。也许是预见到了自己不会总是待在家里混吃混喝，所以早在大四的时候我就申请了香港科技大学数学系的RA，心里一直在默默等待录用的消息。最终，我获得了香港科技大学数学系RA的offer，我毅然决定尽快前去赴职。香港科技大学数学系的RA经历，作为我Gap Year的主要内容，为我后期的申请提供了宝贵的缓冲和平台。

3. 第三次决定：放弃中介，选择DIY申请

我来香港后一边工作一边准备申请，因为自己之前没接触过申请，也不想再耽误一年，抱着相信中介的美好愿望又等了一个月，但效果不佳。11月我办理了终止合同的手续，被扣除的一半费用就当是这次经验教训的学费。之后，我没有用中介提供给我的任何材料，自己重新开始规划。从选校、准备材料到递交申请，都是自己一己之力完成。我最终申请到了香港科技大学的金融数学硕士，大部分的申请也都获得了offer。虽然过程是艰辛的，但申请完后就觉得非常简单。因为只有自己最了解自己，自己对自己负责任。如果想要换取安逸与轻松，就一定会付出某些代价。

人在成长的过程中，每遇到一个困难，就上一个台阶。踏那一步的时候很费力，很痛苦，但当你真正踏上了更高的台阶，会觉得无比轻松。当你做出每一个选择的时候，要明白那个选择对你意味着什么，会得到什么，又会失去什么。说了这么多，我想告诉大家的是：人生的路上，别害怕独自前行，别畏惧与众不同，更不要害怕趋于大流。选择自己喜欢的，爱所选择的。

教师点评：

最近和几个孩子聊天，他们说毕业后非常想出国读书，但是现在仅是学好每学期的课程（想拿到一个不错的GPA）就把他们搞得焦头烂额，更无暇顾及托福、雅思、GRE、实习等其他事情。我就提出Gap一年的建议。孩子们觉得这是个可行方案，但同时她们又说担心家长会不理解Gap Year，尤其是怕家长看到别的孩子毕业了都有出路，而自己的孩子还在gap，前途未知。

所以家长们可以看看珂瑶的文章，或者主动了解一下Gap Year。其实，比“别人家的孩子”晚出发一年并不“丢人”，他们只是在积蓄能量，为了将来能跑得更快更远。时代不同了，父母的一些老经验可能帮不了孩子了。

大一期间就尝试创业是一种什么样的体验？

作者简介：孙婉莹，经济管学院理2012级本科生，大一时获得高通Snapdragon创想大赛全国总冠军。曾互联网创业3年，担任投资经理1年，对互联网移动产品开发很感兴趣。2018年5月硕士毕业于美国洛杉矶南加州大学(USC)，主修工业工程&新物流/供应链管理，并获得"Industrial Engineering Honor Society"荣誉(TOP 10 of the IE department)。本文完成于2016年11月份。

我现在美国南加州大学工业系统工程专业读硕士一年级，与绝大部分同学不同，我从大一就和室友一起开始尝试创业，2013年5月(大二下学期)注册了第一个公司，目前我们的团队中有来自北航各个院系的牛人。

五年前，进入大学不久的一次意外机会，让我们发现了创业的商机：沙河校区的学生大部分都通过网购置办衣物，但其中鞋子的退换率要远高于其他。于是我们团队开始着手调查市场情况，提出利用手机拍摄的图像获得脚部模型，与鞋子进行契合度分析，帮助消费者降低选码风险的解决方案。目前团队已先后开发三个APP产品("拍你丫""轻步买鞋神器""读脚兽")和两代智能硬件产品，目前公司估值上千万，且已拿到政府百万级投资。

接下来具体来谈一谈我的创业经历，其实创业分为创新和创业两个阶段，先说创新。

我认为创新是创业的准备阶段。当然也不是所有创业都有这个阶段，就比如咱们学校宇航学院有位学长在五道口开了家烘焙坊，生意很好，年收入也是百万级别的，但这种项目只要启动资金足够就可以直接开始创业了。我这里所说的创新阶段通常发生在互联网创业或高科技创业的领域。

创新阶段是非常美好的，说白了就是不管是否可行都能让人随便做白日梦。我的合伙人曾经给一个好的创新点下过定义。她说，一个好的创意，应该能让人在30秒内拍手叫好，或者半夜睡着睡着会偷偷笑醒。你们想想，能让人半夜笑醒的创意，难道不会引起众人的共鸣吗？

话说回来，有了好的创意要学会表达，这里就涉及一项伟大的工作——撰写商业计划书。撰写商业计划书是一门艺术，我这么多年来写过的计划书至少有20个版本，根据不同人、不同场合的需求，只有一个项目的你得把文字写出花儿来，才能够在各个情况下都满足需求。如果有机会的话，我愿意在明年北航暑期创业夏令营上给大家具体讲讲商业计划书的写作。

仅有商业计划书还是不够的,因为这只是你的敲门砖;真正的加分点或者说能让评委或投资人一下记住你的是一个炫酷的 PPT,以及练到脱稿自如、自信满满的一次演讲。我们当年就是凭借初生牛犊不怕虎的勇气获得了高通公司创想大赛的全国总冠军的,要知道那时候我们还只是刚入学什么,经验都没有,只有满腔激情的大一新生,竞争对手则不乏清华、中科大、北邮等牛校的硕博生团队。

说到这里,我要强调一个很重要的词——惊喜。所谓惊喜就是能够超出别人预期并带给人好感的事情,就比如那次参加高通创想大赛:比赛没有要求实物展示,而我们很用心地用铁丝做了个脚部模型,虽然不好看,但结合上我们十分激昂的演讲、踩准痛点的创新点以及颇具创新的演示方式,一举俘获了高通评委们的芳心,拿到了金奖。这就是惊喜的力量!

所以,创新阶段只要想法有趣、方案靠谱、痛点踩准,我就鼓励大家多去参加一些创新大赛试试,哪怕失败了还收获了一段难忘的经历,演讲能力也可以得到快速提升,今后类似形势与政策课什么的就都算小菜一碟了。如果你的想法不靠谱,也可以借机让评委老师为你亲手把脉,让你少走弯路。这也是我作为过来人给大家的忠告:一定不要盲目去创业,应该多和前辈大神交流,避免走到坑里。

再来谈谈创业。

其实绝大部分人在创新阶段都是快乐的,而到了创业阶段就是几家欢喜几家愁了。我先用一段简短的文字来描述一下我们的创业路途:比赛获奖后一时间自信心爆棚,还受到了男神校长(怀进鹏院士)的亲切会见,于是便风风火火地开始创业,组团队做产品。2012 年技术团队换了一拨又一拨,年底我们拉到了宇航学院一位善良的教授上“贼船”,2013 年 5 月注册了第一家公司;之后一轮接一轮地发布 APP,参加各种比赛甚至变成了比赛专业户,见投资人谈钱,不算主营业务,先后拿到的各种基金,奖金加起来有上百万。

现在公司除了 APP 业务,还在做智能硬件开发,团队核心小伙伴 6 人,最忙时曾经多达 15 人,本科到博士一应俱全,大家经常在办公室忙到半夜两三点然后,要么倒头睡在那里要么神游回寝室,第二天早上艰难地爬起来顶着黑眼圈去上课。基本上创业能踩的坑我们都踩过一遍,创业并非只有我们展现给外界的光彩夺目,所有的苦只有自己心里知道。

接下来是关键的组团队问题。如何找到优秀的合伙人呢?这里给大家几点建议:

首先，你可以通过手握大笔人脉的导员们来找人；有了他们，想一想其实你和技术大牛的距离就变成了“你—你的导员—他的导员—他”。其次，学长学姐和他的朋友们，在大学和社会上很大的一点不同就是我们的人脉可以通过学长学姐来得到指数型扩张。最后，挑好时机做个外场吧，这个不用我多说，只要你的项目足够有吸引力，男神女神都会走过来的。

找到靠谱的队友之后你会发现下一个棘手的问题就是money。俗话说一分钱难倒英雄汉。没错，很多初期创业团队就是死在了资金上。做产品，品质好和省钱一直是矛盾的，不过这并不代表你就要往里面砸钱。在拿到投资之前不要盲目去做产品推广这种烧钱又不讨好的事情，你应该踏踏实实地根据用户的反馈一版版地修改你的产品，把省下的钱用于团队其他必要的开销上。更何况这年头免费的宣传途径也有很多，比如通过百度知道“自问自答”来提高搜索量，免费的科技展会帮你得到媒体采访，等等。

听得多不如读得多，读得多不如想得多，想得多不如做得多，纸上谈兵并无意义，如果你心里已经准备好要创业了，不妨撇开这些顾虑，大胆地去闯一次，哪怕失败也不会后悔走这一遭的经历。

青春就是要疯狂一些，敢做敢想敢拼！祝学弟学妹们都能收获属于自己的那份特殊经历！

教师点评：

认识婉莹是五年前：当时我给北航经管学院2011级同学上职业生涯规划课；那是北航经管学院本科教改方案首次实施，我顶着很大的压力将这门一直以来的选修课首次作为必修课来上，已经很管用的杀手锏“你的选择、我的规则”不能用了，于是天天挖空心思把孩子们的注意力集中在课堂上。

好在每个小班都有一些配合我的积极分子；婉莹就是其中的一位。她在第三次课上被选为“班上牛人”，课堂上的其他活动也颇为踊跃。接着就是她与潘琛、石晓倩组成的“佼佼者”团队下课后来找我，请我帮助她们为参加高通大学生创想大赛的商业计划书及PPT提出修改建议，印象中参赛前一天还在改；大一学生的PPT做成那个样子，真算是不错了。再就是听说她们冲进决赛并PK掉了清华大学、复旦大学等高校的硕士、博士团队，获得了金奖，奖励是免费到美国“旅游”一周。我鼓励她们写了一篇报道，帮其修改后投到了北航新闻网，恰好被当时的北航校长怀进鹏院士看到。于是，在不久后经管学院的“八喜时光”元旦晚会上，怀校长专门到会接见了她们团队；这就是文中提到的“受到了男神校长（怀进鹏院士）的亲切会见”。

接下来，佼佼者团队开始了真正的创业。婉莹文中已经写得很详细了。从创想（创新）到创业，从商业计划书到团队组建到资金筹集，从技术到产品……

婉莹最终给有创业想法的学弟学妹们的建议非常中肯：不要为了创业而创业，更不能盲目去创业；不能因为创业影响学业；创业过程中要学会处理好与团队成员间的关系，激励团队成员；虚心听取每一位前辈的建议。

坦率地说，我对大学生创业是持保留态度的。不过，我鼓励一切为自己梦想积极尝试的行动。所以，“听得多不如读得多，读得多不如想得多，想得多不如做得多，纸上谈兵并无意义”。希望佼佼者团队的经历对同学们有所借鉴，祝愿团队走得更好！

工科生创业，不应该是一场冒险

作者简介：李富海，自动化科学与电气工程学院2014级本科生，辅修经管学院工商管理二学位。吸力奇迹（北京）科技有限公司联合创始人，大三下学期公司获得元航资本与北航投资的天使轮投资。曾获得首都挑战杯一等奖，北航首届全球创新创业大赛一等奖，北航冯如杯创业大赛优秀学生企业奖，北航启明书院创业之星等奖项。

毕业时回忆起自己的四年，倒是一直都没闲着。大一开了个培训班；大二卖过北航纪念棒球服、二手教材等，下学期第一次拿技术创业，注册了自己的公司，参加了各种创业大赛；大三时一直在沙河校区优购超市二层经营北航书店与打印店；大四期间以联合创始人的身份和同学开了家新公司，上学期签到了元航资本与北航投资的TS，下学期拿到了天使轮投资，现在已经算是一个上班族了。

现在和同学合伙开公司拿到了投资才算是刚刚上路吧，这些年我有些失败经历，也有些小小的成功，这里和大家分享一下。

一、对于工科生，ToB模式比ToC模式更容易

首先，创业成功本身是个小概率事件，所以我们需要整合自己所有的优势来做这件事。如果除去家庭背景的因素的话，工科生的优势是什么？技术！创业以来，我认识了很多北航优秀的创业校友，其中有给富士康生产线做机械手的，有给高铁做外壳加工的，有给消防车提供全地形行走底盘的。这些还都是创业没几年的公司，估值都上亿了。

对于我们做硬件的工科生，做消费级产品需要考虑的问题太多了：产品使用体验要足够好、内部电路要小巧耐用、产品质量要保证、成本一定要足

够低、外观和包装要漂亮简洁、营销上做很多广告，还要防止别人抄袭自己。

而面向企业客户，我们只需要给他算一笔账。比如卖机械臂：我们产品的外观很丑，但是告诉工厂的老板，我们的产品可以代替一个人工，产品的价格是工人一年的工资，而我们的产品可以用十年。一年后这个老板就可每年都省下一个人工的钱，这对于一个精打细算的商人来说很有吸引力。

二、工业产品创业是什么套路

首先，第一个订单一定是免费给客户做的。拿一种新型机械臂举例：你的新型机械臂要想拿到订单必须要有案例。但是谁帮你做案例呢？你需要占用人家的生产线来调试你不成熟的机器，其实会给工厂带来一定的损失。所以我们需要去找一个对新技术感兴趣的老板来给他免费用我们的产品，让他成为我们的案例。

其次，跨进一家企业就跨进了整个行业。一旦有了一两个付费客户，就证明了我们的产品确实可以为工厂实现效率的提升，也就证明了我们可以为整个行业的工厂提供解决方案。同行业的商人圈子不大，信息传播很快，一旦有了新设备，很多人都愿意考虑。

三、投融资行业内的那些事

对于一个投资人来说，最靠谱的、成功率最高的项目来源是同行推荐。投资圈有一个行业规则，就是自己认为不靠谱的项目，肯定不推荐给别人。所以认识的人越多，融资成功的可能性越大。

真正见投资人时不用太紧张。有些投资人会故意态度不好，让人很难受，他们想考察这个人能力怎么样，所以不要被他们的态度带着走。去见投资人也不一定要西装革履的，干净利索就好。

如果顺利，到了签 TS(投资意向书)时，一定要谨慎。注意一下优先清算权、赎回权、董事会席位、团队股份行权等几个方面的问题。当然，那时候再去了解这些概念也不晚。

四、创业这条路对于一个北航学生来说意味着什么？

第一，从一个学生变成了一个上班族，而不是自由自在的小老板。创业需要很强的执行力，需要付出很多时间，所以我们必须要给自己规定好工作时间。

第二，我们不再是只学习技术，还需要学习企业管理、团队管理、人力资源管理、商务统计、会计与税收等知识。创业是一个很复杂的过程，需要我们的综合能力足够强，而不是单方面能力很强。

第三，时间会变得很零散，很难专注于一件事上。手机要随时保持畅通，因为可能会错过很重要的商业机会。

五、创业忌讳完美主义

完美主义有一定的好处：让我们对自己高标准要求，促进我们努力。但是总是想让自己表现得没有失误会带来更大的相反的作用。首先，会降低我们的决策效率。其次，会让我们反复咀嚼，沉没成本。最后，总是避开难题来避免失败。

现在我尝试解决自己的问题，一般遵循以下几点：首先，做决策时要学会让自己用有限的知识在短时间内作出决策。其次，当我们反复思考自己的失败时，我们应该问问自己，执着于此真的有帮助吗？如果给自己带来了坏情绪，应该立刻跳出这个反复思考的圈。

六、课程学习与实践对创业的帮助

工科生创业的项目来源大都是来自课程实践与导师项目转化。我们的项目是获得冯如杯科技竞赛一等奖之后才受到投资人的关注。软体抓手、机器人行走地盘等都是导师项目成果转化。但是，技术转化为创业项目的前提是，这个技术点子足够新且应用领域广。

课程学习方面，对于一个工科创业者来说需要补充的商科知识有：经济学、市场营销、组织行为与管理、会计学，还需要一些基础的合理避税知识。另外，好好学习有利于我们与老师建立良好的关系，对于创业来说就是积累一些能积累的资源，然后合理转化。

最后，请不要认为创业是一件很刺激的事情、是一场美妙的冒险。创业其实不应该是一场冒险，因为我们需要时刻保持理智，需要时刻知道自己在做什么说什么，将来会发生什么。如果有了市场前景好的项目、团队搭配合理、能保证自己的执行力的话，那就开始行动吧！不要错过改变自己人生的机会。

彼此当年少，莫负好时光。

教师点评：

富海是一位“非典型北航本科生”，尚未毕业就成了上班一族，且是给自己打工。本文的分享内容非常实在：不仅介绍了自己的创业心得，其中还包括宝贵的“教训”，更是分析了工科生创业如何扬长避短！富海的分享中，贯穿始终的是“行动”！这也正是职业生涯规划中最重要的关键词！希望诸位在大学中独立思考、积极行动，不要错过改变自己人生的机会啊！

我所做的,只是不遗余力地做最好的自己

作者简介:郝策,宇航学院2014级本科生,主修控制科学与工程,辅修工商管理二学位。曾获国家奖学金,优秀共产党员等荣誉。研究涉及智能穿戴设备、电子通信、机器人控制设计等工程应用领域。2018年9月保研至本学院攻读硕士学位。

有些人问我本科四年在做什么,本科四年有什么意义?其实回头想来,这四年我们所学到的所谓的知识真的不算什么:因为买菜用不到微积分,做饭用不着卡诺循环,和人打交道也用不了黑格尔古典哲学。我们所做的一切一切,就只是让自己变得更好,仅此而已。

“好”的定义有很多,功成名就是好,腰缠万贯是好,幸福安康是好。过得“好”有太多的方式,如果突然发问:“你这些年来过得好吗?”相信不同人一定有不同的回答,不同的时间也有不同的理解。认真复习考试,结果没考好,嚎叫“我过得好惨啊!”一场球赛一战封王,气吞山河,剑之所向,彼可取而代之。

总之,我们自己内心认为的好的标准,一直是在变化的,随着年龄和心态在不断成长。

但是我们不变的,是追求美好生活的向往,是对人生高峰的攀登与追求。

何谓“创业”?狭义来说,创立一个企业,就是开公司;广义来说,是开创一片事业。一个企业定义其实也很大,例如一家饭馆、一家打印店,再比如互联网巨头和金融大亨。对于本科生来说,我们能利用的只有身边的资源,能做到的只是学校里的一些活动,所谓“创业”,貌似实在是很远。

但有些人生下来就不愿打工,而只想做自己的主人,这就是创业者。我不知道从常青藤辍学创业是什么滋味,可我能理解当人们看到一丝未来的曙光,投身到热爱的行业中是义无反顾的。

唐彬森学长曾说:“创业比你想象的难100倍。因为一个人的能力再大也是独木难支,需要组建团队、管理项目、投融资设计,一大堆的事情让人忙得焦头烂额,让人应接不暇。一位有决心、有动力的leader花费无数心血,才能够铸就未来。”

在此我将学生创业分为两大模式,一种是商业模式创业,另一种是科技创业。这里提及的创业目的不是为了挣钱,而是为了彻底的财务自由。例

如我在闹市开一家咖啡馆，起早贪黑固然能养家糊口，却不如创立一个星巴克品牌，让其他人加盟每年支付高额的加盟费用。

商业模式创业是传统的、普遍的，随着生态系统的发展而前进。从前人们看纸质菜谱，如今看《舌尖上的中国》，内容没变，形式变了。曾经看报纸，现在看今日头条，区别不大。而科技创业是不同的，它具有研发周期长、壁垒高的特点，最适合具有科研能力的高校。

我见过学生创业团队最多的，就是将科技制作转化为产品的过程。从最初几个人在宿舍里做的小设计，到舞台上的展示，再到路演拿到融资，一路走来十分漫长。

创业的基本要素有两点：保障和荣耀。保障指的是人不能不留后路，因为创业是天时地利人和的统一结合，一定要有应对危机的方法和手段。荣耀指的是成功之后的喜悦，自负的人认为自己无论做什么都一定要做到最好。

从大一的冯如杯开始，我走上了一条创业之路。首先我必须让自己有保障，我要有足够好的成绩让自己在大学本科生存。其实说来不难，认认真真地对待校内的课程，积极参加每一次的活动，发展人脉，锻炼素养。经过两年的刻苦钻研，我基本有了保研的资格，并且有了一定的学术研究能力。

与此同时，我在经管学院辅修工商管理二学位，可以说是物超所值。工商管理二学位的授课内容十分广泛，分为三个层次：基础课程包括经济学、管理学、心理学；应用层次包括会计、公司管理、HR、金融；综合层次包括战略管理、市场营销、生产运作管理。而且管理科学的课程有别于工科课程，管科更注重实践，从案例中分析，获得经验，锻炼一种冷静的思考方式。

如果想好了，那就开始干吧！学生创业的成本很低，因为不需要还房贷，即使失败还可以继续生存，所以学生创业的热情一直是很高涨的。于是我在大三选择开始做科技创业。

课题一直是个难点，做什么才是被大家所需求的？需求分为两种，一种是现有技术难以解决的问题，另一种是创造需求，例如苹果公司的智能打败诺基亚手机一样。而我们所选的是，聋哑人无障碍沟通平台解决方案。这一套方案包括手语翻译和语音识别两大部分，让聋哑人可以发出声音，并将语音转化成文字显示。

事实上，这个功能是很难实现的，因为手语动作是习惯语言，没有固定统一的标准。而随着机器学习的发展，通过大样本采集信号学习，让这一情况逐渐能够实现。诺百爱团队采用肌电臂环的解决方案识别手语动作，采用现有的语音识别功能完成音频转文字，最终研发出手语识别臂环这一产品。

我的工作任务主要包括硬件结构设计、物料管理、生产加工、外观结构设计等一系列硬件开发。其中用到许多我在课程中学到的软件工具，又在研发中不断提升能力，这是一种正向反馈的过程。当然创业是很苦的过程，做市场需要到各种地方出差，做产品需要和工厂打交道，做软件的就是“程序猿”，忙起来就要熬夜加班啊。

偶尔我会静下来思考，现在所做的是否真的有意义。大学四年我收获了很多，非常荣幸获得了“沈元奖章”称号，这是老师和同学们对我的认可。可我知道，这不是结束，而是开始。

我的日子分为两个阶段：沉潜和收获。如果这一天是开开心心过的，那么就白费了。的确，成长的路上有非常多的痛苦，在经历的时候需要忍受，撑过来发现自己变得更加优秀了。一路走来，我一直在创立一条自己独一无二的道路，前方充满着未知和荆棘。我选择继续创业，因为我还肩负为聋哑人搭建无障碍沟通平台的责任。做产品，最重要的是心境，一种无所畏惧、勇往直前的决心。

如今，我不再是一个单独的个体，我是一张名片，承载着希望。无论遇到多少难题，我都不会停下脚步了，我的使命就是做最好的自己。感谢北航，感谢大家。

教师点评：

四年中，郝策身兼数职、三四年级以来更是经常忙到“飞起来”。无意中看到了他的钥匙串儿，真是一大串儿：除了宿舍的、实验室的、家里的，还有公司的、团委办公室的……

郝策给我留下最深刻印象的是他的“文艺范儿”——理工男的文艺范儿。两年半前职业生涯规划课的结课作业，他写得简直像散文，甚至像小说。平时在二学位班上，他也是颇能活跃气氛的那一类人。而这“文艺范儿”的另一个表现形式就是他做事很有激情，对于志愿服务、对于创业，莫不如此。

当然，作为典型的理工科学生，郝策喜欢思考也善于思考：虽然眼前已经铺就了一条通途，但他仍然在思考其他的可能性。而且，他能够认真分析自己个性特点的优劣势，希望在自己未来的事业发展中能够扬长避短。

这一切，都是“做最好的自己”的重要前提。因为每一位北航学子都有自己独特的优势，也有一些相对的短板；只有扬长避短、依靠团队的力量，才能够最大限度地发挥自己的优势，取得更大的成就。

第四编　北航人在路上(10篇)

编者按：

本科生开展科学的职业生涯规划很重要，积极的行动更重要！北航对本科生开展系统的职业生涯规划指导始于2008年春季，第一批受益者是经管学院2006级本科生。不过，北航有更多在学生时代并没有接受过系统的职业生涯规划指导的杰出的校友，也取得了很大的成功，这又如何解释呢？事实上，从之前一些校友的经历我们可以看到：他们一直在开展“人职匹配”，只是由于没有科学的理论指导，“匹配”的过程比较曲折。

本案例集第四章精选了十篇优秀校友的生涯经历：他们来自不同的学院或专业，有本科毕业直接就业者，有保送到清华读研/读博者；毕业后有选择到企业工作的，有留校任教或者当辅导员的，还有自己创业的。具体文章或是本人的总结，或是在校生的生涯人物访谈。相信他们的经历对在读同学开展职业生涯规划有启发。

1）入职华为一年生涯回顾小记

2）每一天都有收获有成长，不虚度人生——对转系、保研、创业的王娜娜学姐的采访稿

3）我选择了学术研究之路——采访2011级直博清华经管的李垚学姐

4）北京-奥斯汀-波士顿-西雅图——我职业生涯中的8年

5）职业生涯需要一些折腾

6）一个“主席”专业户的创业观——北航电子信息工程专业校友舒首衡的生涯故事

7）计算机专业博士毕业留校任教是怎样的体验采访北航经管学院赵吉昌老师

8）如果没有“适配”，那就选择“释能”——一个辅导员的生涯小故事

9）陈琦：一位工科男生与GRE的不解之缘

10）郑海涛老师：执行规划远比制定规划更重要

入职华为一年生涯回顾小记

人物简介:王冠州,能源与动力工程学院吴大观英才班2013级本科生。曾在华盛顿大学圣路易斯分校暑期交流,参与学生会、社团的管理工作并在GE公司担任商业领导力项目管培实习生(CLP - EID)。曾获挑战杯银奖、北航优秀学生等荣誉。2017年本科毕业后直接入职华为。

初入职场刚满一年,能有机会分享一些感悟给各位学弟学妹,不胜荣幸。一年来,踩过许多坑,也有过一些小幸运,就这么走过来了,还要接着走下去。下面分享几点感想和体会。

一、一定要有规划

一直以来,我认为无论是工作还是生活,最重要的都是要有规划。规划和想法是有区别的,规划是“想法+执行步骤”。第一步,要有想法(人生目标),知道自己想要的是什么。这一步比制定执行步骤还要难,因为了解自己的想法需要创造性的思维,而制定执行步骤,理性就足够了。有些人会认为个人的力量太小,有了想法也难以实现,最终还是要随波逐流,被大势淹没。其实,这就是想的太超前,想法的实现难度是第二步的事,第一步是先有想法。明确了想法之后,再考虑执行步骤。有时你会觉得困难,这不要紧,你可以求助。你有了一定的方向,别人才会知道该怎么帮你。退一步讲,想法也是可以修正的。在这修正的过程中,你会慢慢提高对自我的认知和对社会的认知,最终拥有一个合理的规划并实现成长。

一开始我的人生目标是“有能力帮助我想要帮助的人”。上大学之前,我一直想从政,“为官一任,造福一方”。但是,后来我发现公职人员工作的自由度较低,而且需要资历,这是我不想接受的。与之同时,我的人生目标修正为“尽快有能力帮助我想要帮助的人,并且要有相当的自由度”。我发现商业社会聚集了不少优秀的人才,成为他们中的一员更为接近我的人生目标。因此,我开始想到要从商。具体该怎么实现呢?是本科毕业就工作,之后攻读MBA?还是读完研究生再工作?本科期间该如何分配时间?科研、实习、学习成绩、社团活动,该如何权衡?该向哪些人求助?如何进行时间的倒排?这些都是我制定规划时思考的一些问题。

二、"心态要开放""动作不要变形"

这是我的主管和导师经常叮嘱我的两句话。"心态开放"就是要敢于交流。这里面有两层含义:第一,要主动与他人聊闲天,这样才能快速融入集体,有助于你工作开展。第二,要主动暴露问题,及时求助,不要闷头傻干。有些事情,你及早向领导汇报,可能还是小事。领导也不会因为你的求助而认为你能力有问题,会给你成长的空间。但如果你闷头傻干,捅了大娄子,到时候可能谁也保不住你。而且,如果你能力有问题,这就像怀孕一样,时间一长总能看出来,不要有侥幸心理。新员工时期犯一些错尚情有可原,之后就未必了。

"动作不变形"就是不要急于求成。有些人初入职场,有着各种各样的想法,总想快速做出一番成绩,早点表现出自己。但这样往往会动作变形,犯下一些着急的错误。这就好比看见一位自己觉得合适的姑娘,你一上来千方百计想让人家恨不得立刻答应嫁给你。这不太现实吧?即便人家后来可能会答应嫁给你,现在也会被直接吓跑。

在工作中也是如此,比如销售这个岗位,我刚开始做的时候,领导一直叮嘱我,压力不要太大,不要想着一鸣惊人,三五个月就成为 Top Sales 大放光彩,要慢慢来。很朴素的道理,但是年轻人谁没有个"成名须趁早"的心呢?初入职场,带着从大学里带来的那股高傲的心气儿,很容易就"动作变形",留下急功近利的形象,贻笑大方。世间万物都有一定的发展规律,项目没到成交的阶段,感情上没有相互信任的基础,贸然去推动项目进程,会引起客户反感。而这第一印象又很难改变,会给接下来本可能顺利的工作带来困难——正所谓"欲速则不达"。所以,心态要稳,记住职场是一次长跑。

三、辛苦程度和成长速度并不成正比,人对自己承受工作强度的评估也没那么准确

认为辛苦程度和成长速度成正比,认为自己很有抗压能力,是我之前的两个误区。事实上,辛苦程度和成长速度并不成正比,因为有些人是在日复一日地重复,有些人只是在消磨时间,这样来让自己看起来很忙。所以,不要觉得自己辛苦就是在成长。人思想的成长和肌肉的成长一样,三五个月之后,是"肉眼可见"的,你能明显看出自己的变化,很神奇。

关于工作强度。有些事情,不去经历,真的不知道强度会有多大,而且,这是实习无法感受到的:一来实习时间短,二来实习生承载的任务没那么重。举个例子,我有一个好朋友做研发工作,一周六天,每天从早晨九点工

作到夜里十一点，周日还要加班半天，到现在已经持续了三个月。他跟我讲，这看起来跟高三的学习强度差不多，实际上差别很大。高三那是倒计时，是有尽头的，而他现在看不见尽头。退一步讲，他的身体也不是高三时年轻的身体了。这种事情，实习很难感受到，所以只能多跟在目标岗位上工作的人聊，才能有所感受，但也难以感同身受——人们总会倾向于夸大自己的忍耐力。

四、要有自己的职友圈子，要有健康积极的生活习惯

圈子很重要，它既可以给你情感上的慰藉，也可以在事业上帮你渡过难关。我们可以通过校友、实习公司的同事、社团的同僚等等关系建立不同的圈子。大家日后走向不同公司的不同岗位，互相之间，或许就能取长补短，或许就会有“你的公司更适合他”“他的岗位更适合你”这种情况发生。初入职场，大家都很难，一个人或许能走得很快，但是相互扶持才能走得更远。有时我晚上加完班回到家，或者在出租车上的时候，就会跟朋友们聊一聊，了解一下其他行业的动态，了解一下别人工作的愉快与艰辛。周末或者小长假，呼朋唤友聚一聚，现在交通这么发达，见个面没那么困难，而且面对面的沟通有其不可替代性。

健康积极的生活习惯，对工作的助力很大，拼到最后，大家拼的都是精力。坚持读书，坚持健身，合理膳食，按时作息，功不唐捐。

谢谢大家，希望能有所帮助。

教师点评：

王冠州同学是北航动力学院吴大观班 2013 级的一位优秀本科毕业生。本科四年中，他不仅学习成绩优秀，还先后获得北航创业杯大赛银奖、“互联网＋”创业大赛二等奖等。他兼修了工商二学位并担任班长，先后实习于国家电网、和君咨询、通用电气 Connections 集团（上海办公室）等。2016 年秋季，放弃保研、攻读直博及中外双学位等机会，直接求职；11 月初签约华为客户经理，一个主要由硕士毕业生来承担的职位。

工作一年多后，冠州根据自己的经历与思考，认真地做了小结，希望能对在读的学弟学妹们提供一些帮助。

每一天都有收获有成长，不虚度人生
——对转系、保研、创业的王娜娜学姐的采访稿

王旭聪/蔡尽云/安万贺

人物简介：王娜娜，女，计算机学院 2016 级硕士生。2011 年进入经济管理学院本科就读，2017 年转系到计算机学院。曾获冯如杯创业比赛金奖，得到学校 5 万元创业扶持基金，之后继续创业，目前创业项目获得了 PreAngel 天使投资协会的天使投资（创业项目为：基于计算机视觉的手语翻译软件）；大四成功保研，并继续从事创业项目的研发。2017 年 4 月，王娜娜领导的“手音”团队在百度与联合国开发计划署共同主办的“极·致未来”责任创新挑战赛上获得了一等奖和最佳人气奖，并被誉为最有“包容性”的项目。

本文是三位 2015 级本科生对王娜娜学姐的生涯人物访谈。后附娜娜 2015 年的一篇分享短文。

问：学姐，你在转专业前后的想法有改变吗？听说您因为课程的原因多读了一年大一，觉得那一年的时间值得吗？

答：转专业以后对计算机的理解更加深刻，从原来的好奇到发现学好这个专业确实有很多困难，多读的一年还是很值得的。因为在 8 系接受的教育和在 6 系接受的培养完全不一样，都是很好的经历。

问：在经管和计算机转换过程中，是对计算机专业有了较为全面的认识吧！你是通过什么渠道了解到的呢？我们觉得大一在学校能感知到的不够多，无法及时判断。

答：大一刚入学，对大学充满了好奇，我经常去各个院系蹭课，对计算机学院的了解起源于我去蹭数分课，杨小远老师的数分课让我印象非常深刻。蹭课过程中认识了一些 6 系的同学，更多地了解了这个专业，有了转专业的想法后我就去找了一些老乡、师兄了解这个专业。

问：关于您的学习，我还有一些问题，就是您平常都会读一些什么样的文献，接触一些什么样的社团，让您能变得这么有执行力？

答：平时基本读一些哲学类、历史类、人物传记类的书，社团没怎么参加。我其实比较喜欢独处，执行力倒还好了，也许跟自己的目标有关系吧：我希望自己的每一天都有收获有成长，不想虚度人生是我的最根本原则。

问：职业生涯规划课程结束你有没有后续的延续呢？如果有，能不能举个例

子呢?

答:大一上学期职业生涯规划课程结束以后我没有继续上专门的课程了。不过,课程结束后有了这方面的意识,也做了几次职业性格测试,更懂得发挥优点,能够不断地调整自己。

问:你是怎么把学到的知识运用到实际呢? 是不是提前的实习、跟导师学习等因素?

答:我一直属于实干派吧,比较能折腾,大一就出去实习。家里从爷爷开始就是商人,所以会有些影响吧。

问:关于您的实习经历,我有一些问题:大一的暑假,您去了期货公司,后来又去干了销售,为什么会有这样一个选择呢?

答:当时没有想那么多了,就是觉得有实习,能学到东西又有时间,当然去啊! 技不压身。从事期货想着可以了解理财,销售又能学会挺多营销技能,就去了。

问:您在学校和假期生活中分别是怎么规划学习、实习、创业和娱乐等活动的时间的呀?

答:没有特别的安排,本科还是以学习为主,实习一般在假期。研究生阶段以创业为主,娱乐肯定放在学习和创业之后,基本还好。我觉得好好利用,时间肯定不会冲突的。

问:您是什么时候对创业有了一个比较正确和完整的认识的?

答:爸爸的一些影响,加上高中毕业后开始的一些实践,到现在也不敢说有一个完整的认识。每一个阶段都有每个阶段的收获和成长,我现在只能算是刚入门的徒弟。

问:您看过很多书,那些讲时间分配、阅读效率的书是否真的有用呢?

答:还好。其实用处不大,我个人认为主要看你的追求和内心的驱动力。

问:您对创业这件事的看法经历了一个怎样的变化呢?

答:没有创业的时候看报道觉得创业的人很厉害,很风光,很羡慕,真正接触了才知道创业的背后有太多的辛苦,用九死一生来形容一点不为过,每一步都要小心谨慎,踏实努力。

问:就您自己的情况来看,您感觉您的人生怎么样才算不虚度人生?

答:其实我现在也没有完全做到,有时候周末还是会有些懒惰。不过,我觉得每天都能学到新知识,每天都有一些有意义的收获就很难得了。

趁着年轻，多去挑战

王娜娜

四年大学，对我而言最大的收获可能就是学会了适应各种状态下的自己——骄傲的自己、不足的自己、沮丧的自己，等等。

人的一生终究很难去按照规划的路走，因为有一些变量是你无法预知但又很关键的。在 8 系学习的一年和我之后三年的 6 系生活相比，确实让我在这个过程中感触很多。在 8 系，我看到了每一个同学都有非常精彩的一面，我们不仅强调学习成绩，而且非常关注其他方面的发展，我们的形势政策课、我们的运动会、我们的前沿导论等等。说起来这些，其实第一次上形势政策课，就被我们的张导狠狠地批评了，因为 PPT 做得很差，而且演讲水平也非常令人着急。而 6 系却和 8 系有很大不同，完全是一个非常工科的环境，大家没有那么多课外活动，就是学习还有各种编程比赛、冯如杯竞赛等等，形势政策也是一篇论文水过。6 系的学霸确实都非常厉害，不得不佩服。在 6 系的三年时间里，也确实经历了人生的低谷，实习那学期拿到了人生中的最低分——及格，一门自己觉得还不错的科目，老师只给了及格，虽然后来多次理论也没有得到任何改变。

在 8 系时，舍友还往往拿学霸来称呼我，不过在 6 系确实受到了不小的打击，一度非常沮丧，我还一度怀疑我自己是不是真的很差劲、不努力。那时也想过以后的自己该怎么办，当时真的觉得成功离自己太远了，不知道怎么办才好。迷茫的时候，只能选择把当下做好，所以我选择了把专业课学好、把成绩提上去。之后的成绩也有了很大的提升，当然背后是一次次的早起和自习。我也在一次次的对自我进行剖析，发现自己没有真正的过人之处——我能做的别人做不了——这才是核心竞争力。我虽说善于抓住机遇，但是对于很多互联网的业内信息没有非常熟悉，很难找到好的创业点；虽然非常善于领导，但是技术层面没有达到领导团队的能力，很难让技术人员服从；虽然当众讲话能力不错，但是英语演讲能力还不够等等，像这样的细节，其实很多我都处理得不好。所以我对未来两年内的规划就是练就自己的核心竞争力——按照产品经理的培养目标，先多读专业书籍，同时关注行业动态、分析案例等。准确地说我心里不知道自己未来什么时候会创业，但是我现在明白自己在哪些地方不足，觉得自己欠缺的东西太多，先脚踏实地才能有之后的仰望星空。

当然我在这几年也没闲着，尝试了很多新计划，比如去广州佛山参加暑期义工支教、跟朋友们创业、减肥 20 斤、旅游等等。趁着年轻，多去尝试，失败成功都是一种财富。

我时常在想，或许这就是人生吧，有时候遇到一群人，他们会觉得你好厉害、非常崇拜你；有时候在另外一拨人眼里，或许他们觉得你做的事情毫无价值。而对于这些我们都必须学会接受，同时从这个过程中去看到自己的不足，非常感谢 6 系这样与众不同的环境让我意识到了改变自己。最后送给大家一句话，是我在大一职业生涯规划课上收获的、也是现在指导我人生的一句话：人生的道路虽然漫长，但紧要处常常只有几步，特别是当人年轻的时候。没有一个人的生活道路是笔直的，没有岔道的。有些岔道口，譬如政治上的岔道口，事业上的岔道口，个人生活上的岔道口，你走错了一步，可以影响人生的一个时期，也可以影响一生。

教师点评：

2017 年 5 月 9 日，人民网一篇题为《以爱的名义　北航清华女学霸研发手语翻译器》的推文中，对北京航空航天大学计算机学院 2012 级本科生、“手音”的创始人王娜娜和联合创始人黄爽进行了报道。CCTV 著名主持人白岩松亲自为两位姑娘点赞；5 月 7 号，CCTV 新闻频道将这两位同学评为了那一周的“新闻人物”。

认识娜娜是 2011 年 10 月，经管学院第一次将职业生涯规划课定为新生的必修课。第三次课上，娜娜被小组选为“牛人”到台上分享她高考后与几位同学开辅导班、赚到“第一桶金”的故事。那时的娜娜还不满 18 岁，带着婴儿肥的稚嫩面孔给我留下了深刻的印象。娜娜还是他们小组的组长，小组的名字就叫 SuperNaNa。

结课作业中，娜娜分析到自己的性格、兴趣与经管学院的专业都是很匹配的；因此，半年后得知她要转专业时，我确实有些意外。可听了娜娜的理由，我马上非常理解且支持：那时的娜娜就想掌握专业知识及深层次了解创业伙伴对创业的重要性，真是难得！

接下来的一两年，与娜娜有过几次交流，虽然事情都不大，却从不同角度展示了娜娜的个性：独立思考，行动力强，做事执着，乐于分享……

正如娜娜所言：“创业是件水到渠成、顺势而为的事情”“创业不是天天拍拍脑袋要创业，而是在不断地摸爬滚打中，在不经意间你收获了它”。

而娜娜一直在奋斗的路上。

我选择了学术研究之路——采访2011级直博清华经管的李垚学姐

人物简介：李垚，经济管理学院2011级本科生，2015年9月进入清华大学经济管理学院管理科学与工程专业直接攻读博士学位。本文是经济管理学院2015和2016级的几位同学对李垚学姐的生涯人物访谈。

2017年8月初，我们几个（张豪俊、鲁尚玮、王犇、谢俊）一起采访了北航经管学院工业工程专业2011级、2015年进入清华经管读直博的李垚学姐。此番采访是为了更深入地了解学姐争取直博的整个过程，使后来者有迹可循。关于迷茫、成长和选择，学姐的故事看似平凡却很深刻。

问：学姐好！你在从北航经管到清华经管读直博的过程中，自己印象最深刻的一件事是什么？

答：应该是当接到录取邮件的时刻吧，一段时间的努力有了收获，有一种踏实的幸福感。大三时为了取得比较好的结果其实还蛮辛苦的，觉得有点累，但是现在回头再看，可能慢慢地淡忘了那些痛苦的记忆，反而是最后拿到offer时的平静让我记忆犹新。

一、本科学习的主要经历

问：请学姐谈谈本科阶段的生涯经历吧，例如关于如何为获得直博的资格而准备的故事。

答：你们还在沙河航校区上课吧，那我就从大一慢慢讲。刚刚来到北航，大家可能多多少少有一些不适应吧，沙航那个荒凉而空旷的地方，可能不符合一些同学对于大学的幻想，我们当时是沙河的第二届，学校周围没有什么好玩的，而且学校里面就那几个地方嘛，学校里除了教室、宿舍就是自习室。我记得当时葛巾津学姐说过：“大学里，如果你找不到事情干，那就去自习嘛。”学姐是当时我很崇拜的人，能够追寻自己内心的想法。关于大学，可能许多北航的学生都有去清北的实力，但就是“因为高考失利，然后来到北航”，并不是说北航不好，北航教会我很多东西，但我们总是渴望一个更好的平台嘛，也在为之努力。在沙河那段时间我除了上课以外，就基本上泡在自习室了，然后觉得烦了之后就去图书馆。沙航两年打下了一个坚实的基础，也培养了我很好的学习习惯。在大二，觉得大学不应该只是简单的高三生活的延续，整日学习的话，我也不能沉下心来。我觉得应该开始一些新的东西，让新鲜的事物进到脑子里，于是在大二那年申请了 SRTP。

问：能介绍一下 SRTP 吗？

答：SRTP 是一种校级的科创项目。比如说你有一个 idea，可以找相关指导老师，或者同学，甚至跨院系的同学组成小组，去申请一笔钱来完成这个小课题，其实就是一个科研小训练。从大二那年开始，我有一个比较偶然的想法，当时是看一本书感觉很受启发，感觉挺有意思，也是一个比较新鲜的概念，叫作游戏化学习，就是 gamification，就据此做一个项目。另外一个国家级的项目就是大创，我自己没申请，但是我和同学一起参与过这个项目。这个是我最开始从事科研的一个原因。我是学管科的，上半学期没分专业，下半学期才分专业，那个时候还需要有金工实习，每周做一天，还挺累的。包括课程设计，当时已经选了二学位，所以感觉整个大二虽然非常充实，但是也很累，整个大二这一年是成长最快的一年，是整个状态转变非常大的一年，整个生活的重心往科研方面偏了一点。

大概在大三时决定读博士，搬回学院路校区时，接触到了更多的老师。我在大二升大三的暑假期间在班主任的实验小组里担任主事人员，帮助老师做一些实验，当时也想过根据实验的结果写一些文章，考虑到自己以后有外保的打算，需要一些文章的支持，然后就写了一篇文章出来。作为一个新手，写文章的过程也是很痛苦的，但也是一个非常好的学习的机会，从零开始学起，大概用了小半年的时间来完成这篇文章，最后投了一个国际会议，也获得了很好的结果。当时觉得写文章是一个很痛苦的过程，但是你会发现在整个过程中你是在一点一点地往前走，直到最后你的东西被接受，感觉自己的东西还是受到认可的，觉得科研的乐趣就在这里，思考一些新的问题，最后做出一些成果展示给别人看，然后获得认可，我觉得这是一个非常有成就感的过程。在后续阶段，整个大三我申请的所有的项目，包括硕博连读和一个博士的项目全都是依靠这篇文章。整个大三专业课比较多，我还是非常喜欢工业工程这个专业，也许就业方面比不上信管，但有完美主义倾向的同学比较适合这个专业。你会发现自己在一直朝着一个更好的方向走，在整个过程中一直在系统地学习一些优化的理论和方法，不仅是对你整个专业知识，对于你整个人的思维方式和性格方面也有培养，让你从更好的角度去分析一条最优的路径，就是在找不到最优情况的时候会比较心累。大四的时候课也没有很多，我就去找了一份实习，公司就在学校附近，实习的工作也不多，比较开心地玩耍了一年。这大概就是我大学的情况，其实是非常平淡的大学生活，没有像其他同学那样丰富多彩。

问：学姐在进行 SRTP 和大创的时候，最深的感触是什么？当时的老师给予过你们什么样的帮助呢？你对将参加这些活动的同学有什么建议？

答：我觉得这些活动都是非常好的机会，无论是否做科研，都可以去尝试。对比较新鲜的想法，然后去跟学院的老师讲，他们是会非常支持的。你会觉得跟一群志同道合的小伙伴一起去完成一件事情是非常有成就感的。同时，再功利一点，如果你做得好，是会有一定的成果转化的。虽然我没有做得特别好，时间非常仓促。而我的室友的话，他的两个项目基本上是出了2到3篇论文的，他后来申请出国就非常容易，最后拿到了8个非常不错的 offer。此外，他这个也算是对自己的一个能力的培养。因为这是需要我们去独立去发现并想办法去解决这个问题。他跟我们平时上课考试这种模式其实是不太一样的。包括一些你要做报告，写报告，展示报告，都是很好的锻炼。在经管学院，这些都是非常好的机会，在其他工科院系像这样的展示机会比较少，很多人的这种能力其实是非常欠缺的。SRTP 可以提高自己整体的能力，这个东西申请也不难，可能现在的门槛高一些。另外，冯如杯和大创也是相关的。如果大创成果好，可以做一个比较好的论文去参加冯如杯的比赛。即使你尝试之后发现对科研没什么兴趣，也没什么损失，这些经历都算是自己的收获。这就是我自身的一些感受。

二、二学位和出国的选择

问：学姐为什么要选择修英语二学位呢？

答：我上大学就一直想着自己以后要学一个二学位，不然感觉太亏了啊，学校给你这么好的机会，只要花3000块上个30学分的课程就有一个额外的学位，为什么不上呢？

我们那时候只有英语、数学和法律三类二学位，我个人对法律不是特别感兴趣，然后我就选了英语。但其实我现在有点后悔，如果是有一个数学的二学位的话，在过程中可以锻炼一些数学方面的能力，这个是对我们以后的科研有帮助的。但我也不后悔选了英语二学位，因为它不是教我们一些应试的东西，而更多的是较实用的东西。它一共有15门课程，2学分一门，两年内修完，我记得当时印象最深的一门课程是叫作批判读写，那门课选的人非常少，我记得课堂上只有两三个人，可以面对面地跟老师一起聊一些感兴趣的话题，这种机会是非常少的。我记得好几年前有位师兄修了三个学位，只要课程全部修完，就可以拿到三个学位。对于学金融的同学，如果后面还想要往上读的话，我非常建议去学一个数学二学位。我比较鼓励大家去修二学位，在学习的时候多花一些时间与精力，能够学到一些有价值的东西。

问：学姐有考虑过出国吗？

答：基本上没有考虑过出国，在大陆这边离家也近，家里也不太希望离家太远去读书。我是属于那种一进大学就没有想过大学毕业要去工作的人，一定会去读研究生，但是在研究生阶段结束后也不一定去做学术，当时单纯地觉得有一个研究生学历在求职就业时有更好的优势。

三、在清华的博士学习生活

问：请学姐介绍一下在清华读博时的学习生活。

答：我是在经管学院读博，读的还是管科的专业，方向是运营管理。清华这边的运营管理有些偏数理，和工业工程有一定差别。

研究生阶段所学习的东西难度会更高一些，因为之前学习过的东西不一样，但是授课的老师并不知道你没有学习过这个东西，他可能直接就默认你学过了。比如说课程进度顺序是A、B、C、D，你可能连B、C都没有学过，但是老师就会直接给你讲到D，所以这中间你自己就要补很多东西进去，这个过程其实还是有些痛苦的，你会发现自己每天都在写作业，有点找回大一的那种感觉，所以大家一定要在本科阶段把基础打牢，以免后来忘记一些非常基础的东西。我们一年级结束会有一个博士生资格考试，它决定了你能不能成为一名真正的博士生。如果没有通过这个考试，你就暂时没有成为一名真正的博士生的资格，会影响到后面的学习。我们去年的暑假都是在准备这个考试，所幸还是通过了的。

第二年就是在做自己的研究了，我导师的水平比较高，他不会说扔给你一个项目让你自己去做，他认为自己培养的博士生以后都是要走学术道路的，自主发现一个合适的研究课题是非常重要的学术能力。所以他不会指定你研究的内容，而是让我们自己去从生活中、文献中或者实际的管理实践当中去发现比较合适的研究课题。二年级上学期的情况基本就是不断地寻找课题，然后去跟老师聊，然后被老师否定，这样一次又一次地尝试，期间也会感到一些不自信，通过不断地继续努力和尝试，终于在这个学期结束找到了一个比较合适的切入点。不过新的问题又来了，你要用一个怎样合适的模型来解释呢，然后就进入了提出模型、跟老师交流、改模型的循环，直到最后提出一个大家都比较认可的模型，然后再进行更为深入的研究。因为我自己现在也是处在博士的初级阶段，所以对于博士后面的生活也没有太多能够与大家分享的。但是还是要告诉大家，读博一定是一个非常谨慎的决定，如果大家想选择这条路的话，还是要考虑清楚，毕竟这是一条少有人走的路，肯定不是一件轻松容易的事情，一定要做好心理准备。

从学术的角度来说，清华的平台还是会更高一些，比如说在这里你可以接触到一些国际高水平的专家，你会有机会跟他们进行近距离的交流，包括一些交流会议等，这种机会都是挺多的，我今年也参加了一些，这对于之后的出国交流或者是寻找合写论文的作者都是很有帮助的，所以还是鼓励大家来到清华这边，和我继续成为校友。

教师点评：

从李垚学姐的学习经历中可以看到：大学的学习并不需要是轰轰烈烈的奋斗史，而是一个踏实的积累过程。大家只要能够好好学习，就都会成为更优秀的人。而要成为一个优秀的人，首先得明白自己想要的是什么，然后再去挖掘想要达到这个目标需要去培养哪些能力，然后一步一步、脚踏实地去实现。李垚学姐在大二时就以葛巾津学姐为榜样，同时注意联系专业老师、了解学科发展的一些信息。李垚同学很早就确定了从事学术研究这一努力方向并坚持走下去；她的经历看似颇为幸运，但其实是环环相扣、水到渠成的。

北京-奥斯汀-波士顿-西雅图——我职业生涯中的8年

人物简介：葛巾津，经管学院信管专业2008级本科生，大一获国家奖学金，本科期间在美世(Mercer)咨询和微软亚洲研究院实习，后转专业申请到美国德州大学奥斯汀分校学习心理学。研究生期间署名发表学术研究论文4篇，并获"Texas Scholar"奖学金；毕业后在波士顿Millward Brown咨询公司任数据科学咨询师；现定居西雅图，在全球最大的网络旅行平台Expedia任市场分析经理。本文是作者2016年完成的。

我是2008年参加高考的。5月12日四川大地震，而我当时正在四川备战高考。这场地震让我突然意识到：生活中充满了不确定性。上大学后，这种不确定性感觉更加明显，我也几乎一直处于不断寻找自己目标的迷茫状态。不过，虽在迷茫，我却不会让自己一直陷在迷茫的情绪中，而是不断努力去做新的尝试，改变自己，生无所息。回顾过去近八年，我每一年的生活都很不一样。"变"这个字，是对我上大学以来最贴切的描述；可以说，我一直在不断地在制定、调整自己的职业生涯规划。

一、大一："如果感到迷茫，不知道应该做什么时，就去上自习吧"

"如果感到迷茫，不知道应该做什么时，就去上自习吧！"这句话，是我在微软技术俱乐部认识的一位2006级的学长告诉我的，也是让我大学受益匪浅的一句话。

刚进北航，对这所工科学校挺失望：它不是想象中那种充满浪漫温情主义色彩的校园，这里的一切让我感觉太过一板一眼。于是，为了"逃避"这种失落感，我开始过上了没事就泡自习室的生活，做作业，读很多书。由于当年我高考发挥得不好，本科专业是被调剂的，在班级同学中高考成绩排名靠后；因此，当第一学期的成绩出来，得知自己是全大班唯一一位平均成绩在91分、大班第一时，我非常惊讶。也是在那时，我知道了大学毕业后有"外推保研"这种方式，因此有了自己大学中的第一个目标：保持成绩优秀，争取毕业后保研去清华读研究生。

这一年，除了学习，我参加了学院职业发展中心组织的职业生涯规划工作坊活动，明白大学时代要及早规划自己的职业生涯并学习到了基本的理论和方法；此外，我也参与了经管学院的学生会，还加入了北航微软俱乐部。

在学生会中，我加入了学院的辩论队，参加学校的新生辩论赛。辩论赛持续了一个月，这段经历，使我第一次感到团队的力量。我们一起熬夜讨论辩题，一起为一个问题争论，互相鼓励，一路从预赛杀入半决赛、决赛，最终取得第三名的成绩。

同时，在微软俱乐部中，因为在完成一次小组任务中突出的表现，我被当时俱乐部人力资源部部长发现，让我担任了会员大会的主持；而后，我又获得了去微软亚洲研究院参加校友会的机会。这让还是大一新生的我，第一次走入外企，亲身感受了那里人性化的工作环境，并近距离地和微软的员工交流；那真的是一个崭新的世界！

大一上学期快结束的时候，人力资源部部长找到我，希望我能独立组建一个小组，负责俱乐部会员信息的管理。一开始我很没自信，觉得自己才大一，怎么能带领好比我高年级的会员呢？但部长一直鼓励我，并在整个小组筹建过程中一直帮助我。于是我去了俱乐部的每个部门，在他们的例会上介绍我的小组、招募会员加入。经过近半个月的努力，我的小组终于组建起来了。大一寒假，我和小组成员在互联网上讨论交流，最终开发出俱乐部第一个会员信息管理的数据库软件。在微软俱乐部的这段时间，让我看到了学校之外的世界，让我比周围的同学更早地开始思考自己的未来：保研去清华之后，也会有走出校园的一天；我想去外企工作，我应该做些什么？

现在回想，大一一整年，我收获了两样东西：第一是成绩，它是我此后做很多事情的基础；第二是视野，它让我不再只看着课堂、课本，让我在此后有勇气不断去做新的尝试。

二、大二："工作的乐趣在于创造价值"

大二这年，我退出了经管学院学生会，但留在了微软技术俱乐部。这一年，我继续为保持好成绩努力，继续在俱乐部里和朋友们一起开心地办活动；这一年，微软亚洲研究院对于我而言已经不陌生，我和微软高校关系部的经理一起参加会议，和俱乐部成员一起在那里举办过两届编程 PK 赛，获得了 2010 年微软学生夏令营的资格；这一年，我爱上阅读职场小说，从王强的《圈子圈套》三部曲，到崔曼莉的《浮沉》(上、下)，《杜拉拉升职记》三部也没错过……这一年，我开始不甘心只待在校园中，我开始有了大学中的第二个目标：走出校园，去体验职场生涯。

机会是2009年8月份到来的。当时我正在参加微软学生夏令营，接到刚毕业工作的一位师姐的电话；她曾任微软技术俱乐部的主席，见证了我在俱乐部的成长。她的一位在Mercer咨询公司工作的朋友目前需要实习生，师姐问我有没有兴趣去实习。当时听到这个消息我非常激动！因为Mercer是全球最大的人力资源咨询公司，之前我关注过它的信息，但从没想过能这么快有机会去实习。我立即同意，当晚回到住处就将简历发了出去。过了几天，我接到Mercer H&B部门经理的电话，进行了简短的电话面试后，通知我几天后去公司面试。

面试那天，我怀着忐忑的心情来到位于北京CBD的嘉里中心，Mercer北京公司所在地(到了那里才发现，徐静蕾自导自演的《杜拉拉升职记》就是在旁边的财富中心取景的)。面试中，由于之前没有一点实习工作的经验，我就不断强调我的学习能力。这时，我的专业排名起了很大的作用。据我所知，国际知名的咨询公司向来对求职者的成绩有或硬性或软性的要求，因此，我很自信地向他们说："虽然我没有工作经历，但我的专业成绩以及我所获得的荣誉至少可以证明我有很强的学习能力。我相信自己可以很快适应实习工作。"面试到一半，面官突然改为英文面试——这让我比较窘，因为之前没准备，加上自己口语不好，感觉表现不佳。因此，面试结束后，我在回学校的地铁上感觉很沮丧，觉得肯定不能被录用了。

然而第二周，我接到了Mercer HR的电话，通知我第二天带上证件去公司办理入职手续。怀着激动的心情，我第一次穿上职业装、以实习生的身份走进了Mercer，开始了我的第一份实习工作。后来，听我的面试官，也是我的直接负责人说，最终是我的成绩打动了他们，觉得我应该是个很有潜力的小孩，因此决定给我一个机会。

咨询公司的工作真的很辛苦。虽然外企不强行规定员工的上班时间，但每天都会有人留在公司加班到很晚。实习生的工作内容也不轻松，既琐碎也繁多。从帮助咨询师整理数据，到校对文档；从翻译文档，到分析数据做PPT；从打印资料，到下午茶点时间给部门同事洗水果；还有刚刚兴起的"工间操"——实习生要负责每天下午去带着部门同事做操……刚去的时候，都是做一些很零碎的工作，翻译或者校对文档、洗水果；慢慢地，我开始由咨询师带着做数据分析报告，协助他们做给客户看的PPT。部门里的氛围很好，有同事过生日，大家会订上蛋糕，然后午休时开个小 Party；还不定期给实习生们做培训，既有北京同事的现场讲授，也有通过网络、电视会议由上海公司的同事进行。

这样度过了我实习生活的第一个月。有一天，我的直接负责人和我谈话。他告诉我，完成工作时，不要仅仅以“完成工作”为目的，而应该多动脑子，要在工作中加入自己的思考，拿出出众的东西。比如在做数据分析时，要去思考：咨询师想要哪方面内客？我能否在这些数据中提炼出咨询师需要的内容？我自己能不能在分析结果中发现什么信息？……他还告诉我，要主动去“要”活儿干，不要等着咨询师来找你。这时，我已经开始参与一些咨询项目，开始独立完成从客户那里接原始数据并做处理分析的工作，也开始加班。17:30 是公司的下班时间，但我常常是过了 19 点才走出嘉里中心；我第一次做 PPT 时，因为没有经验，数据出错一大片，弄得咨询师也留下来和我一起加班修改到晚上十点多。

这段实习一直持续到我大三开学。而我的大三，目标又开始发生了变化。

三、大三：“如果你有梦想，你应该去追求，不要放弃”

我的大三开始得非常忙碌。一边是专业课程依然重，几乎每天的课都很多；一边是实习，因为合同签到 12 月底，所以开学后仍要保证每周至少三天的工作。有时候上午有课，12 点下课后赶去食堂买个盒饭，带上就去了地铁。从北航到 CBD 坐地铁要四五十分钟，早上上班遇早高峰，晚上下班遇晚高峰，我真正体会了北京白领们挤地铁的生活。

这一段时间，我的视野变得更宽，也开始了新的思考。Mercer 是美国的人力资源咨询公司，里面最核心的员工几乎全是心理学专业的博士、硕士毕业生，在国外深造过的人更是占大多数。和他们交流，让我对心理学有了更全面的了解。这一年，我的男友开始了美国计算机博士的申请。他一直知道我对心理学的热爱，此时更是鼓励我出国学习心理学。“如果你有梦想，你应该去追求，不要放弃。”

从中学时代便开始的“心理学家”梦，由于当年的高考失利而被我深深地埋在了心底。此时，当我开始认真地思考这个梦想时，我发现自己依然对心理学有着很深的感情，我想学心理学，想去美国学心理学。这段时间，我还去找了北大心理学专业的朋友聊天，她向我介绍了基础心理学方向，并说以我的工科背景,基础心理学是最适合转的专业方向。只是要出国学转心理学的话,会是一条非常艰辛的路。

大三上学期是我大学期间最辛苦的时期。一边实习一边上课,一边面临对未来发展方向的选择。以我当时的学习成绩和能力,保研去清华上研究生已经近在咫尺。但我现在学的专业并非自己真正热爱的;并且因为男友的出国,我开始在国内还是去国外继续深造间徘徊。我又去找了当时正在美国上研究生的学姐,她和我打了半个多小时的越洋电话。她说:"我们还年轻,还输得起,不要怕,去追求自己的梦想,我们在美国等着你!"

最终,我大学中的第三个目标产生了:申请去美国上研究生,学心理学。我报了 GRE 和 TOFEL 考试,因为英文一直是我的短板,所以准备的过程非常辛苦,大三的整个寒假我都关在家里背红宝书。由于没有心理学专业背景,我开始找导师,申请了国家大学生创新实验项目,开始了基础心理学的研究。在读论文的过程中,因一次巧合认识了 Harvard 的心理学教授 Wolfe——这个研究领域里国际上非常知名的学者。他不仅给予了我的实验很多的帮助和指导,还邀请我去参加了在清华大学举办的第三届北京国际计算神经科学研讨会。在这次研讨会上,我又认识了很多国际上知名的心理学大牛,大开眼界,也第一次体会到科研的快乐。

大三的暑期,我开始联系北大心理学系的教授,希望加入他们的实验室积累实验经验。经过多次努力,我联系到一位教授;她很友好地邀请我去她的办公室面谈了一整个下午,最终接受了我,并希望我能自己找到研究项目,她可以让我去她的实验室完成研究。

大三这一年,实习、保持成绩、准备 GRE 和 TOEFL 考试、科研实验……非常辛苦。每一件单独拿出来,都足以让一位本科生头疼。可是因为有梦想的支持,我一直坚持着。有过被压力逼到极限时的哭泣,临近 GRE 考试前,睡眠一向很好的我几乎天天失眠;做实验要找被试志愿者,我在学校发广告招募,还和飞行学院的领导联系,希望他们的学员来参与实验;还有熬夜赶作业、写论文……好多好多的事情。

经过几个月的努力,我在大三即将结束时获得了还算满意的 GRE 和 TOEFL 成绩,一切都如自己所计划的一样进行着。

四、大四:"人生有舍才有得"

大三结束时,我获得了清华大学经济管理学院优秀学生夏令营的资格;

进入这个夏令营，就意味着保送去清华读研已八九不离十了。与此同时，因为本科一直与微软进行合作，微软亚洲研究院也向我伸来了实习的橄榄枝。在综合考虑了未来的学业和职业规划后，我最终放弃了清华夏令营的资格，开始了在微软亚洲研究院为期半年的实习。

与此同时，我也开始了美国心理学研究生的申请之路。原以为大三的生活已经够辛苦，却不想大四才是真正的身心挑战：白天全职实习，下班后去清华北大的心理学实验室旁听各种组会与心理学专业课，晚上待在公司写申请、套瓷教授。尤记得自己当年住的北航13号宿舍楼，每晚很早就统一断电，我便几乎夜夜在公司待到后半夜才蹬着自行车沿着北四环从中关村回学校——直到现在，我关于那段日子最多的记忆都是冬夜北四环凛冽的寒风。有过写不出文书半夜把自己关在公司电话间痛哭的日子，也有过因为对转专业申请没有把握而抑郁低落的时刻。感谢微软，为我提供了非常好的接触国外资源的机会，也让我在那半年里有机会认识了许多来自全国各地的非常优秀的同龄人；他们中的许多人也成为我后来在美国的日子里非常要好的朋友。

2012年3月8日的清晨，我收到了最心仪的offer——来自与我在美国攻读计算机博士的男友所在的同一所大学的心理学硕士项目录取通知书！然而，我却没有想象中的激动，有的只是对自己的付出能有收获的感动。至此回首，我的大学四年已基本交上了一份完美的答卷。在大四的最后几个月，我如愿有了许多时间泡在北航的图书馆里，阅读了许多曾经想读却没有时间读的小说。6月，我以北航优秀毕业生的荣誉毕业，带着前辈和朋友们的祝福，开始了新的旅程。

五、在美国的日子："把不可能变成可能"

在美国念心理学研究生的两年里，凭借着自己在本科阶段打下的扎实的数理基础，通过自我推荐，我成为系第一个也是当年唯一一个在统计系做助教的硕士生。同时，为了给继续申请博士项目做准备，我主动联系教授，最终在系主任的推荐下加入了我们学院知名的研究听障儿童心理发展的实验室，与实验室里的博士学生一同研究并发表了4篇学术期刊论文，所做研究还连续两年被AERA(美国教育心理学领域顶级学术会议)会议接收，我也因此成为我们系当年唯一有学术论文发表的硕士生，在研究生第一年结束时获得了Texas Scholar奖学金荣誉。

研究生的最后一学期，我在系主任的鼓励和推荐下，申请了她的博士生项目。在1月底提交完博士申请后等待结果的日子里，我为了做好两手准备，又开始了在美国的工作申请。我所学的研究生课程主要是为博士项目做准备的，因此在我所知的我们系的历史中，从未有过硕士毕业的国际学生在美国成功找到合适的工作。非常幸运：我在3月份同时收到了博士项目的offer与一所全球知名咨询公司的全职工作offer。在和博士项目的导师认真交流之后，我最终选择了工作。我的博士生项目导师是一位非常好的导师，她在知道我的决定后，不但没有生气，还鼓励我先去工作几年，待思考成熟后，再回去做她 的学生。

如今，我已在美国学习和工作近四年。因为对西雅图这座城市的喜爱，我在波士顿工作一年后，向公司提出了搬到西雅图的申请并成功办好了所有手续。2015年年末，我驾车从波士顿一路横穿美国来到西雅图定居。几年来，我从没有驾照到驾车几乎遍历了美国所有的州，爱上了徒步越野、冬季滑雪、夏季潜水，最近还开始了征服世界七大峰的计划。回首过去的日子，我从未对自己做过的任何一个决定而后悔；我也依然相信，有梦想的支持，坚持下去，梦想终会照进现实。

回顾本科四年，我将本科生可能经历的三条路——直接就业、保研、出国留学都浅尝了一遍。我庆幸现在找到了属于自己的路，一条最辛苦但最值得的路。在不确定的生活中，我不断地变着，只为寻找到自己内心真正所向往的目的地。

现在，我依然走在追寻梦想的道路上，我还在思考，不断调整着自己的脚步，却不似曾经的青涩和迷茫，梦想越来越清晰，我愿生无所悔。

教师点评：

巾津是我所有教过的学生中，最“平衡”的一位：她当然很聪慧，却绝非“满脸透着机灵劲儿”的那类孩子；学习成绩优异，可似乎从未给周围同学以压力感；五官清秀却没有给人“惊艳”感；本科期间，不仅学习、实习两不误，还在微软俱乐部遇到了与自己相投的另一半，二人一同赴美留学，几年来已经结成了“亲人”关系；她还很热心：在我为本科生组织的分享会后，竟然与主动联系她的李垚学妹保持邮件联系两年多，对学妹各阶段遇到的各种问题都很耐心地回复。我还对她谈起家中老人时的神情很有印象：其中有眷恋、不舍，更多的是满满的爱。

巾津是2008年秋冬我在北航经管学院开设的第二期工作坊的学生。在工作坊中，她的思考相比其他同学真是很深入，总带着恬静的微笑。在最后一次总结活动中，她谈完自己的收获后有点儿抱歉地提及一个小问题：教室的灯太亮了，所以3小时的活动下来她会觉得特别疲惫。我当时注意到她异常光洁的皮肤，心想"这个孩子一定是对外在环境特别敏锐的。"

巾津接下来几年的成长令我有点儿眼花缭乱，她在正文中也介绍了其中的大部分。也许有同学读完后会觉得巾津的例子对自己而言遥不可及，没有太大的借鉴价值。可我真的希望大家多关注她点点滴滴的努力而非目前光鲜的"成果"。一个人时，你请静静地扪心自问：在你失去明确的目标时，你是去玩游戏、读小说还是泡自习教室？当你学习任务并不轻松时，你是想到"让自己别那么累"还是给自己加码，再去参加一些课外活动？当别人给你介绍的实习机会、负责人觉得你资历不够时，你是立即放弃还是尽量争取？当年自己的事情就很多时，接到一面之缘的师妹的求助邮件，你会即刻回复还是先放到一边……

现在说"人生很长……"颇有说教之嫌。还是那句话：希望同学们保持行动吧！

职业生涯需要一点折腾

人物简介：张溢，经济管理学院国际经济与贸易专业2006级本科生，曾获国家奖学金，连续四年获得院一等奖学金。2012年在清华大学经济管理学院经济学专业毕业并获硕士学位。2012—2015年就职于中石化石油有限公司，2015—2018年就职于中信建投证券研究发展部，团队曾获2015、2016年新财富轻工制造行业第五名、第四名，2017至—018年任纺织服装行业首席分析师，2018年入职广发基金管理有限公司，现为消费组分析师。

我曾经认为自己是一个非常喜欢安定的风险厌恶者，害怕创业，拒绝赌博、投机，而最近离开第一份安定的央企工作，转行到风云诡谲的投行，进入仅有首席和我两个人的新团队开始白手起家，每天向客户们分析和推荐股票，算是把这两个忌讳都打破了。然而，莫名的，在这种半是被逼无奈、半是顺应时势的偶然选择中，我幸运地发现了真正适合自己（至少目前适合自己）的职业之路。

我并不迷信职业指南，毕竟每个人的优劣势、性别、长相乃至毕业年份都会对其职业生涯带来颠覆性的影响，但如果你是一个聪慧勤勉、善于交流又有上进心的人，我想无论命运给你怎样一个开局，最后的结果都不会太差。在此聊聊过去求职3年、工作3年的一些曲折、经验，仅供年轻的后来者参考。

一、第一次折腾——保研是场需要预谋的大作战

抛开保研不谈，我在本科时期值得自豪的几件事分别是：连续3年拿到专业第一和一等奖学金，成为学校记者团团长并和北航青年一起组织了一次"5·12"地震灾后志愿者活动，在2008年残奥会期间当了一次举重场馆志愿者报纸主编并对报纸做了独创性改良（这件事后来成为我求职过程中证明自己创新能力的重要例证）。这些小成就都是在职业规划意识尚未觉醒时懵懂完成的，但或多或少是被"机会总是留给有准备的人"这样的意识所引领。

大二时上苏老师的"职业生涯规划"课，她犀利地指出，本科生未来的抉择无非是求职（无论是去别人单位还是自己创业）或者考（保）研（包括去国外读研），而后者仅仅是推迟了执行前者的时间，因此职业规划尤为重要。一直自我感觉良好的我才恍然大悟，感知到了紧迫。梳理考虑了这样那样的条件，在求职规划上起步较晚的我最终选择了外保，开始了成年后第一次劳其筋骨的折腾。

利用身为记者团成员的便利，我在采访成功保送北京大学中国经济研究中心的学姐后得到关于保研夏令营的信息，在教授的指导下学习摸索经济学课题的研究方法，选择了用引力模型验证影响服务贸易重要因素的课题，从联合国贸发组织数据库里费力地扒出了各国之间的服务贸易统计数据，撰写了人生第一篇尚算满意的小论文，结合前期绩点排名的优势，最终成功获得T大、N大、X大的夏令营邀请并拿到保研Offer。

借用玛丽·格丽娜所说的一句话——"那是可以回忆的时代，无数纯真藏在繁茂的枝叶里"，我很庆幸在北航繁重的课业压力之外能够从社团活动中找到大学生活的精彩所在，也很庆幸没有因为这些课外活动耽误基本学科知识和研究能力的积累，虽非刻意为之，但这两点对于我后来的求职皆必不可少——前者让我积累了团队合作、完成项目的实践经历，后者让我能够顺利保研，这也是培养并证明个人学习、分析能力的必要条件。

二、第二次折腾——实习的过程也许比结果更重要

“保研大业”完成之后，我的求职生涯迎来了第一个机会——被学院里一位老师推荐到了某国有政策银行的成本管理部实习。在那年冬天的短期实习中，最实在的收获也许是学会了用Excel强大的函数功能做一些日常财务分析，同时也让我感知到虽然做财务对我来说过于沉闷，但分析工作本身仍然颇有乐趣。

进入T大后，研一上半学期的课程颇为繁重，但进入下半学期后终于有了喘息的机会，在寒假快要过去的时候，我通过网申和远程面试得到了一次去C公司研究部宏观组做日常实习生的机会，意外之喜，如坠梦中。由于组里正式员工人手充足，我的任务主要是找数据、找文献，这次看似华丽的实习经历带给我的实际能力提升并不多。在当时最牛本土投行体验了3个月实习生活后，由于一些主观和客观原因，我并没有获得暑期实习的机会，心情十分沮丧。然而现在回想起来，正是这3个月，让我对卖方分析师开始有了半懂不懂的认知，也为我后来再度进入这个圈子埋下了一个草蛇灰线、伏延千里的因缘。

研一暑期，锲而不舍地勇找实习机会的我顺利获得了去G证券公司投行部实习的Offer。尽管从一开始老板就一直强调“今年我们部门不会留应届生”，我也丝毫不觉得失望，一方面是因为自己本来就没想去广州，另一方面是因为自己对实习这件事有了更淡定的看法。由于广东地区有着极为丰富的私营企业资源，投行部的IPO项目已经排到了数年之后(当时没人料到IPO暂停带来的冲击)，充实繁忙的“前线生活”让人斗志昂扬，哪怕为了写招股说明书工作到深夜也不觉疲惫，只觉得新鲜有趣。那两个月的回忆里满是潮汕地区的湛蓝天空、扑面而来的咸湿海风、美味绝伦的牛肉火锅，以及投行人专业严谨的神采。朴实地讲，那段日子让我开始学习和掌握如何有“卖点”、有逻辑、有理有据地行文来分析梳理一家拟上市公司，多年后它成了我日常研究报告撰写中最基本的能力素养。也是在那年夏天，我边实习边开始准备注册会计师考试，并于当年9月通过了会计和经济法两门专业测试，开启了我长达四年的注会考试征途，这段经历满是血泪挣扎，暂且不表。

回到北京后，非人的研二生活袭来，在导师的推荐下，我一边找工作，一边开始了长达一年半的兼职——为一家筹备中的私募做研究助理。在这个

我从来没想获得Offer的实习过程中，我第一次在过年期间回京加班，第一次获得投行老前辈手把手的PPT技巧调教，第一次领到近万元的月薪，第一次赢得了老板的真心认可，也第一次体会到了在极度忙碌无序中完成任务后的无比愉悦。正是因为有了这样一份体验和认知，让我在多年以后在留在央企还是跳槽回投行中选择了后者。

三、第三次折腾——毕业求职是对恒心和信心的双重挑战

2011年末开始的正式求职岁月是艰难而忙碌的。适逢行业政策双重压力下外企投行、本土券商纷纷缩小招聘范围，金融业的竞争尤为激烈。

海投：个人的简历投递经验之谈还是在于一个"多"字，展开来有三点：海投、归纳、准确。海投保证了通过的基数更大，归纳旨在使得申请时填写的主观问题的答案更加有针对性，准确是通过多做练习使得逻辑测试等环节的答题速度和正确率得到保证。

笔试：不同类型公司的笔试千差万别，他人的经验虽能起到一定的指点作用，但关键还是在于专业知识的积累。印象比较深刻的是，我在几家国有银行的笔试中多次用到了注会考试里的基础知识，深感前期准备的重要性。

群面：群面中个人定位十分重要，不论领导人、"军师"还是协调者都可以出彩，但绝对不能忘记，比起凸显个人能力，保证小组团队完成项目才是这个测试环节最终的目的。记得在普华永道群面时，团队里来自杜克、北大等名牌大学的姑娘们针锋相对、互不相让，最后成果乱七八糟，被HR评为她见过的"最糟糕的一次团队合作"，结果自然是团灭，好不凄惨。从个人的经验来看，除非群面中气氛太过于沉闷，大家都不想发言，或者单位需要的是偏aggressive的类型，否则做第二个发言的"军师"或者协调者角色往往比争做团队领导人来得更保险一些。而国企的群面似乎没有特定法则可依，仅作为HR的参考，因为后来的同事里有几个人甚至在群面时没有发过言。

单面：单面时先要了解企业和应聘岗位对于个人性格、能力的需求，有针对性地做好准备。外企面试中万变不离宝洁八大问，扎实做好"举例式"回答的准备分外重要。当然，真实而又能够体现个人能力、个性的例子往往来自大学生涯中的精彩经历。国企面试则感觉上各不相同，每个公司都有一套自己的择人准则，但对于勤奋、踏实、忠诚的偏好无疑都是一致的。

回顾那段日子，每天都在奔波、挫折、自我怀疑中前行，在海投了近百家

单位，面试了数十家之后，我获得了 6 个尚算满意的 Offer，最终选择进入一家央企石油公司战略管理部做行业研究。

四、第四次折腾——跳槽需要谨慎抉择，也需要说走就走的勇气

人生的精彩之处在于未来的多变和不可预知，进入第一家单位 3 年后，我来到了人生的又一个岔路口：是舒服地继续留在单位，等待第四年的升职，还是趁着股市向好，顺潮回到金融圈。综合考虑行业背景、职业发展路径、薪酬期待等多方面的因素，我最终选择了跳槽转型，从头开始。

一般来说，社会招聘中，学长学姐、亲朋好友的推荐比盲目投简历靠谱得多，但有时候命运之神也有自己的安排。一方面，受 T 大学妹的推荐，我拿到某外企石油公司投资分析师的 Offer，而另一方面，在看到水木清华 BBS 上的一则券商行研分析师招聘帖后，我抱着试试看的心态投递简历，经历几番面试最终获得了这个职位。

我的跳槽比原来想的顺利许多，从着手到拿到 Offer 只用了两个月不到的时间，比起如何找下家，作出离开的决定似乎才是最大的挑战。个人的成长总需要和沉溺于安稳的惰性、害怕未知的恐惧作斗争，在明知一条路并不适合自己的时候，记得再折腾一把。

自本科到现在，经历了保研、实习、网申、面试、跳槽，职业生涯还只是处于起步阶段，毕竟，比起求职，工作本身才是艰巨和漫长的修行，而比起人生，职业生涯又只是其中一部分而已。我们寻找工作，不过是寻找一种生活形态，只要能达到自己的理想状态，那么在哪里，做什么，拿多少薪水，都不能定义你是成功还是失败。而我们努力“折腾”，无非是想在尝试和调整中找到最适合自己的那杯茶吧。

教师点评：

张溢同学是北航经管学院 2006 级本科生，2010 年被保送到清华大学经管学院攻读硕士学位。她在进入大学后，也曾经历过迷茫，大二下学期主动报名参加了职业生涯规划工作坊。之后，她对就业、读研、留学三个选项进行了系统的分析与思考，最终选择了读研，并于大三期间积极准备，最终通过参加大三暑期的夏令营获得了清华大学经管学院的录取信。

张溢同学在本科阶段就认识到：1）应该了解自己的优势，做自己擅长的事，做自己喜欢的事；2）对于自己的选择认真和投入，专注是成功的必备条

件;3)不要对未知的挑战怀有恐惧,不要迷信别人的心得体会,生活永远是小马过河、深浅自知;4)不要安于平淡,折腾过后才有前途;5)不要过早地给自己一个太死板的目标并且放弃其他未知的可能性——你随时都在变,破釜沉舟固然勇敢,但也很容易悲剧,给自己一条后路总是不会错。

因此,硕士毕业工作以来,她一直在尝试、探索最适合自己的职业发展方向,并向大家分享了自己的思考。

一个“主席”专业户的创业观——北航电子信息工程专业校友舒首衡的生涯故事

人物简介:舒首衡,电子信息工程专业2000级本科生,2008年光学工程硕士毕业后加入了北京锐安科技有限公司从事网络与信息安全方向的工作,设计的网络信息安全监控系统被中国移动集团总部采纳,部署到了中国移动全国十三个省市。曾作为项目负责人、现场总指挥参与北京奥运会外围系统综合防控项目、上海世博会网络安全项目。2015年创立上海嘉韦思信息技术有限公司,定位于为政府企业级用户提供高端信息安全服务,建立运营信安在线(*www.cnmstl.net*)网站,打造国内首个信息安全服务综合门户。

本文是几位2015级学生对舒首衡学长的生涯人物访谈。

问:学长,您好!可否请您先介绍一下您本科阶段的学习情况?

答:说实话,记忆有点模糊了。当时学习成绩算中等吧,努力做到不挂科,也成功做到了。跟同学都能和谐共处,获得了同学的认可,当了两年半的班长,基本服务好了同学们。

问:您当初是自己选的专业吗?为什么?感觉如何?

答:这个就更久远、更模糊了。我是2000年参加高考的,当时电子工程比较火,按照现在的说法是觉得比较“高大上”,于是第一志愿就填了北航电子信息工程专业,并且非常幸运地被录取了,入学了之后才知道自己是本省电子信息工程专业录取学生中高考分数最低的那个……想想有点“后怕”,感谢神吧。来了北航经常会被人问“你会不会开飞机啊”“你坐飞机是不是可以不买票啊”之类,挺尴尬的,不过作为电子系的学生,倒是经常心里暗暗羡慕飞行、宇航的校友了,感觉人家才算“根正苗红”。

问：您感觉在大学当中所学的知识对于现在的工作的用处大不大？您感觉相比于工作三年与读研三年哪个学到的东西更多呢？

答：因为我现在不做具体的技术工作了，所以从"纯知识"的角度来说，现在应用到的知识非常少了。微积分、模电、数电……基本上就是陌路人。不过来到北航算是自己独立面对社会的起点，第一次真正离开家，开始自己生活和闯荡了。对于这类"社会知识"的积累，不好评价好坏，但是至少是从这里开始一点一点地形成了现在的自己，并且或多或少还有一点作为北航电子人的自豪吧。

我感觉，参加工作的前三年，是一个快速吸取经验和"涨级"的过程。从收获和成长速度上讲，应该是比读研三年快的。但是我建议有机会还是读一读研。因为像我这样的大多数人可能本科四年感觉很快就过了，再多个三年读一轮研，期间跟导师搞搞工程、搞搞科研、出去做做实习都是挺有帮助的。也应该不在乎早三年工作，该来的总会来的。而我在读研期间还谈了个恋爱，也是挺难忘的，三年物有所值。

问：您曾担任过研会主席。您觉得学生工作的经历对个人职业发展起到了怎样的作用？

答：就我而言，我觉得研会工作对我的发展影响挺大的。我所在的那届研会主席没有竞争，我基本上就算是"单一来源"中标。如果换到后来，我想自己无论如何也当不了这个主席的吧。我这个人第一比较有责任心，第二比较有想法，第三比较能跟人和谐相处，因此自认为我那届研会还是干得挺好的。研究生指导主任对我说："不犯错误的办法只有一个，就是什么也不干，你放开干就好了，在学校还有试错的机会，到社会上去后犯错的代价会更大。"于是我基本上什么都敢干了。

当研会主席这件事，在我工作两年后，竟然复现了。在一个超过五百人的公司进行民主选举工会委员，我被人提名参选，然后得票数第二名，跟第一名只有很小的差距。然后奇迹发生了，我作为应届毕业两年的员工，在公司领导最终决定下任命为公司第一届工会主席。我也是醉了，看来跟这主席头衔有缘。后来我管理的委员都比我资历老，有的甚至是公司高管。这一当就是五年时间，直到我离职。

我有主席缘，但是这些主席都不是很好当。实权，没有；责任，一堆。冥冥之中，自有安排。现在回忆这两段主席经历，绝对是我引以为豪的人生财富。

问：您公司的主要业务包括信息安全和企业管理咨询，请问您是如何选择创业方向的？

答：创业比的是真正的实力，所以兴趣是一方面，最重要的是资源。看看在这个方向上是否能寻找和整合到足够的资源，并且在竞争中形成优势，通过优势来建立一个稳固的企业。之所以选择这个方向，是感觉这个方向在团队、业务、政策、资本等各方面都初步具备了完整的资源，同时也符合自己的兴趣，能憧憬到一个让自己兴奋的未来，那就干去了。

但是一旦出发，往往也会身不由己，常常彷徨。静态来想，总会设计出一个自认为可行的模式；动态去做，却是摸着石头过河，其间需要调整适应，以结果论成败。

问：您在创业过程中遇到的最大的困难是什么，在这个困难当中获得了什么，又失去了什么吗？创业过程中需要哪些品质或思维？

答：困难很多，不同的阶段面对不同的难题，解决了又有新的问题等着。就像是个盲人在摸象，但是象真的很大，要完全把象摸个遍，真不知何时是尽头。因此我归拢起来，对我自己而言，发现创业的最大困难是对创业的认知。我不把创业当成一个结果，而是当成一种过程，当作一种工作方式，当成一种价值追求。

所以，我觉得创业要有的能力，一是心态。这是高强度的拉锯战，要在起起落落中给自己平稳心态。创业直面的是“生死”，是血淋淋的商战场。顺心事在心里待不了几秒，如影随形的是各种麻烦事、难办事、烦心事，住进心里。

二是坚持。创业本是九死一生，从概率上讲失败是正常的。因此必须具备坚持的精神，坚持就会有代价，就会有牺牲，平衡好工作和生活，平衡好同事和家人。总之就是不容易，要能拼，能扛。

问：请您客观地评价一下当下大众创业，万众创新的潮流。能不能对正走在创业路上的北航学子们提供一些建议？

答：狭义的创业就是自己开公司，轰轰烈烈般开始。年轻就是应该敢想敢干，应了指导主任那句话“不犯错误的办法只有一个，就是什么也不干”，那就放开干。

但是创业和创新也可以在平台里、在工作中进行。我觉得很多对工作有责任心有进取心有追求的人，其实把自己的日常工作就当作创新创业在干，也一样能取得很好的效果和认可。甚至是借助平台的力量，使风险更小、成功率更高。不是每个人都一定要当自己的老板的。就像考试排名一样，第一名只有一个，其他人难道不活了。不应该让创业成为时尚和虚荣，广义的创业就是一种自己价值实现的追求形式。

问：请您结合自己毕业工作一段时间后选择创业的职业生涯，给北航同学在职业生涯规划上提供一些建议。

答：不要把自己的价值观强加给别人，也不要用别人的价值观来束缚自己。做自己就好了，脚踏实地，仰望星空。

教师点评：

舒首衡校友不是典型意义的北航学霸，本科阶段成绩并非特别优秀。不过，他热心为同学们服务、当了两年半班长，最终又通过自己的努力考上了研究生；读研期间，他又担任了研究生会主席。这些经历对其沟通协调及领导力的培养与提升都是非常有帮助的，也为其后来的创业活动打下了一定的基础。舒学长的经历提醒同学们：大学期间，除了课程学习，全面培养自己的能力是非常重要的；尤其是喜欢人际交往的同学：千万不要为自己难以专注于课程学习而太过苦恼，因为在学生活动、社会实践中学习，也是提高自身的一种重要途径。

计算机专业博士毕业留校任教是怎样的体验
——采访北航经管学院赵吉昌老师

人物/校友简介：赵吉昌，经济管理学院信息系统系硕士生导师。2008年毕业于计算机学院，获学士学位，2014年获博士学位，2012—2013年赴以色列Bar-Ilan大学物理系联合培养。

问：老师当初是如何选择专业方向的？

答：我是2003年甘肃的高考生。那时候报志愿需要先估分，而且那年全省平均分比上届低了一百分，基本上没有可以参考的。我当时先想报北大的医学部，但那年爆发了非典，国家的法律政策是医务人员的子女优先录取，我家人看到政策就觉得会受干扰，就改成北航的计算机专业了。报北航计算机系的一个原因是之前有位考进央财的学长告诉我：在北京去不了清华北大的话可以考虑北航，而且北航的计算机也很好，全国排名第三，在我们那招生分数也一直是最高的。另外一个原因是我个人也比较喜欢计算机:我接触计算机比较晚,初三会考完了,去了一个打印店,那里交钱就可以教学生学计算机,学了一个暑假,当时觉得对计算机也挺感兴趣,所以后来就自然而然选择了这个专业。

问:老师是什么时候确定要继续深造而不是做就业或出国等其他选择呢?为什么会有这样的选择?

答:当时出国的人很少,可能一个班就一两个,所以没有考虑出国;没有考虑就业一方面是因为觉得自己会的东西比较少,还想继续学习,另一个方面是我个人性格比较内向,之前实习在公司待过一段时间感觉不太好。其实自己之前也没有一个具体的规划,因为当时大家的氛围就是按部就班,走一步看一步的,到大三大四才开始考虑读研的事情。读研的时候选择做网络,因为之前本科的时候也做过这方面可视化的东西,而且读研之前在学生处的时候也做过一些实验,所以研一时候就写了一篇论文,很快就被 SCI 录了,当时研究生能发 SCI 还是挺厉害的,导师就建议我读博,我那时候没想着要读博,就想赶快出去工作。论文发了之后就继续做社交媒体,当时做这方面的人还比较少,我情况比较好,研二时候又发了一篇 SCI 论文,其实是达到了博士毕业的要求,所以就听了导师的意见继续读博了。

问:您对计算机专业同学的本科学习有什么建议吗?

答:一、学好几门重要且核心的课程,如数据结构、算法、计算机组成原理、操作系统等等,尤其是操作系统,这是计算机学院区别于一些培训班的地方,现在编程之类的很多人都会,但这种底层的知识一般人都不懂。

二、对一些流行的技术不能过度地追求,因为新的技术一直在变。本科可能是挺流行的,但是等你本科毕业这个技术可能就过时了。新技术的迭代速度很快,它们大都是表面的东西,也很容易掌握,但是背后的本质内容是不会变的。在学校期间还是应该尽可能多地掌握一些不变、本质的东西。

三、最后一点是我最近也在思考的问题,我们很难说自己在什么时候最聪明,记忆力最好等等,最重要的应该是一种持续学习的意识。你们现在应该认为这很容易做到,但是读了研究生,以后成家立业之后就会发现这很难,因为外部的干扰会越来越大。外部的干扰变大之后,还能不能继续保持持续学习的精神,这时候的人就能区分高下了。我有很多同学本科毕业之后到现在认识水平还是停留在本科毕业的那个阶段，他们有很丰富的编程经验，但对知识的理解还是停留在之前的水平上。其实读研甚至读博也是让你掌握这一基本的能力，这种能力的培养不是外面一般的培训就能做到的。

问：老师能谈谈您当时申请海外联合培养的原因吗？还有您对出国学习这件事情有什么看法呢？

答：有公派留学的念头还是比较偶然的一个机会，一次偶然的机会和两个要去海外留学的同学交流了一下，他们建议我去申请一下。也正好是那个时候开始有了留高校的念头，留高校也必须有海外经历（北航留校时没有强制要求，但是评职称时是必需的），所以就申请了出国。

我认为出国还是选导师更重要，有很多人会挑国家，比如我们当时就有人一定要去美国或者加拿大，美国就没有联系到，因为有些研究方向美国不一定有人在做，最后就只能去了加拿大，学校也一般。我当时主要是选老师，就去了以色列，当时那个老师的研究团队是复杂网络领域里最大的一个组，研究成果也比较多。

问：请老师聊聊您现在的工作状态。

答：总的来说，从三个方面对高校教师进行评价：教学、科研、服务。其中，服务指的是审稿、指导学生等无偿活动。这三个方面有的老师兼具，有的则各有侧重。

在高校工作大致有这几个好处。第一，能不断接触新的东西。这包括学科内新的知识以及课堂上新的学生。这样的话我就总能更新自己，而且跟年轻人接触比较多也让我自己有了年轻的心态，久而久之，整个人就活得很单纯，人与人间的关系也比社会企业纯粹得多。第二，就是时间自由，自己可以有自己的安排，没有过多的外力强迫自己。第三，比起在企业工作，压力要小很多。尤其是做计算机领域的，在企业就基本上要经常加班。但是这不代表在高校工作就没有压力。我来北航的第一年压力还是蛮大的，需要适应教学与科研的时间协调，需要处理行政上的事务。第一年过后，到现在就基本适应了。而且，在高校工作对自己的发展道路看得比较清楚，比如我们是三年一个合同，需要三年内评上一个职称，这样从讲师到副教授再到教授大概是一个“套路”。

当然也有不好的地方。比如说，比起读博期间，自己的时间比较散，少了整块的时间段来专心做科研。

问：老师认为在高校从事科研工作哪些方面比较重要呢？

答：找一个自己感兴趣的领域，培养自己的一技之长。最后就是要坚持，光鲜的时刻很少，为了自己的科研理想要坚韧不拔。这些年我发了很多文章，但是被着重报道的也只有两篇（笑）。

问：老师您对同学们还有什么其他的一些建议吗？

答：最好有提前规划的意识，有计划地做一些事情。你们现在就很好，我当时就没有这个意识，在之后读博、进高校等比较关键的几个节点都比较难受。

还有就是是否读研或者读博还是要看自己，不要被外界左右自己的想法，还是要看自己是喜欢科研还是去业界工作。现在博士生的就业面挺窄的，特别是计算机，博士毕业去工作相比硕士生并没有很大的优势，而且很多公司宁肯招硕士也不太愿意招博士，除非十分厉害可以去公司的研究院工作，但研究院的需求量很小，所以读博一定要慎重考虑。如果想出去工作，其实没必要读到博士。你们现在都是很有个性的，读不读博要听从自己内心的想法，很多人读博都是因为导师一句话，说你可以读博就去读博了，但是时间久了发现自己不太喜欢科研，尤其计算机方面的科研有时必须要做一些很偏离实际的研究，你甚至都觉得和计算机没啥关系了，这样就比较难受。读硕士还好，读博士一定要慎重决定，自己的兴趣、将来的就业等各个方面都要想清楚。

最后送给大家一句话："天道酬勤"。

教师点评：

赵老师所谈的内容总结起来就是要提前作出规划。首先来讲，高考后选择计算机专业是出于兴趣，当然也是综合分数之后的考虑，选择计算机专业往往意味着本科阶段高强度的学习任务，如果缺乏兴趣的驱动，就很难坚持下来，北航不乏因为坚持不下来而转系的例子。

赵老师本科阶段并没有具体的规划，因为当时大家的氛围就是按部就班，到大三大四才开始考虑读研的事情。读研的时候选择做网络，因为之前本科的时候也做过这方面可视化的东西，所以研一时候就写了一篇论文，很快就被 SCI 录了，研二时候又发了一遍 SCI 论文，已经达到了博士毕业的要求，所以就听了导师的意见继续读博了。观察我周围同学的情况，准备出国早就已经开始学习英语，有的人 GRE 已经高分飘过，准备保研的早就进了实验室为之后的科研工作打好基础。

大多数计算机系本科生都会考虑选择工作还是继续深造。赵老师觉得如果想出去工作，其实没必要读到博士。读不读博要听从自己内心的想法，读博士一定要慎重决定，自己的兴趣、将来的就业等各个方面都要想清楚。

对于本科生，赵老师建议要学好几门重要且核心的课程，如数据结构、算法、计算机组成原理、操作系统等等，尤其是操作系统，这是计算机学院区别于一些培训班的地方，现在编程之类的很多人都会，但这种底层的知识一般人都不懂。同时对一些流行的技术不能过度地追求，因为新技术的迭代速度很快，它们大都是表面的东西、也很容易掌握，但是背后的本质内容是不会变的。在学校期间还是应该尽可能多地掌握一些不变、本质的东西。

如果没有“适配”，那就选择“释能”
——一个辅导员的生涯小故事

人物简介：丁丁，数学学院2000级本科生，现任数学学院党委副书记。硕士毕业留校成为一名专职辅导员。

大家好，我叫丁丁，我是北航的一名辅导员。作为一名北航人，我的生涯故事有点儿“反面教材”的意味。不过，回顾十多年来的经历并非是完全没有意义的事，也希望借此激发一下同学们的思考和批判。

一、反面教材一：大学所修专业与职业选择不适配

2000年9月，我从西北戈壁的空军基地考入北航学习，本科专业是信息与计算科学（说实话报考专业的时候我都不知道这是数学类专业，可见我是完全没有规划意识的），硕士专业是应用数学，毕设论文研究的是椭圆曲线上的离散对数问题。我的专业背景与辅导员职业所匹配的政治学、社会学、心理学以及行政管理等专业在内容上是风马牛不相及呀！为啥我选择了当辅导员呢？话说当年的故事是这样的：

在本科学习期间，我在认真地学习数学专业之余（虽然不是大学霸，也是名列班级前几名，年年拿奖学金的哦），其实特别享受在北航的各项社会工作和社团生活，记得读书那会儿我活跃在学校合唱团、学生会、团校、学生电视台等社团组织，努力汲取北航校园文化活动中的各种能量。

在2003年学校赴廊坊大学城办学时，我毫不犹豫地放弃了可以直接保研升学的机会，主动请缨脱产一年去带我的第一届2003级的学生。选择的

原因很简单，当时并没有考虑太多个人发展的问题，我只是想用北航赋予我的能量，尽我最大努力地把北航的精彩校园生活带到遥远的大学城去。在那里，我和我的小伙伴们策划各种文化节和交流会，成立合唱团、拉拉队，和孩子们一起学习、生活……我认为辅导员就应该出现在需要TA的地方。大学城的岁月是我的初恋，懵懂的辅导员初体验更多的是陪伴学生一同历练和成长，那些年我收获了在情感和价值上的全部归属，我爱上了辅导员这样一个助人自助知心姐姐的角色，于是硕士毕业后我毫不犹豫地选择了专职辅导员作为我的第一份职业。

教训与启示：与所学专业不对口的工作也是可以尝试的，有的时候通用技能和个人特质是更为重要的求职因素，当然确实要考虑工作岗位是否与你的职业兴趣和职业性格相匹配，至于专业技能本身并不是不能突破的问题；还有如果你不是很确定自己喜欢什么专业，那你可以尝试一下学习数学这样的基础学科，我自己的体验是，学好数学之后学其他的任何专业你都会觉得比较轻松。

二、反面教材二：学术研究与职业发展的不适配

和大家八卦一段早年期间的奇葩经历：在我大学学习期间，一次机缘巧合，我结识了一位非常知名的舞蹈老师并加入了他的拉拉队社团，于是一发不可收拾地成就了一个超级胖纸疯狂跳舞的梦想：在北京奥运会举办前的那几年，我带领北航拉拉队为中国女排现场加油、辅导北航行进管乐旗队表演，还有幸登上央视的舞台和栏目玩耍了几回，此外还尝试过健身俱乐部的舞蹈教练的兼职，这些经历绝对突破了一个理科女胖纸职业发展的底线……当然，为了这段神奇的生涯我也付出了“惨痛”的代价，那几年的我太过心浮气躁，并没有专注于自我职业发展的学术研究和数学学业的精进。在攻读博士时才发现自己的很多专业基础功底丢失，在学术研究方面经验与技能特别匮乏——比如由于论文写作和英语水准太烂，多次遭到审稿人的虐批。从生涯发展的角度来讲就是没有专注个人的发展方向，时间与精力被打散，职业发展与专业学习杂乱无章。不过，我仍然把这段奇葩的经历珍藏在我生涯发展历程的一个重要位置，因为这些难得的体验重置了我对人生的无畏和乐观信念，让我享受到突破自我、释放天性的另一种精彩。

教训和启示：“劝君莫惜金缕衣，劝君惜取少年时”，我的反面教材告诉大家，一定要在20岁至30岁这段最黄金的年龄多多读书，多多思考，多多实

践，多多去精进你的专业技能、开拓你的学业和事业的发展，要抓住你的最佳时机去做你认为最最困难也是最重要的事情。当然，如果有机会去尝试一些反弹琵琶的挑战，也可能会有意外的收获哦！要相信你就是你，是世界上最独一无二的你！

三、反面教材三：自我认知与生涯追求的后知后觉

我是一个非常钝感的人，相对感性和优柔的MBTI职业性格也注定我在认知和执行方面的表现比较迟钝。从前在学习数学专业时，我通常能根据所学知识求解问题，却往往提不出问题；能够弄明白逻辑推理的过程却不清楚问题构建的思路和其背后的文化与思想。换句话说，我觉得自己并不会思考，也不会思考自己喜欢什么，想要追求什么。

所以，在最初担任辅导员的时候，我并不是很清晰高校辅导员的职业定位与职业发展，我只知道我要努力去做“大学生的人生导师和知心好友”，却没有真正理解为什么和怎么样才能够成为“大学生的人生导师和知心好友”，更没有思考过自己擅不擅长，适不适合辅导员这个岗位以及这个职业未来的发展前景是什么。好在我一直走狗屎运，2008年我有幸加入了第二届北京十佳辅导员的团队赴港学习，港大“思考圈”的理论才醍醐灌顶地开启了我的思考模式；2009年学校举办的GCDF的专业化培训才第一次让我了解到职业生涯规划这个学科；再到后来的各种辅导员专业化培训、心理咨询师的学习、赴加拿大约克大学的海外研修等等，在每一次的学习、实践和思考中，我才开始一点点地探索和认知自我。

当然，这些认知都必须通过工作中的实践才能真正地获得，比如在2010年，我担任华罗庚实验班辅导员，正是这帮有思考、有才学、有个性的“90后”们再一次把我带入学生工作的“热恋”，通过与学生们思想碰撞的交流辅导、润物无声的事务性服务去主动探索理科拔尖人才培养的规律。在和学生们一起成长的过程中，我体会到我的霍兰德职业兴趣从ASE到SAI的转变，我察觉到自身学习风格和执行力问题的表现，我体会到个人职业性格和工作风格在具体工作中的弱点，同时也让我再次深刻体验到辅导员的使命与担当。

教训和启示：鉴于我如此后知后觉的反面教材，建议大家一定要主动享受北航现有的各种资源，比如丰富多彩的博雅课堂、校内外各种社会实践和创新科技实践、海外交换项目等等，如果拥有广阔的视野和博远的情怀，那

你将更有能力和动力驾驭你的职业发展目标；在学业方面希望大家能够主动学习，学会思考，培养批判性思维和创新精神；最后安利一下北航的职业生涯规划课程，很多理论和案例都能够激发大家的元认知、原动力，帮助大家来思考和选择属于你的生涯发展。

众多的职业生涯规划理论都在探讨人职匹配的规律和法则，在找寻错综复杂的影响因素及其他们之间的关系——是历史选择了我们，还是我们在书写历史？是个体特质及其环境决定了我们规划，还是我们的规划成就了我们的过去、现在和未来？——这确实是一个复杂的问题。我个人倒情愿简单粗暴地认为生涯规划就是你的选择，宏观的学业与职业规划是你的选择，微观的时间管理和生活方式同样也是你的选择，如果你当前的选择无法达到一种“适配”的状态，那么主动地去“释能”可以帮助你尽情地投入当下的选择，哪怕过程艰难，结局遗憾，我相信这些都会是你人生的财富。当然，实现生涯规划是一个求积分的过程，既要主动保证被积函数的可积性（制定 SMART 目标），又要实现在时间测度集上的积分（落实行动），正如上一期北航生涯人物郑海涛老师讲述的那样——“执行规划比制定规划重要”。

回顾过去十多年我和学生们的故事，那真的是三生三世也讲不完……正是这些“反面教材”让我一直怀抱着一颗感恩的心去发现学生们最闪亮的光芒，去感知学生们最青春的活力！

就在我硬着头皮交稿的时刻，苏老师犀利地将我看穿：“丁丁，你现在可以将前面的‘反面教材’转正了！并非‘专业对口’才算规划，你从事辅导员工作，其实与你自己的价值观（服务奉献型凸显）、职业兴趣（社会型）和人格类型（典型的 NP 类型：无可救药的乐观主义者）都是非常匹配的，所以你才会乐此不疲啊！”Duang，我再一次顿悟啦，幸福！

我们数学学院的尚志爷爷有一条定理：“幸福就是把喜欢的事情做到自己喜欢的程度”→所以得到一条我的推论：“作为北航的辅导员，我很幸福！”

教师点评：

丁丁老师是一位深受同学们喜爱的北航辅导员，每位与她接触的同学都能感受到她的乐观与热情。虽然是数学学院的一枚学霸，丁导却并未循着大多数北航优秀生的路数从事科研工作，而是因为机缘巧合留校当了辅导员。在这篇文章中，丁导展示了“另类规划”的范例：典型的理科生（数学专业），偏偏对社会活动特别热心，因此被选中当了辅导员，并且乐在其中。

学习了职业生涯规划课的同学，其实可以分析出丁导的职业兴趣：S（乐于助人）I（数学学业优秀、年年拿奖学金）A（喜爱文艺活动）。而她最终在辅导员岗位上乐在其中且能感受到“幸福”，则是她的主价值观（服务奉献型凸显）所决定的啊！尚未制定出明确的职业生涯规划的同学们不必焦虑啊，相信丁导的经历能够给你启发。

陈琦：一位工科男生与GRE的不解之缘

人物/校友简介：陈琦，机械工程及自动化学院2000级本科生，后赴清华大学攻读硕士学位。现为GRE讲师，微臣教育校长。曾出版老GRE考试词汇书《要你命3000》、新GRE考试词汇书《再要你命3000》，发明了GRE考试解题技巧如3秒版本、句内句间关系、方程等号等，这些方法成了此后中国GRE考生必备的解题技巧；2014年创办了微臣教育。本文是2017年3月几位2014级在校生对陈琦学长的采访。

问：同学们都亲切地称呼您为“琦叔”，这个称号是怎么来的呢？

答：我大四开始教GRE的时候，学生会叫我“琦哥”，后来还有诸如“莲花教主”“类反一哥”的称号。那个时候的新东方一个班级400多人，我每一年都要教很多学生，当时学生给我打的总分还排了第一。后来这些学生中也有从事TOEFL、GRE教学的，大家也都叫他们哥。有的同学开玩笑说都叫哥就“乱了辈了”，得区分区分，就开始叫“琦叔”，后来就慢慢传开了。所谓称呼，其实就是不同阶段对一个人贴的不同标签而已。

一、水滴石穿，琦叔翻栏杆

问：您本科就读的专业跟现在所从事职业有什么联系呢？

答：我本科就读于北航7系机械学院，说起来跟现在的工作关系不大。我会经常在我们学校开玩笑说“微臣的老师都是本专业学废了的”，微臣的老师有学日语的、学医的、学农业经济的、学食品加工的，他们上学期间GPA都非常高。他们之所以能把GRE教好，就是因为他们既有本专业的知识涵养，又能依据自己备考的经历，有针对性地给学生传授经验。

我一直认为，学机械的出来不一定做机械，可以根据自己的实际情况，在职业上有多种考虑。理工科学生的思路清楚，解释问题会更多考虑可操作性。比如对于GRE语文题目来说，我会教学生把它当作方程题，用一些逻辑性极强的技巧去找到答案，如果我是一个英语专业的毕业生，恐怕我很难会想到这一点了。

问：您翻栏杆的故事成为激励一代代学子奋进的动力，很想听您再亲口讲一遍。这段备战GRE的日子里，您最大的收获是什么？

答：序言中的那段经历之所以能被学生口耳相传，可能正是因为它是所有GRE考生奋斗的真实写照。正如序言中描述的那样：

“每天子夜一点多才能结束一天的学习任务，而晚上十一点北航教学区的大门就已经锁上了，为了能够尽早回到宿舍休息而不走远路，我需要从北航教学区大门旁三米高的栏杆翻出教学区，日子久了心里会很心酸，但我告诉自己每翻一次就距离自己的美国梦又近了一步。有一天我发现我经常翻的这个栏杆断了，我才意识到学校里也有很多未曾谋面的同学，他们也下自习很晚为了不走远路而翻这个栏杆。”

备考这段经历教给我最大的一点就是“做事情要持之以恒、有始有终”。那段经历其实是特别孤独的，当时北航的出国氛围还不浓，班级里只有我知道GRE三个字母组合在一起是什么意思。每次同学看到我在背单词都会问我在干嘛，我说我在备考GRE，我要去美国读书，他们都会说：“没戏！”而GRE考试本身又特别难，单词都背会了，做题还是错，在这种没有支持、没有理解还没有认可的过程中能一直坚持住，除了心里不服气的骄傲外，更多的就是一股韧劲。

很多考完的同学大四卖旧书会把所有的资料都卖掉，但唯独会留下《再要你命3000》。并不是说这本书有多好，而是这本书的每一页都印刻着学生在备考这段时间里孤独而又骄傲的青春。

我经常会说GRE是中国大学生的奢侈品，同学不应该比谁的包儿好、谁用iPhone，而应该看看谁考过GRE、谁的GRE成绩高。希望大家在大学四年都可以尝试一下GRE这个考试，它会让你发现更好的自己。

二、放弃安稳工作、选择高风险创业，琦叔这样说

问：为何会选择到新东方去教授GRE，而不是选择跟自己专业对口的职业呢？

答：我曾经也尝试过相关的实习，大三的时候，我在一个做石油钻井服务的

外企做实习，这段经历让我的视野更加开阔。我就想，人生其实有很多种可能性，职业规划也不必纠结在同一专业。大学的时候我在新东方听课，当时我就想，如果实在出不了国，我就去新东方教 GRE，结果一语成谶，我在新东方一待就是十年。

问：听说您在担任北京学校多语种部总监前期遇到了一些小波折，能讲一下您当初遇到的比较大的困难是什么吗？是什么力量让您坚持下来的？

答：从教师到部门总监的转变需要一个适应期。一般来说，技能分为三种：专业技能、人际技能、概念技能。在大学当中学习，一心奔着 GPA 去，这个时期主要是专业技能；之后进了公司成为码农，那就是对专业技能的再次提升。而对于我来说，教 GRE 是我的专业技能，而后面两个能力没有锻炼过，不成熟，所以会遇到一些管理上的困难。我这个人很执着，也喜欢挑战自己，面对问题时，先分析问题如何出现，面对危机，我把它当成锻炼自己的机会。

问：您何时冒出创业的念头？为什么会选择辞职去创业？

答：2012 年的时候，新东方的教学模式发生了转变，主要是大班变小班。我更喜欢当时大班的教学氛围，体现一种新东方精神，转变来得太快，我就想自己创业试试。但是我们在申请办学许可证时遇到一些问题，这个想法也就搁置了。

因为 GRE 的考生是全中国最优秀的那一批学生，我以前在新东方的时候，是他们的老师，受他们的尊重。但是后来我看到这些孩子学成归来之后，慢慢地都变得那么优秀，而我自己还是没有什么太大的进步，这样的落差是让我感到很难受的。我觉得如果不抓紧时间出去试试，真是不敢想自己未来的样子。于是在 2014 年，我正式决定出来创业。我觉得未来一定是扑朔迷离，充满未知与希望才是有意义的，一眼看到底的日子可能不太适合我吧。

问：为什么会将出版的 GRE 词汇书命名为《要你命 3000》《再要你命 3000》？

答：其实书的全名叫作《GRE 核心词汇考法精析》，书中收录了 3000 多个 GRE 词汇，学生觉得很难背，就给他起了个外号叫《要你命 3000》，这个名字就一直沿用来下。后来新 GRE 改革，《要你命 3000》就跟着改版，就换了个名字，叫《再要你命 3000》。现在它的含义就是如果你能背好它，那你就可以要 ETS 的命；如果背不好，那就是要自己的命。

三、琦叔与他的职业规划

问：您在大学期间有没有设想过自己未来的职业道路？如果有的话，当初的设想跟现在的职业出入大吗？

答：当时一心想的就是出国读书，在毕业之后，成为一名工程师，到通用电气(GE)工作。在美国有一栋三层的房子，每天检查一下邮箱，教客户怎么检查设备，如果他还是不会，我就拖一个小箱子飞过去，每年也有三十多万刀的收入。可是2001年的9・11事件和2002年的SARS事件彻底地击碎了我的美国梦，那时候我们申请出国留学，签证官就觉得你是一个得了SARS的恐怖分子，根本出不去，就这样我才最终去了新东方。

问：北航对您职业生涯发展有哪些影响？

答：北航是我高考志愿保底的学校，当时条件没现在这么好。我在大学期间加入了合唱团，遇到很多师兄师姐，他们对我有非常积极正面的影响。现在我每周三下午去学钢琴，还很喜欢唱歌。

高考可以算是每个学生人生中第一站的终点，所有人都会追求这个终点的尽善尽美。我的终点并不能算完美，但也因此让我在这个终点之后不曾停下脚步，也因此有了后来和北大的同学比赛背单词、求学新东方、翻栏杆的故事。我一贯在讲座中笑称自己的本科学校是“破学校”，其实这是对当年那个土土的本科生自己的怀念和感慨，虽然我后来去了排名更靠前的学校读研究生，但我始终把北航当作我人生中精彩的发源地。

问：您如何看待大学学术氛围、院系专业、职业生涯这三者的关系？

答：不可否认大学学术氛围和院系专业是对职业生涯有着很大影响的。但人的发展要靠外力，更要靠自己，就是我们常说的外因和内因，大学学术氛围、院系专业都是外力，但不是决定因素，只要职业生涯的目标明确，即便在毫无学术氛围的学校、在极度被边缘化的院系中，依然可以实现职业生涯的理想。

并且我猜想，在问这个问题的同学中，很多应该都是已经选定了学校和专业的，所以大学学术氛围、院系专业已经成了不能更改的事实，可以争取的就只有职业生涯了。这样看来，努力的目标也就很明确了。接触外部环境少的时候，我曾立志要做一名科学家。其实每个人都有梦想，但是内心也有很多不安分的因素。在看见更加优秀的人时，这种不安分就会被激发出来。我现在从事教育行业，闲暇时间练钢琴，都是我的不安分因素啊。三年前，在我研究生导师70大寿时，我对他说："我是您学生里最"不学无术"的一个。"然而导师却说："我需要我的学生丰富多彩，在各个行业都做得好，能做出很大的社会贡献。"

四、经验之谈

问：您的教育理念是怎样的？也就是说，在英语学习的过程中，希望学生最终能够达到什么样的标准和要求？

答：我们这里有一句话"Get more than GRE"。其实学习GRE跟做很多事情都是一样的，都是重复重复再重复。当初我刚去新东方讲课的时候，讲的还不是很好，有一位罗老师对我说过这样一句话，让我记忆犹新，他说："多讲几遍就好了"。这句话十分朴素，但是要做好却并不容易。编代码、弹钢琴，要想出色，都要练习很多很多遍。我希望用GRE向学生传达一种能够耐住性子的状态，一种乐观积极的情绪，并不单纯考虑分数。

我之前去纽约的时候，一下飞机就看见2006年我教过的一个学生。他把我送到酒店，送给我两张百老汇的门票，还送了我亲手包的饺子，我真没想到过了十年，他居然还记得我。

我也认为，人最重要的能力之一是写文章，读的东西是别人的，只有写东西才能传达自己的情感。我跟我的学生说，每当你去一座城市，都要去最好的画廊看画展，去音乐厅听一场演出，去高级餐厅感受厨师们长年累月坚持做好一种食物的匠人精神。我鼓励大家多出去看，而且学校的老师去国外深造的话，我也会为他们提供奖学金。

问：最后有什么话想对学弟学妹们说吗？

答：在这十几年的教学生涯中，我一直在努力争取做一个好老师。我认为"好老师"指的不完全是让学生喜欢的老师，而是让学生感激的老师，我一直在尝试，也有一点小成绩。换位思考，处在学生时代的学弟学妹们，不仅需要寻求自己喜欢的老师，也要寻求让自己感激的老师，也就是说，不仅要去听好听的课，还要去听有用的课。大学四年很短，希望每个同学都可以找到自己的"栏杆"，翻过它，成就自己。而在翻越的过程中，那些老师、那些课就会是你很好的助力，要利用好。北航发展得越来越好，越来越国际化，希望大家珍惜在北航读书的机会，珍惜时间。

记者：白云

教师点评：

陈琦学长的经历颇为不寻常：一位典型的工科生成了英语老师！陈学长“曾立志要做一名科学家”，最初考GRE也是为了去美国留学、“成为一名工程师，到通用电气(GE)工作”。然而，由于意外的事件，陈学长的“美国梦”未能如愿，却意外地发掘出自己在英语教学方面的特长，成为了新东方教GRE的一位名师，继而又为了更好地践行自己的教育理念、自己创业了。

职业生涯的核心内容是在自我认知和环境探索的基础上，将自己放在最恰当的位置上。从陈学长的经历中，可以看到外在环境对个人生涯规划的影响。外在环境突变，使学长的留学路受阻；学长根据自己当时的能力、资源，开始在新东方任教，借此重新认识外在环境并拓展了新的资源；同时，个人能力不断提升与拓展，继成为教学名师后，自行创业。相信学长的经历能够为同学们提供新的启示。

郑海涛老师：执行规划远比制定规划更重要

人物简介：郑海涛，经济管理学院副教授、硕士生导师，兼院长助理。2001年获经济学学士学位，2006年于管理科学与工程专业获博士学位。2005年获中国准精算师资格。2006年在经济管理学院任教至今。研究领域：保险公司的资产负债管理；非寿险业的承保周期研究；指数理论研究；金融风险管理研究；生产率的国际比较和国际竞争力研究。为本科生主讲《风险管理》《生命表的构造理论》《非寿险精算学》等课程；为研究生主讲《中级微观经济学》等课程。主持及参与纵向科研项目多项、横向课题数项。

作为一名高校教师，除了研究成果卓著，郑老师对学生充满爱心、对教学满怀热情，广受学生好评。

记者：郑老师您好，我们今天要做的是一个关于您的职业生涯的访谈，感谢您在百忙之中抽出时间来接受我的采访。看您的办公桌上堆满了文件和书籍，想必现在很忙吧？

郑老师：是的，从大年初二就开始工作了。

记者：哇！真的是好辛苦。那现在就来开始我们的访谈吧！

问：您本科的学习情况是怎样的呢？

答：我本科的专业是保险学。由于当时保险学属于新建的专业，因此就有许多带有北航工科特色的课程直接排了进来（比如机械设计和画法几何），只是到了大三大四才有一些专业课。在我们上学期间，学校进行了好多轮的课程改革，这个也很正常，毕竟那时上大学比较早。回首过去，我觉得虽然那些课程的工科背景很深厚，现在工作时基本都用不到，但是它们对于一整套逻辑思维的培养还是很重要的——但这并不意味着我支持把现在的课程设置改回去。我仍然觉得现在的课程设置在逐步地优化。对经管学院的学生来说，本科的课程还是学得相当扎实的。

成绩方面，我本科时一直排在前20%，在班里还OK。精算师的从业需要，得考精算师的证，本科时就开始考，直到研究生阶段才最终完成。

学生工作方面，我只是在大一时参加了一些学生会的工作，但是在那里干了一年也只是打杂，于是就退出来了。之后我便在小班里为同学服务。当时我们班干部付出了很多的心血，小班的氛围也特别好，大家在一块待着的时候都是正能量；到现在为止，小班的同学们还是会互相帮助。那时也有不好好学习的同学，但是后来当他们想把落下的部分补回来的时候，也付出了加倍的辛苦和相应的代价。

问：能谈谈您当前职业与本科专业的匹配情况吗？

答：应该算是很匹配的。我现在从事的研究和给同学们讲授的课程都和当年所学的内容有很大关系。我现在给本科上的课程是精算和风险管理这两门课，做的研究里面有一半是和精算相关的。给研究生上的课虽然是宏观和微观，但是我带的研究生基本上都是精算这个方向的。

问：您选择当前职业的主要因素有哪些呢？

答：其实从本科毕业到博士毕业找工作时，我的整个职业规划并不是朝着研究去做的，而是朝着赚钱去的。我当时给自己的规划很简单，一步一步地从初级精算师，到部门的精算责任人，再到一个公司的精算总监，直至总精算师。但是在我博士毕业找工作时，我受了我的导师的很大影响。导师说我比较适合做研究，然后我就听了他的建议，留在了学校做研究。

从这个意义上讲，我选择职业的过程是有一定的随意性的——当然，这不代表我现在后悔了。当初我规划的是赚钱的路子，而且当时如果去公司的话，薪水确实是相当高的。只是我心中还是有做研究的情结，再加上导师的影响，几方面因素考量下，我最终选择了留在学校做研究。

我想对现在的同学们说的是：当你制定好一个职业规划后，可能还是会修正它；而修正的结果，很难说是否成功。我也曾思考过“好坏”“优劣”的评判标准：如果从赚钱的角度来说，这次更改绝对是失败的；但是从我做的事情来看，做教师很可能会比做精算师有意思得多，为这个社会做出的贡献也要重要得多。这个东西往往取决于个人的兴趣和价值判断。

问：如果不做现在的职业的话，您最想去做什么职业？

答：不做教师的话肯定就去做精算师了。包括现在都有人在挖我，邀请我去做公司的精算总监之类的。但是我都没有同意。

问：您对自己当前职业状态的满意度评价如何？

答：应该说不算太满意。最大的不满意在于学术上：我觉得自己目前并没达到这个年龄所应该达到的高度。虽然说现在这种不满意的程度在逐渐地削减，那是因为自己在学术上慢慢地有了一点拿得出手的东西了，比如中国的投入-产出表、对财务困境的评价数据库等等。虽然很多还在研究的过程中，但是至少可以预见到未来的曙光。

而如果我当时选择了精算，那么那种生活估计会比现在的顺利。但这就像爬山，你可以选择一座容易的山，也可以选择一座有难度的山，这种选择可能取决于你对于目标和自己的能力的评估。当能力与目标存在一定差距时，你会感到不满意。这种“不满意”不是因为选择了一条错误的路，而是由于这条路让你走得不那么顺畅。换句话说，我的“不满意”不是指对我选择的职业的不满意，而是指对于这种没有达成目标的状态的不满意。

问：可否请您根据自己入职以来的经历、面临的问题回首本科学习生活及参加实践活动的情况，对现在的本科生们提出一些建议？

答：我认为最重要的是，认准一件事情之后要付诸实践。要少做对你的目标无意义的事情，甚至说，跟你的目标不一致的课都可以不那么认真地对待。而一旦涉及未来的职业生涯，那拼了老命也要去做，否则的话你会后悔。规划很重要，规划的执行更重要。

另外是我自己的一点看法：专业的选择对于未来的发展来讲很重要。当你发觉自己的专业和未来的职业路径有所差异的时候，应该果断地去调整自己的专业。你们现在有时间也有条件，有很多路可以走。但我上大学的年代就没有这种好的条件，都不允许转专业，然而我的同学还是有自学考上计算机和天体物理的研究生的，他们就确定了明确的职业目标，然后把其他事情的优先级降到很低。

还有关于课外活动的问题。我希望同学们不要抵触课外活动，与未来职业相关的还要加倍去投入；如果是不愿意做的，不要因为被抓了壮丁而从一开始就排斥它。一般说来，最普遍的情况就是大学中的讲座。这些讲座都是别人做了很长时间才拿过来给大家讲的，虽然目前看来用处不那么大，但是迟早会对你产生影响。

采访者：孟子涵

教师点评：

郑海涛老师是北航经管学院留校任教的最后一批博士生，一路优秀生过来的。毕业前，他面对企业高薪的诱惑，最终出于对导师和学院的信任，决定留校任教。在10多年的教学科研中，郑老师倾心投入，受到了领导、同事的赞赏和同学们的好评、爱戴。从郑老师的职业生涯发展中，同学们可以看到行动在生涯发展中的重要性，也引发大家思考：思考衡量生涯成功除了收入水平，还有哪些？

后　记

经过半年多的讨论、修改，这本《案例集》终于要与各位同学见面了！

挑选出这71篇案例，我们经过了反复的筛选：即要有足够的代表性——涵盖各个学科、专业方向、学生性格及兴趣特点、事业志向及本科毕业后的选择……又要尽可能贴近在校生的需求——在互联网时代“三年一代人”的环境下，三五年前的案例对在校生而言都可能有“违和感”。

不过，这些年的大学生也有共同的特点：现行的应试教育体制，对于十八九岁、刚刚成年的本科新生们而言，往往对于“为什么读大学”“什么是大学”和“怎样读大学”并没有清醒的认识和实用的工具；因而，很多同学在实现了中小学阶段的学习目标——“考大学”后，跨进高校大门后反而缺少了学习的目标、动力与实际行动，“迷茫”成了大一生活的关键词。

然而，迷茫正是同学们开始从应试教育的桎梏中摆脱出来的前奏，并非坏事。因此，《案例集》最终确定的主题是帮助在校生，尤其是刚入学的新生，根据学长学姐们的案例分享，尽快消除迷茫，通过独立思考与积极行动，找到属于自己的路。

由于篇幅所限，最终收录的案例还是无法涵盖全部的类别；同时，由于编者水平有限，加上时间有限，其中的一些观点及点评也有不当之处，错别字也可能未能全部改正，敬请各位同仁不吝赐教！

最后，希望这本职业生涯规划与就业创业指导领域内、国内首次出版的以在校大学生的作品为主体的《案例集》能够起到抛砖引玉的作用，引发更多高校同行使用本校学生的案例分享，更有针对性地指导在校大学生的职业生涯规划发展！

《案例集》编委会

2018年12月18日